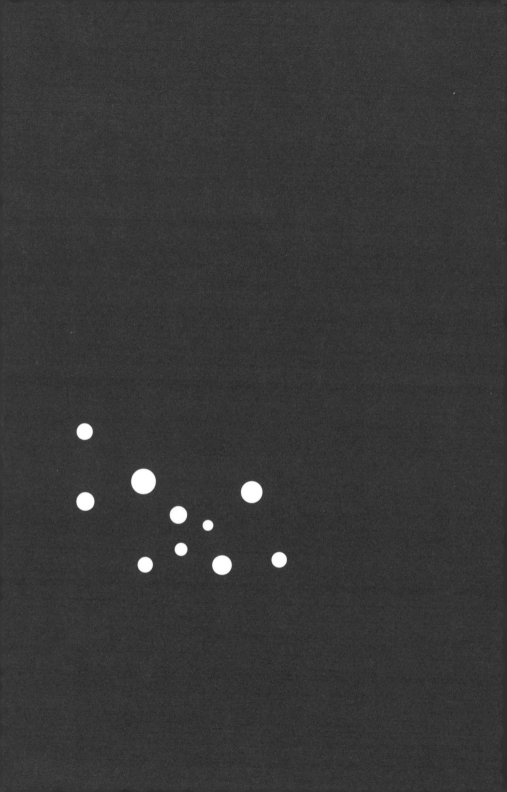

国民性十论

[日] 芳贺矢一 著

李冬木 房雪霏 译注

生活·讀書·新知三联书店

Simplified Chinese Copyright © 2020 by SDX Joint Publishing Company.
All Rights Reserved.

本书中文简体字版本由三联书店（香港）有限公司授权生活·读书·新知三联书店在中国内地独家出版、发行。

图书在版编目（CIP）数据

国民性十论／（日）芳贺矢一著；李冬木，房雪霏译注．—北京：生活·读书·新知三联书店，2020.6
ISBN 978-7-108-06774-6

Ⅰ．①国⋯ Ⅱ．①芳⋯ ②李⋯ ③房⋯ Ⅲ．①民族性–研究–日本 Ⅳ．① C955.313

中国版本图书馆 CIP 数据核字（2020）第 066772 号

策划编辑	叶　彤
责任编辑	黄新萍
装帧设计	蔡立国
责任印制	徐　方
出版发行	生活·讀書·新知 三联书店
	（北京市东城区美术馆东街 22 号 100010）
网　　址	www.sdxjpc.com
图　　字	01-2018-8064
经　　销	新华书店
印　　刷	三河市天润建兴印务有限公司
版　　次	2020 年 6 月北京第 1 版
	2020 年 6 月北京第 1 次印刷
开　　本	880 毫米 × 1230 毫米　1/32　印张 9
字　　数	170 千字
印　　数	0,001-7,000 册
定　　价	40.00 元

（印装查询：01064002715；邮购查询：01084010542）

敬献此书于先考之灵前

最忆庭训兮曩昔久远

手捧梓卷兮思绪万千

先严在天兮守望佑我

迩来岁月兮未尝蹉跎

目 录

推荐序　芳贺矢一《国民性十论》中文译注版的意义
……………………………………………………………………… 1

导读　芳贺矢一的《国民性十论》与周氏兄弟
……………………………………………………………………… 4

序　言………………………………………………………… 31
一　忠君爱国………………………………………………… 34
二　崇祖先，尊家名………………………………………… 56
三　讲现实，重实际………………………………………… 74
四　爱草木，喜自然………………………………………… 94
五　乐天洒脱………………………………………………… 111
六　淡泊潇洒………………………………………………… 129
七　纤丽纤巧………………………………………………… 140
八　清净洁白………………………………………………… 151
九　重礼节，讲礼法………………………………………… 164
十　温和宽恕………………………………………………… 179

结　语……………………………………… 194

附录一　与本书相关的日本史简表……………… 196
附录二　明治时代"食人"言说与鲁迅的《狂人日
　　　　记》……………………………………… 199
参考文献…………………………………………… 246
译后记……………………………………………… 253
索引………………………………………………… 259

推荐序

芳贺矢一《国民性十论》中文译注版的意义

芳贺矢一在日本明治四十年（1907）出版了《国民性十论》。

当时正在日本留学的周氏兄弟很快就注意到了该书，从中受到了种种启发，并且在各自的工作中留下了痕迹。

此后经过一百多年，在2018年，这本书经过中国学者李冬木、房雪霏夫妇的严谨校订和翻译，在中国出版了译注本。

那么，这些事情具有怎样的意义呢？

首先，是芳贺矢一的《国民性十论》具有怎样的历史意义？众所周知，日本在那个时期正处在所谓"近代化"的途中。所谓"近代化"，就是欧化。为此需要做什么呢？最需要做的就是用作为自己模板的欧洲的"眼睛"来重新审视自己。在《国民性十论》出版前后，很多欧洲文献被翻译出版，就是出于这个缘故。在这当中，《国民性十论》

之所以引人注目，就在于它超越了对欧洲文献的简单的翻译和"山寨"处理的水平，提出了"国民性"这一独特的文明批评视角。

现在应该关注的，不是芳贺的论点哪个正确哪个不正确这种水平的问题，而是"国民性"这种批评视角。周氏兄弟依据他们的"拿来主义"把国民性视角作为自己的武器之一来把握，也正是由于他们看重这一视角。其中，周树人将那把"火"毫不留情地烧到了中国人的国民性上，不久便严峻地凝视"吃人"的现实，写出了《狂人日记》，成为"鲁迅"。对此的详细分析，本书所附李冬木教授的解说和论文都写得很清楚。

从那以后，一百多年过去了，但日本和中国现今仍还都处在"近代化"的途中。

日本自那以后，就像人们所知道的那样，突进到了不可理喻的对外扩张主义的"近代化"当中，不仅伤害了近邻各国，也伤害到自己，一度丧失了一切。其"国民性"还处于未完成的状态。

周氏兄弟的中国，也经历了各种各样的历程，现在也还处在"近代化"的途中。

不只是这样，曾经一度作为亚洲模板的欧洲本身，也面临着包括难民问题在内的各种各样的难题，正迎来不得不重新考虑自己去向的挑战。

"国民性"作为文明批评的视角,不仅在亚洲,即使从世界范围来考虑也仍然没有丧失意义。我们现在不正处在超越对芳贺矢一论点的一一评价,而从各自的国民出发来重新思考何为"国民性"的时期吗?

吉田富夫

日本佛教大学名誉教授

(李冬木 译)

导 读

芳贺矢一的《国民性十论》与周氏兄弟

一、原书的话语背景及其作者

本书日文原版书名的写法与中文汉字相同:《国民性十论》。日本明治四十年(1907)十二月,本书由东京富山房出版发行,作者是芳贺矢一(Haga Yaichi,1867—1927)。

原书出版机构"富山房",由实业家阪本嘉治马(Sakamoto Kajima,1866—1938)于明治十九年(1886)在东京神田神保町创立,是日本近代,即从"明治"(1868—1912)到"大正"(1912—1926)时代具有代表性的出版社之一,主要以出版国民教育方面的书籍著称。"(自创立起,)迩来五十余年,专心斯业之发展,竭诚尽力刊行于教学有益书籍,出版《大日本地名辞书》《大言海》《汉文大系》《大日本国语辞典》《日本家庭大百科事汇》《佛教大词汇》《国民百科大辞典》《富山房大英和辞典》等辞书以及普通图书、教科书合计三千余种,举划时代之事功而广为国民所知者。"[1]现今子公司"株式会社富山房国际"引先人之言，虽未免自夸，却也大抵符合实际。日本国会图书馆现存富山房出版物约九百五十种，仅明治时代出版的就占了六百三十余种，除单行本外，还有各种文库，如"名著文库""袖珍名著文库""新型袖珍名著文库""世界哲学文库""女子自修文库"等，各种"全书"，如"普通学全书""普通学问答全书""言文一致普通学全书"等；而进入"昭和"（1926—1989）以来最著名的是"富山房百科文库"，从战前一直出到战后，共出了一百种。就明治时代而言，富山房虽不及另一出版巨擘博文馆——大桥佐平（Ohashi Sahei，1836—1901）于明治二十年（1887）创立于东京本乡区弓町，仅明治时代就出版图书三千九百七十种[2]——却也完全称得上出版业当中的重镇了。富山房的明治出版物中，同期就有不少中译本，值得关心近代出版的朋友注意。

顾名思义，这是一本讨论"国民性"问题的专著。如果说世界上"再没有哪国国民像日本这样喜欢讨论自己的国民性"，而且讨论国民性问题的文章和著作汗牛充栋、不胜枚举的话；[3]

---

[1] 株式会社冨山房インターナショナル会社概要。参见该公司网站：http://www.fuzambo-intl.com/?main_page=companyinfo。
[2] 参见李冬木：《涉江保译〈支那人氣質〉与鲁迅（上）——鲁迅与日本书之一》，『関西外国語大学研究論集』第六十七號，1998年，271頁。
[3] 南博：『日本人論—明治から今日まで』まえがき（前言），岩波書店，1994年。

那么《国民性十论》则是在日本近代以来漫长丰富的"国民性"讨论史中占有重要地位的一本,历来得到很高的评价,至今仍有深远的影响。[4] 近年来的畅销书,藤原正彦(Fujiwara Masahiko, 1943—)的《国家品格》[5] 在内容上也显然留有前者的痕迹。

"国民性"问题在日本一直是一个与近代民族国家相生相伴的问题。作为一个概念,nationality 从明治时代一开始就被接受,只不过不同时期有不同的叫法。例如在《明六杂志》中就被叫作"人民之性质"[6] 和"国民风气"[7],在"国粹保存主义"的明治二十年代被叫作"国粹"[8],明治三十年代又是"日本主义"[9] 的代名词。"国民性"一词是在从甲午战争到日俄战争的十年当中开始被使用并且"定型"的。日本两战两胜,成为帝国主义时代"国际竞争场中的一员",在引起西方"黄祸论"[10]

---

〔4〕 参见生松敬三:『「日本人論」解題』,富山房(富山房)百科文库,1977年。
〔5〕 藤原正彦(藤原正彦):『国家の品格』,新潮社「新潮新書141」,2005年。
〔6〕 参见《明六杂志》第三十号所载中村正直《改造人民之性质说》(「人民ノ性質ヲ改造スル説」)。明治十二(1879)出版的《英华和译词典》(『英華和訳辞典』,プロシャイト原作,敬宇中村正直校正,津田仙、柳澤信大、大井鎌吉著)即以"人民之性质"(「ジンミンノセイシツ,jin-min no seishitsu」「人民ノ性質」)来注释英文"Nationality"(国民性)了。
〔7〕 参见《明六杂志》第三十二号所载西周《国民风气论》(「国民気風論」)。其原标题「国民気風」(「ナシオナルケレクトル」),即英文 National Character(国民气质、国民性)之音读。
〔8〕 参见志贺重昂:《告白〈日本人〉所怀抱之旨义》(「『日本人』が懐抱する処の旨議を告白す」」),『日本人』第二号,明治二十一(1888年)年四月十八日。
〔9〕 参见高山樗牛:《赞日本主义》(「日本主義を賛す」),『太陽』3卷13号,明治三十七(1897年)六月二十日。
〔10〕 "黄祸论"(德文:Gelbe Gefahr;英文:Yellow Peril),又叫作"黄人祸说",系指19世纪后半叶到20世纪上半叶出现在欧洲、北美、(转下页)

恐慌的同时，也带来民族主义（nationalism）的空前高涨，在这一背景下，"国民性"一词应运而生。最早以该词作为文章题目的是文艺评论家纲岛梁川（Tsunashima Ryosen，1873—1907）的《国民性与文学》[11]，发表在《早稻田文学》明治三十一年（1898）五月号上，该文使用"国民性"一词达四十八次，一举将这一词汇"定型"。而最早将"国民性"一词用于书名中的正是约十年后出版的这本《国民性十论》。此后，自鲁迅留学日本的时代起，"国民性"作为一个词汇开始进入汉语语境，从而也令这一思想观念在留日学生当中传播开来。顺附一句，作为一个外来词，"国民性"一词几乎不见于迄今为止中国大陆出版的基本辞书（七十四卷本《中国大百科全书》和十二卷本《汉语大词典》这类巨型工具书除外），却又在研究论文、各类媒体乃至日常生活中普遍使用，其在当今话语中的主要"载体"是"鲁迅"。以上与"国民性思想史"相关的各个要点之详细情形，请参阅笔者的相关研究。[12]

（接上页）澳大利亚等白人国家的"黄种人威胁论"，是一种人种歧视的理论，其针对的主要对象是中国人和日本人。黄色人种威胁白人的论调，突出地呈现于从甲午战争，经义和团事件，再到日俄战争的十年间，此后又延续到第一次世界大战，其主要言论人物是德国皇帝威廉二世。

[11]「国民性と文学」，本文参阅底本为『明治文學全集46・新島襄・植村正久・清沢満之・綱島梁川集』，武田清子、吉田久一编，筑摩書房，1977年10月。

[12]李冬木：《"国民性"一词在中国》，佛教大学『文学部論集』第九十一号，2007年；《"国民性"一词在日本》，佛教大学『文学部論集』第九十二号，2008年。二文同时转载于《山东师范大学学报》2013年四期。

芳贺矢一出生于日本福井县福井市一个神官家庭,其父任多家神社的"宫司"(神社之最高神官)。在福井、东京读小学,在宫城读中学后,他于十八岁入"东京大学预备门"(相当于高中),二十三岁考入东京帝国大学(现东京大学)国文科,四年后毕业。历任中学、师范学校和高中教员后,于明治三十二年(1899)三十三岁时被任命为东京帝国大学文科大学助教授(副教授)兼高等师范学校教授。翌年奉命赴德国留学,主攻"文学史研究",同船者有后来成为日本近代文豪的夏目漱石(Natsume Soseki,1867—1916)。一年半后的1902年,也就是鲁迅留学日本的那一年,芳贺矢一学成回国,不久就任东京帝国大学文科大学教授,履职到大正十一年(1922)退休。[13]

芳贺矢一是近代日本"国文学"研究的重要开拓者。如果说按现在的理解,近代国民国家离不开作为其"想象的共同体"[14]之基础的"国语的文学,文学的国语"[15]的话,那么芳贺矢一对日本语言和文学所作的整理和研究,其"近代意义"也就显而易见。他是公认的首次将德国"文献学"(Philologie)导入日本"国文学"研究领域的学者,以"日本文献学"规定"国学",并通过确立这一新的方法论,将传统"国学"转换成为一门近

---

[13] 参见久松潜一编:「芳賀矢一年譜」,收入『明治文學全集』四十四卷,筑摩書房,昭和四十三年(1978)。
[14] 本尼迪克特·安德森(Benedict Anderson)语,参见吴叡人译:《想象的共同体——民族主义的起源与散布》,上海世纪出版集团,2005年。
[15] 胡适语,参见《建设的文学革命论》,《新青年》四卷四号,1918年4月。

代学问。他于明治三十七年（1904）一月发表在《国学院杂志》上的《何谓国学？》一文，集中体现了这一开创性思路，不仅为他留学之前的工作找到了一个"激活"点，亦为此后的工作确立了崭新的学理起点，呈现了广博而深入之大观。"据《国语与国文学》[十四卷四号（1937年4月——引者注）]特辑《芳贺博士与明治大正之国文学》所载讲义题目，关于日本文学史的题目有《日本文学史》《国文学史（奈良朝平安朝）》《国文学史（室町时代）》《国文学思想史》《以解题为主的国文学史》《和歌史》《日本汉文学史》《镰仓室町时代小说史》《国民传说史》《明治文学史》等；作品研究有《〈源氏物语〉之研究》《战记物语之研究》《〈古事记〉之研究》《谣曲之研究》《历史物语之研究》；文学概论有《文学概论》《日本诗歌学》《日本文献学》《国学史》《国学入门》《国学初步》等；在国语学方面有《国文法概说》《国语助动词之研究》《文法论》《国语与国民性》等。在'演习'课上，还讲过《古今集》《大镜》《源氏物语》《古事记》《风土记》《神月催马乐》及其他多种作品，大正六年（1917年——引者注）还讲过《欧美的日本文研究》。"[16]由此可知芳贺矢一对包括"国语"和"文学"在内的日本近代"国学"推进面之广。就内容的关联性而言，《国民性十论》一书不仅集中了上述大跨度研究和教学的问题指向——日本的国民性，也出

---

[16] 久松潜一：『解题芳贺矢一』,『明治文學全集』四十四卷，筑摩书房，昭和四十三年（1978），428頁。

色地体现出以上述实践为依托的"信手拈来"的文笔功力。芳贺矢一死后，由其子芳贺檀和弟子们所编辑整理的《芳贺矢一遗著》，展示了其在研究方面留下的业绩：《日本文献学》《文法论》《历史物语》《国语与国民性》《日本汉文学史》。[17] 而日本国学院大学1982年至1992年出版的《芳贺矢一选集》七卷，应该是包括编辑和校勘在内的现今所存最新的收集和整理。[18]

二、《国民性十论》的写作特点和内容

《国民性十论》是芳贺矢一的代表作之一，也是他社会影响最大的一本书。虽然关于日本的国民性，他后来又相继写了《日本人》（1912）、《战争与国民性》（1916）和《日本精神》（1917），但不论取得的成就还是对后世的影响，都远不及《国民性十论》。书中的部分内容虽来自他应邀在东京高等师范学校所作的连续讲演，却完整保留了其著称于当时、富于"雄辩"、以书面语讲演[19]的文体特点。除此之外，与同时期同类著作

---

[17]『芳賀矢一遺著』二卷，富山房，1928年。
[18] 芳賀矢一選集編集委員會編：『芳賀矢一選集』，國學院大學（国学院大学），東京,1982年至1992年。第一卷『国学編』、第二卷『国文学史編』、第三卷『国文学篇』、第四卷『国語・国文典編』、第五卷『日本漢文学史編』、第六卷『国民性・国民文化編』、第七卷『雑編・資料編』。
[19] 小野田翠雨：《现代名士演说风范——速记者所见》(『現代名士の演説振り——速記者の見たる』),『明治文学全集』九十六卷，筑摩书房，昭和四十二（1967），366—367页。

相比，该书的写作和内容特点仍十分明显。前面提到，在日本近代思想史当中，从"日清战争"（即甲午战争，1894—1895）到"日俄战争"（1904—1905），恰好是日本民族主义空前高涨的时期，而这同时也可以看作"明治日本"的"国民性论"正式确立的时期。日本有学者将这一时期出现的志贺重昂（Shiga Shigetaka，1863—1927）的《日本风景论》（1894）、内村鉴三（Uchimura Kanzo，1861—1930）的《代表的日本人》（1894、1908）、新渡户稻造（Nitobe Inazo，1862—1933）的《武士道》（1899）和冈仓天心（Okakura Tenshin，1863—1913）的《茶之书》（1906）作为"富国强兵——'日清''日俄'高扬期"的"日本人论"代表作来加以探讨。[20] 就拿这四本书来说，或地理，或代表人物，或武士道，或茶，都是分别从不同侧面来描述和肯定日本的价值即"国民性"的尝试，虽然各有成就，却还不是关于日本国民性的综合而系统的描述和阐释。而尤其值得注意的，是这四本书的读者设定。除了志贺重昂用"汉文调"的日语写作外，其余三本当初都是以英文写作并出版的。[21] 也

---

[20] 船曳建夫：『「日本人論」再考』，講談社，2010 年。具体请参照该书第二章，50—80 页。但作者完全"屏蔽"了同一时期更具代表性的《国民性十论》，在书中干脆提都没提。

[21]《代表的日本人》原书名为 Japan and The Japanese，明治二十七年（1894）由日本民友社出版，明治四十一年（1908）再从前书选出部分章节，改为 Representative Men of Japan，由日本觉醒社书店出版，而铃木俊郎的日译本在很久以后的昭和二十三年（1948）才由岩波书店出版；《武士道》（Bushido: The Soul of Japan）1900 年在美国费城出版（许多研究者将出版年写作"1899 年"，不确），明治四十一年（1908）才有丁未出（转下页）

就是说，从写作动机来看，这些书主要不是写给普通日本人看的，除第一本面向本国知识分子、诉诸"地理优越"外，后面的三本都是写给外国人看的，目的是寻求与世界的对话，向西方介绍开始走向世界舞台的"日本人"。

芳贺矢一的《国民性十论》与上述著作的显著不同，不仅在于它是从"国民教育"的立场出发，面向普通日本人来讲述本国"国民性"之来龙去脉的一个文本，更在于它还是不见比于同类的、从文化史的观点出发、以丰富的文献为根据而展开的综合国民性论著。作为经历"日清""日俄"两战两胜之后日本人开始重新"自我认知"和"自我教育"的一本"国民教材"，该书的写作方法和目的，正如作者自己所说，就是在新的历史条件下，"通过比较的方法和历史的方法，或宗教，或语言，或美术，或文艺来论述民族的异同，致力于发挥民族特性"，[22]建立"自知之明"。[23]

全书分十章讨论日本国民性：（一）忠君爱国；（二）崇祖先，尊家名；（三）讲现实，重实际；（四）爱草木，喜自然；（五）乐天洒脱；（六）淡泊潇洒；（七）纤丽纤巧；（八）清净洁白；（九）重礼节，讲礼法；（十）温和宽恕。其虽然并不回

（接上页）版社出版的樱井鸥村的日译本；《茶之书》(*The Book of Tea*) 1906年在美国纽约出版，昭和四年（1929）才有岩波书店出版的冈村博的日译本。
[22] 参见本书序言。
[23] 参见本书结语。

避国民"美德"中"隐藏的缺点",但主要是讨论优点,具有明显的从积极肯定的方面对日本国民性加以"塑造性"叙述的倾向。第一、二章可视为全书之"纲",核心观点是日本自古"万世一系",天皇、皇室与国民之关系无类见于屡屡发生"革命"、改朝换代的东西各国,因此"忠君爱国"便是"早在有史以前就已成为浸透我民族脑髓之箴言",是基于血缘关系的自然情感;"西洋的社会单位是个人,个人相聚而组织为国家",而在日本,"国家是家的集合",这种集合的最高体现是皇室,"我皇室乃国家之中心"。其余八章,可看作此"纲"所举之"目",分别从不同侧面来对"日本人"的性格进行描述和阐释,内容涉及面之广和文献引用数量之多,堪称前所未有的"国民性论"和一次关于"日本人"自我塑造的成功尝试。而这正是其至今仍具有影响力的重要原因。

在中国已出版的日本人"自己写自己"的书中,除新渡户稻造的《武士道》之外,其他有影响的并不多见。而关于日本及日本人的论述,从通常引用的情况看,最常见的恐怕是本尼迪克特的《菊与刀》;求其次者,或许赖肖尔的《日本人》也可算得上一本。这两本书都出自美国人之手,其所呈现的当然是"美国滤镜"下的"日本"。芳贺矢一的这一本虽然很"古老",却或许有助于读者丰富自己思考日本的材料。

三、关于本书中的"支那"

同日本明治时代的其他出版物一样,"中国"在书中被称作"支那"。关于这个问题,中译本特加"译注"(本书第 32 页译注 3)如下:

> "支那"作为中国的别称最早见于佛教经典,据说用来表示"秦"字的发音,日本明治维新以后到"二战"结束以前普遍以"支那"称呼中国,因这一称呼在甲午战争后逐渐带有贬义,招致中国人的强烈反感和批评,日本在"二战"结束后已经终止使用,在中国的出版物中也多将旧文献中的"支那"改为"中国"。本译本不改"支那"这一称呼,以保留其作为一份历史文献的原貌,而道理也再简单不过——不会因为现在改成"中国"二字而使"支那"这一称呼在历史中消失。事实上,"支那"(不是"中国")在本书中是作者使用的一个很重要的参照系,由此可感知,在一个特定的历史阶段,日本知识界对"支那"怀有怎样的心象。

在此,还想补充几句。在日本明治话语,尤其是涉及"国民性"的话语中,"支那"是一个很复杂的问题,并不是从一开始就像在后来侵华战争全面爆发后所看到的那样,仅仅是一个贬斥和"惩膺"的对象。事实上，在相当长的时间内，"支那"一直是日本"审时度势"的重要参照。例如在《明六杂志》中，"支那"一词作为"国名和地名"，使用的频度比其他任何国名和地名都要高，即使是当时作为主要学习对象国的"英国"和作为本国的"日本"都无法与之相比。[24]这是因为"支那"作为"他者"，还并不完全独立于"日本"之外，而往往包含在"日本"之内，因此拿西洋各国来比照"支那"也往往意味着比照自身，对"支那"的反省和批判也正意味着在很大程度上是对自身的反省和批判。这一点可以从西周（Nishi Amane，1829—1897）的《百一新论》对儒教思想的批判中看到，也可以在中村正直（Nakamura Masanao，1832—1891）为"支那"辩护的《支那不可辱论》（1875）[25]中看到，更可以在福泽谕吉（Fukuzawa Yukichi，1835—1901）《劝学篇》（1872）和《文明论概略》（1877）中看到，甚至可以在专门主张日本的"国粹""以图民性之发扬"[26]的三宅雪岭（Miyake Setsurei，1860—1945）的《真善美日本人》（1891）中看到——书中以日本人了解"支那文化"远远胜过"好学之欧人"为荣，并以"向全世界传播""支那文

---

[24] 参见『明六雜誌語彙総索引』，高野繁男、日向敏彦監修、編集，大空社，1998年。

[25]「支那不可辱論」，『明六雜誌』第三十五號，明治八年（1875）四月。

[26] 三宅雪嶺：『真善美日本人』，載生松敬三編：『日本人論』，富山房，昭和五十二年（1977），17頁。该书初版为明治二十四年（1891）政教社版。

明"为"日本人的任务"。[27] 从某种意义上来说，后来的所谓"脱亚"[28] 也正是一种要将"支那"作为"他者"从自身当中剔除的文化上的结论。在芳贺矢一的《国民性十论》当中，"支那"所扮演的也正是这样一个无法从自身完全剔除的"他者"的角色，除第十章以"吃人"作比较的材料所显现的"贬损"倾向外，"支那"在全书中大抵处在与"印度"和"西洋"相同的参照位置上，总体还是在阐述从前日本引进"支那"和"印度"文化后，如何使这两种文化适合自己的需要。

四、周作人与《国民性十论》

翻译此书的直接动机，源于在验证鲁迅思考"国民性"问题时阅读文献过程中的一个偶然发现：芳贺矢一所著《国民性十论》不仅是鲁迅（周树人，1881—1936）的目睹书，更是周作人（1885—1967）的目睹书，于是，"《国民性十论》与周氏兄弟"便作为一个问题浮现。对其检证的结论之一，便是作为一个译本，该书至少有助于解读与周氏兄弟相关，却因年代久远和地域相隔（中国和日本）而至今悬而未决的若干问题。

---

[27] 同上。富山房版，34页。"日本人的任务"为第二章标题。
[28] 语见明治十八年（1885）三月十六日《时事新报》《脱亚论》一文，一般认为该社论出自福泽谕吉之手。事实上，在此之前"脱亚"作为一种思想福泽谕吉早就表述过，在《劝学篇》和《文明论概略》中都可清楚看到，主要是指摆脱儒教思想的束缚。

到目前为止，在最具代表性的《鲁迅年谱》[29]和《周作人年谱》[30]中，还查不到《国民性十论》这本书，更不要说对周氏兄弟与该书的关系展开研究。就笔者阅读所限，最早在关于周作人的论文中谈到"芳贺矢一"的中国学者，或许是中国社会科学院文学研究所的赵京华研究员。他于1997年向日本一桥大学提交的博士论文[31]中便有提及，只可惜尚未见正式出版。兹将在翻译过程中的查阅所及，略作展开。

芳贺矢一在当时是知名学者，《朝日新闻》自1892年7月12日至1941年1月10日间与他相关的报道、介绍和广告等有三百三十七条；《读卖新闻》自1898年12月3日至1937年4月22日相关报道数量亦达一百八十六条。"文学博士芳贺矢一新著《国民性十论》"，作为"青年必读之书、国民必读之书"[32]也是当年名副其实的畅销书，自1907年年底初版截止到1911年，短短四年间它就再版过八次。[33]报纸上的广告更是频繁出现，而且一直延续到很久以后。[34]甚至还有与该书出版相关的

---

[29] 鲁迅博物馆、鲁迅研究室编：《鲁迅年谱》四卷本，北京：人民文学出版社，1981年。
[30] 张菊香、张铁荣编著：《周作人年谱（1885—1967）》，天津：天津人民出版社，2000年。
[31] 赵京华：「周作人と日本文化」，一桥大学大学院社会学研究科博士学位论文，论文审查委员：木山英雄、落合一泰、菊田正信、田崎宣义，1997年。笔者所见该论文得自赵京华先生本人。
[32] 《国民性十论》广告词，《东京朝日新闻》日刊，明治四十年（1907）十二月二十二日。
[33] 本稿所依据底本为明治四十四年（1911）九月十五日发行的第八版。
[34] 《朝日新闻》延续到昭和十年（1935）一月三日；《读卖新闻》延续到同年一月一日。

"趣闻逸事",比如《读卖新闻》就报道说,由于不修边幅的芳贺矢一先生做新西服"差钱",西服店老板就让他用《国民性十论》的稿费来抵偿。[35]

在这样的情形之下,《国民性十论》引起周氏兄弟的注意便是很正常的事。那么兄弟俩是谁先知道并且注意到芳贺矢一的呢？答案应该是兄长周树人,即鲁迅。根据就是《国民性十论》出版引起社会反响并给芳贺矢一带来巨大声望时,鲁迅已经是在日本有逾五年半留学经历的"老留学生"了,他对于与自己所关心的"国民性"相关的社会动态当然不会视之等闲,此其一；其二,通过北冈正子教授的研究可知,鲁迅离开仙台回到东京后不久就进了"独逸语专修学校",从1906年3月初到1909年8月回国,鲁迅一直留在这所学校,度过了自己的后一半留学生活,一边学德语,一边从事他的"文艺运动",而在此期间于该校担任"国语"(即日本语文)教学的外聘兼课教师即是芳贺矢一。[36]从上述两点推测,即便还不能马上断言鲁迅与芳贺矢一有直接接触,也不妨认为"芳贺矢一"是鲁迅身边一个不能无视的存在。不论从社会名声、著作,还是从课堂教学来讲,芳贺矢一都不可

---

[35]《芳贺矢一博士的西服制装费从〈国民性十论〉的稿费里扣除——东京特色西服店》(「芳賀矢一博士の洋服代「国民性十論」原稿料から差し引くユニークな店／東京」),『読売新聞』1908年6月11日。
[36] 参见北冈正子:『魯迅救亡の夢のゆくえ——悪魔派詩人論から「狂人日記」まで』「第一章〈文芸運動〉をたすけたドイツ語——独逸語専修学校での学習」,関西大学出版部,2006年3月20日。

能不成为鲁迅关注的作者。相比之下，1906年9月才跟随鲁迅到东京的周作人，留学时间短，又不大谙日语，在当时倒不一定对《国民性十论》有怎样的兴趣，而且即便有兴趣也未必读得了，他后来开始认真读这本书，有很大的可能是因为其兄的推荐或建议。比如说匆匆拉弟弟回国谋事，尤其预想还要讲"日本"，总要有些参考书才好，鲁迅应该比当时的周作人更具备判断《国民性十论》是否是一本合适的参考书的能力，他应该比周作人更清楚该书可作日本文学的入门指南。而周作人后来的实践也正体现了这一思路。当然，这是后话。

不过，最早留下关于这本书的文字记录的却是周作人。据《周作人日记》，他购得《国民性十论》是在1912年10月5日[37]，大约一年半后（1914年5月14日）又购入相关参考资料和"阅国民性十论"（同月17日）的记录[38]，而一年四个多月之后（1915年9月"廿二日"），亦有"晚，阅《国民性十论》"的记录[39]。而周作人与该书的关系，恐怕在其1918年3月26日的日记中最能获得体现："廿六日……得廿二日乔风寄《日本文学史》《国民性十论》各一本"[40]——前一年，即1917年，周作人因鲁迅的介绍进北京大学工作，同年4月1日由绍兴抵

---

[37] 《周作人日记（影印本）》（上），郑州：大象出版社，1996年，418页。
[38] 同上书，501—502页。
[39] 同上书，580页。
[40] 同上书，740—741页。

达北京，与鲁迅同住绍兴会馆补树书屋[41]——由此可知，《日本文学史》和《国民性十论》这两本有关日本文学和国民性的书是跟着周作人走的。不仅如此，1918年4月19日，周作人在北京大学文科研究所小说研究会上，作了堪称其"日本研究小店"[42]挂牌开张的著名讲演，即《日本近三十年小说之发达》（4月17日写作，5月20日至6月1日在杂志上连载[43]），其中就有与《国民性十论》在观点上的明确关联（后述）。与此同时，鲁迅也在周作人收到《国民性十论》的翌月，即1918年4月，开始动笔写《狂人日记》，并将其发表在5月出版发行的《新青年》四卷五号上，其在主题意象上出现接下来所要谈的与《国民性十论》的关联，殆非偶然吧。

笔者曾在另一篇文章里谈过，这一时期（截止到1923年他们兄弟失和），周氏昆仲所阅、所购、所藏之书均不妨视为他们相互之间潜在的"目睹书目"。[44]同住一处的兄弟，共享一书，或谁看谁的书都很正常。《国民性十论》恐怕就是其中最好的一例。这本书对周氏兄弟影响都很大。鲁迅曾经说过，"从小说来看民族性，也就是一个好题目"[45]。如果说这里的"小说"可以

---

[41] 张菊香、张铁荣编著：《周作人年谱（1885—1967）》，121页。
[42] 周作人：《〈过去的工作〉跋》（1945），载钟叔河编：《知堂序跋》，长沙：岳麓书社，1987年，176页。
[43] 张菊香、张铁荣编著：《周作人年谱（1885—1967）》，131页。
[44] 李冬木：《鲁迅与日本书》，《读书》2011年第九期。
[45] 《华盖集续编·马上支日记》，《鲁迅全集》第三卷，333页。

置换为一般所指"文学"或"文艺"的话,那么《国民性十论》所提供的便是一个近乎完美的范本。前面提到,在这部书中,芳贺矢一充分发挥了他作为国文学学者的本领,也显示了其文献学学者的功底,用以论证的例证材料多达数百条,主要取自日本神话传说、和歌、俳句、狂言、物语以及日语语言方面,再辅以史记、佛经、禅语、笔记等类,以此推出"由文化史的观点而展开来的前所未见的翔实的国民性论"[46]。这一点应该看作是对周氏兄弟的共同影响,尤其是对周作人。

在周作人收藏的一千四百多种日本书[47]当中,芳贺矢一的《国民性十论》对他的日本研究来说,无疑非常重要。事实上,这本书是他关于日本文学史、文化史、民俗史乃至"国民性"的重要入门书之一,此后他对日本文学研究、论述和翻译也多有该书留下的"指南"痕迹。周作人在多篇文章中都援引或提到芳贺矢一,如《游日本杂感》(1919)、《日本的诗歌》(1921)、《关于〈狂言十番〉》(1926)、《〈狂言十番〉附记》(1926)、《日本管窥》(1935)、《元元唱和集》(1940)、《〈日本狂言选〉后记》(1955)等。而且他不断地购入芳贺矢一的书,继1912年购入《国民性十论》之后,目前已知购入的还有《新式辞典》(1922——购入年,下同)、《国文学史十讲》(1923)、《日本趣味十种》(1925)、《谣曲五十番》(1926)、《狂言五十番》

---

〔46〕 南博:『日本人論——明治から今日まで』まえがき,46頁。
〔47〕 李冬木:《鲁迅与日本书》。

（1926）、《月雪花》（1933）、《芳贺矢一遗著》（富山房，1928年出版，购入年不详）[48]。总体而言，在由"文学"而"国民性"的大前提下，周作人所受影响主要在日本文学和文化的研究方面，包括通过"学术与艺文"[49]看取日本国民性的视角。这里不妨试举几例。

周作人自称他的"谈日本的事情"[50]始于1918年5月发表的《日本近三十年小说之发达》。该文在"五四"时期亦属名篇，核心观点是阐述日本文化和文学的"创造的模拟"或"模仿"，而这一观点不仅是基于对芳贺矢一所言"模仿这个词有语病。模仿当中没有精神存在，就好像猴子学人"（第三章"讲现实，重实际"）的理解，也是一种具体展开。

又如，从1925年开始翻译《〈古事记〉中的恋爱故事》[51]，到1926年《汉译〈古事记〉神代卷》[52]，再到1963年出版《古事记》全译本[53]，可以说《古事记》的翻译是在周作人生涯中持续近四十年的大工程，但看重其作为"神话传说"的文学价值，而不看重其作为史书价值的观点却始终未变，虽然周作人在这

---

[48] 在《元元唱和集》（《中国文艺》三卷二期，1940年10月）中有言："据芳贺矢一《日本汉文学史》。"《日本汉文学史》非单行本，收入《芳贺矢一遗著》，1928年由富山房出版。
[49] 参见周作人：《亲日派》（1920），载钟叔河编：《周作人文类编7·日本管窥》，长沙：湖南文艺出版社，1998年，619—621页。《日本管窥之三》（1936），出处同前，37—46页。
[50] 周作人：《〈过去的工作〉跋》（1945），载钟叔河编：《知堂序跋》，176页。
[51] 载《语丝》第九期。
[52] 载《语丝》第六十七期。
[53] [日]安万侣著，周启明译：《古事记》，北京：人民文学出版社，1963年。

中间又援引过很多日本学者的观点，但看重"神话"而不看重"历史"的基本观点，最早还是来自芳贺矢一——"试观日本神话。我不称之为上代的历史，而不恤称之为神话。"（第一章"忠君爱国"）

再如，翻译日本狂言也是可与翻译《古事记》相匹敌的大工程，从1926年译《狂言十番》[54]到1955年译《日本狂言选》[55]，前后也经历了近三十年，总共译出二十四篇，皆可谓日本狂言之代表作，从中可"见日本狂言之一斑"[56]。这二十四篇当中有十五篇译自芳贺矢一的校本，占了大半——《狂言十番》译自后者校本《狂言二十番》（有六篇），《日本狂言选》译自后者校本《狂言五十番》（有九篇）。而周作人最早与芳贺矢一及其校本相遇，还是在东京为"学日本语"而寻找"教科书"的时代：

> 那时富山房书房出版的"袖珍名著文库"里，有一本芳贺矢一编的《狂言二十番》，和宫崎三昧编的《落语选》，再加上三教书院的"袖珍文库"里的《俳风柳樽》初二编共十二卷，这四册小书讲价钱一总还不到一元日金，但作为我的教科书却已经尽够了。[57]

---

[54] 周作人译：《狂言十番》，北京：北新书局，1926年。
[55] 周启明译：《日本狂言选》，北京：人民文学出版社，1955年。
[56] 周启明：《〈日本狂言选〉后记》，载钟叔河编：《周作人文类编7·日本管窥》，365页。
[57] 周作人著，止庵校订：《知堂回想录》（上），"八七学日本语续"，石家庄：河北教育出版社，2002年，274页。

作为文学"教科书"的作者，芳贺矢一显然给周作人留下了比其他人更多的"启蒙"痕迹。这与芳贺矢一在当时的出版量以及文库本的廉价易求直接有关。日本国会图书馆现藏署名"芳贺矢一"的出版物四十二种，由富山房出版的有二十四种，属富山房文库版的有七种：《狂言二十番》（"袖珍名著文库"第七，明治三十六年，1903），《谣曲二十番》（同名文库第十四，出版年同前），《平治物语》（同名文库第四十一，明治四十四年，1911），《保元物语》（名著文库，卷四十，出版年同前），《川柳选》（同名文库，卷五十，大正元年，1912），《狂言五十番》（"新型袖珍名著文库"第九，大正十五年，1926），《谣曲五十番》（同名文库第八，出版年同前）。这些书与周作人的关系如何还有很大的探讨空间。而尤为重要的是，芳贺矢一把他对各种体裁的日本文学作品的校订和研究成果，以一种堪称"综合"的形式体现在《国民性十论》当中。对周作人来说，这就构成了一个相对完整的"大纲"式教本——虽然"有了教本，这参考书却是不得了"[58]——为消化"教本"他没少花工夫。

　　此外，在周作人对日本诗歌的介绍当中，芳贺矢一留下的影响也十分明显。由于篇幅所限，这里不作具体展开，只要拿周作人在《日本的诗歌》（1921）、《一茶的诗》（1921）、《日本

---

[58] 周作人著，止庵校订：《知堂回想录》（上），"八七学日本语续"，石家庄：河北教育出版社，2002年，274页。

的小诗》(1923)、《日本的讽刺诗》(1923)等篇中对日本诗歌特点、体裁及发展流变的叙述与本书的内容对照比较,便可一目了然。

当然,对《国民性十论》的观点,周作人也并非全盘接受,至少就关于日本"国民性"的意义而言,周作人所作取舍十分明显。总体来看,周作人对书中阐述的"忠君爱国"和"武士道"这两条颇不以为然(《游日本杂感》,1919;《日本的人情美》,1925;《日本管窥》,1935)。虽然周作人确认了"万世一系"这一事实本身对于了解日本的重要性,也像芳贺矢一那样介绍过日本臣民很少有"觊觎皇位"的例子(《日本管窥》),而且在把对日本文化的解释由"学术与艺文"扩大到"武士文化"时,也像芳贺矢一一样举了武士对待战死的武士头颅的例子,以示"武士之情"(《日本管窥之三》,1936),但对这两点,他都有前提限制。关于前者,认为"忠孝"非日本所固有;关于后者,意在强调"武士之情"当中的"忠恕"成分。而他对《国民性十论》的评价是:"除几篇颂扬武士道精神的以外,所说几种国民性的优点,如爱草木喜自然,淡泊潇洒,纤丽纤巧等,都很确当。这是国民性的背景,是秀丽的山水景色,种种优美的艺术制作,便是国民性的表现。我想所谓东方文明的里面,只这美术是永久的荣光,印度中国日本无不如此。"[59]

---

[59] 周作人:《游日本杂感》,《新青年》六卷六号,1919年11月,载钟叔河编:《周作人文类编7·日本管窥》,7页。

还应该指出的是，越到后来，周作人也就越感到日本带给他的问题，而芳贺矢一自然也包括在其中。例如，1935年，周作人指出："日本在他的西邻有个支那是他的大大方便的事，在本国文化里发现一点不惬意的分子都可以推给支那，便是研究民俗学的学者如佐藤隆三在他新著《狸考》中也说日本童话《滴沰山》（かちかち山，Kachikachi yama）里狸与兔的行为残酷非日本民族所有，必定是从支那传来的。这种说法我是不想学，也并不想辩驳，虽然这些资料并不是没有。"[60]其实这个例子周作人早就知道，因为芳贺矢一在《国民性十论》第十章"温和宽恕"里讲过，"这恐怕不是日本固有的神话"，而是"和支那一带的传说交织转化而来的"，由此可知，"这种说法"周作人一开始就是"不想学"的。

到了写《日本管窥之四》的1937年，年轻时由芳贺矢一处所获得的通过文艺或文化来观察日本"国民性"的想法已经彻底动摇，现实中的日本令周作人对这种方法的有效性产生怀疑，"我们平时喜谈日本文化，虽然懂得少数贤哲的精神所寄，但于了解整个国民上我可以说没有多大用处"，"日本国民性终于是谜似的不可懂"。[61]这意味着他的"日本研究小店的关门

---

[60] 知堂：《日本管窥》，《国文周报》十二卷十八期，1935年5月，载钟叔河编：《周作人文类编7·日本管窥》，26页。
[61] 原载《国文周报》十四卷二十五期，1937年6月，署名知堂，载钟叔河编：《周作人文类编7·日本管窥》，56页。

卸招牌"[62]。就周作人对日本文化的观察而言,或许正可谓自芳贺矢一始,至芳贺矢一终吧。

五、鲁迅与《国民性十论》

笔者曾撰文探讨鲁迅《狂人日记》中"吃人"这一主题意象的生成问题,认为其与日本明治时代"食人"言说密切相关,是从这一言说当中获得的一个"母题"。为确证这一观点,笔者主要着手两项工作,一项是对明治时代以来的"食人"言说展开全面调查和梳理,另一项是在该言说整体当中找到与鲁迅的具体"接点",在这一过程中,芳贺矢一和他的《国民性十论》浮出水面,因此,"鲁迅与《国民性十论》"这一题目也就自然包括在上述研究课题中。该论文题目为《明治时代"食人"言说与鲁迅的〈狂人日记〉》,发表在《文学评论》(中国社会科学院文学研究所)2012年第一期上,此次特作为"附录"附于书后,详细内容请读者参阅这篇文章,这里只述大略。

与周作人相比,鲁迅对《国民性十论》的参考,主要体现在他对中国国民性问题的思考方面。具体而言,鲁迅由芳贺矢一对日本国民性的阐释而关注中国的国民性,尤其是中国历史上的"吃人"事实。

---

[62] 周作人:《〈过去的工作〉跋》(1945),载钟叔河编:《知堂序跋》,176页。

在属于鲁迅的自创文本中没有出现"芳贺矢一",或者说没有相关的记载,[63]这一点与周作人那里的"细账"呈现的情形完全不同。不过,在鲁迅的译文当中,"芳贺矢一"是存在的。例如,被鲁迅称赞为"对于他的本国的缺点的猛烈的攻击法,真是一个霹雳手"[64]的厨川白村(Kuriyagawa Hakuson,1880—1923)就在《出了象牙之塔》一书中大段介绍了芳贺矢一和《国民性十论》,鲁迅翻译了该书,[65]其相关段落译文如下:

> 但是,概括地说起来,则无论怎么说,日本人的内生活的热总不足。这也许并非一朝一夕之故罢。以和歌俳句为中心,以简单的故事为主要作品的日本文学,不就是这事的证明?我尝读东京大学的芳贺教授之所说,以乐天洒脱,淡泊潇洒,纤丽巧致等,为我国的国民性,辄以为诚然。(芳贺教授著《国民性十论》一百一十七至一百八十二页参照。)过去和现在的日本人,却有这样的特性。从这样的日本人里面,即使现在怎么嚷,是不会忽

---

[63] 这是就目前容易看到的两种"全集"而言,即人民文学出版社出版的1981年十六卷本和2005年十八卷本《鲁迅全集》,这两种全集都未收录占鲁迅毕生工作量一半的翻译著作。
[64] 鲁迅:《〈观照享乐的生活〉译者附记》,收《译文序跋集》,《鲁迅全集》第十卷,277页。
[65] 《出了象牙之塔》,原题『象牙の塔を出て』,永福书店,大正九年(1920),系厨川白村的文艺评论集,鲁迅在1924年至1925年之交译成中文,并将其中的大部分陆续发表于《京报副刊》《民众文艺周刊》等期刊上。1925年12月由北京未名社出版单行本,列为"未名丛刊"之一。

然生出托尔斯泰和尼采和易孛生来的。而况莎士比亚和但丁和弥尔敦,那里会有呢。〔66〕

再加上前面提到的鲁迅在"独逸语专修学校"读书时,芳贺矢一也在该校教"国语"那层关系,即使退一万步,也很难如某些论者那样,断言鲁迅与芳贺矢一"没有任何关系"。〔67〕

也就是说,不提不记并不意味着没读没受影响。事实上,在"鲁迅目睹书"当中,他少提甚至不提却又受到很深影响的例子的确不在少数。〔68〕芳贺矢一的《国民性十论》也属于这种情况,只不过问题集中在关于"食人"事实的告知上。具体请参阅本书第十章"温和宽恕",芳贺矢一在该章举了十二个中国旧文献中记载的"吃人"事例,其中《资治通鉴》四例,《辍耕录》八例。笔者以为,正是这些事例将中国历史上"吃人"的事实暗示给了鲁迅。为避免重复,其推查过程在此省略,详细情形,请参阅附录《明治时代"食人"言说与鲁迅的〈狂人日记〉》一文。

倘若不以一国文学史观来看待《狂人日记》,而是将其置于一个更广阔的文化背景下来看待,那么也就很容易知道,截止到鲁迅发表小说《狂人日记》,中国近代并无关于"吃人"的

〔66〕[日]厨川白村著,鲁迅译:《出了象牙之塔》,载王世家、止庵编:《鲁迅著译编年全集》卷六,北京:人民出版社,2009年,86页。
〔67〕参见本书附录所列相关评论和论文。
〔68〕参见李冬木:《鲁迅与日本书》,以及李冬木关于《支那人气质》和丘浅次郎研究的相关论文。

研究史，吴虞在读了《狂人日记》后才开始做他那著名的"吃人"考证，也只列出八例。[69] 调查结果表明，"食人"这一话题和研究是在明治维新以后的日本展开的。《国民性十论》的重点并不在于此，却因其第十章内容而与明治思想史当中的"食人"言说构成关联，其之于鲁迅的意义，是促使鲁迅在"异域"的维度上重新审视母国，并且获得一种对既往阅读、记忆以及身边正在发生的现实故事的"激活"，也就是鲁迅所说的"悟"。

总之，即使只把话题限定在"周氏兄弟"的范围，也可略知《国民性十论》对于中国"五四"以后的思想和文学有着不小的意义。相信读者在阅读中还会有更多的发现和新的解读。

最后，还想提请读者注意的，是这本书的成书年代。这是一本距今一百一十年的出版物，是一个历史上的文本，其中所述情形已经和此后乃至现今的日本有了很大的不同，尤其书中出现的诸如"近顷""最近""不久前""至今"这类表述时间的词语，都是以1907年即明治四十年日俄战争结束后不久的时间点为基准而言的，相信它们会提示读者，现在的阅读体验，正是重返一百多年前的历史现场。

李冬木

2012年3月15日初稿于大阪千里

2018年2月22日修改于京都紫野

---

[69] 参见《吃人与礼教》，《新青年》六卷六号，1919年11月1日。

序　言

　　观人物传记，其首先是描述体格，如"容貌魁伟，力能扛鼎"，然后描述心性，诸如"幼而岐嶷颖敏"[1]之类。了解一个人，了解一个民族，其道理相同，都应从体格和心性两方面来看。各种民族，不仅毛发肤色相异，性质也各不相同。即使同在日本，也有奥州人和九州岛人的地域之别，[2]但倘把日本人作为一个整体，拿来和欧洲人比较，也就自然会看到其为日本人的性质。正像欧洲人看似相同却又有英、法、德、俄的语言之异一样，英、法、德、俄亦各有其性质。国民之性质，对其国家的文化构成影响，在政体、法律、语言、文学、风俗、习惯

---

[1] 据《汉语大词典》，"容貌魁伟"语见《后汉书·郭太传》："身长八尺，容貌魁伟，褒衣博带，周游郡国"；"力能扛鼎"语见司马迁《史记·项羽本纪》："籍（项羽）长八尺余，力能扛鼎，才气过人"；"岐嶷"（qí yí）语见《诗·大雅·生民》："诞实匍匐，克岐克嶷。"朱熹《集传》："岐嶷，峻茂之状。"后多以"岐嶷"形容幼年聪慧。《东观汉记·马客卿传》："马客卿幼而岐嶷，年六岁，能接应诸公，专对宾客。"此类汉籍典故的熟练使用，体现了作者作为一个日本"国文学者"的深厚汉学修养，此后凡涉"汉典"，如无特殊情况，均不另加译注。——译注（编按：译文所有注释均为译注，以下不再逐条说明。）
[2] 奥州即陆奥国的别称，律令制之下的行政区划之一，位于今岩手县境内，2006年由市町村合并而出现以旧称命名的新市"奥州市"。九州岛即指现在的九州岛地区。

等方面留下烙印，而政体、法律、语言、文学、风俗、习惯等文化要素又反过来塑造国民的性质。而且，一个民族文化的发展又并非孤立纯粹地进行的，它不可避免地要与其他民族的文化相互融合，相互混合，其发达由此而来，其结果也就变得越来越复杂。

新大陆的发现、旧教派的传教、探险事业、殖民政策等，世界近世史促进了东西文明的接触，这是世界上的各个人种活动在一个共同舞台的时代。近世的精神科学，经常通过比较的方法和历史的方法，或宗教，或语言，或美术，或文艺来论述民族的异同，致力于发挥民族特性。在万般事物当中，一种倾向是把世界看作一个整体，而另一种倾向却是越发实行国家分立主义。俄国沙皇是和平会议的主要倡导者，却又在其领土内不断屠杀犹太人。这边正想着日英同盟和美国的援助，太平洋彼岸的排斥黄种人之声却总是一浪高过一浪。当今之时，我应知彼，更应知己。

我国从很早的时候起就接受了支那[3]文化，并通过支那

---

[3] 关于"支那"一词，请参阅本书导读"三、关于本书中的'支那'"。"支那"作为中国的别称最早见于佛教经典，据说用来表示"秦"字的发音，日本明治维新以后到"二战"结束以前普遍以"支那"称呼中国，因这一称呼在甲午战争后逐渐带有贬义，招致中国人的强烈反感和批评，日本在"二战"结束后已经终止使用，在中国的出版物中也多将旧文献中的"支那"改为"中国"。本译本不改"支那"这一称呼，以保留其作为一份历史文献的原貌，而道理也再简单不过——不会因为现在改成"中国"二字而使"支那"这一称呼在历史中消失。事实上，"支那"（不是"中国"）在本书中是作者使用的一个很重要的参照系，由此可感知，在一个特定的历史阶段，日本知识界对"支那"怀有怎样的心象。

接受了印度文明。然而，在东洋各国皆萎靡不振的今日，唯我国步入了世界强国之林。晚近引进西洋文明，其效果也日趋明显。我国文化如何受到了印度、支那的影响？我国国民又将其消化到了怎样的程度，发展了自身？我等在思量今日幸运的同时，亦自当深戒日后，知晓过去，预知将来。

一　忠君爱国

我在德国留学时，有一年在庆祝天长节[1]的宴会上，听了佩戴日本勋章的西博尔德男爵[2]关于日本近世史的演说，有感于其中的一节。他说："西洋各国的革命，皆出于对国王的不满，其结果不是削弱了王室的权威，就是将其彻底颠覆。日本却与之相反，每有革命，皇室权威益增，繁荣益进。"这正可谓讲清了我国国体与其他国家有怎样的不同。也就是说，过去的大化改新和最近的明治维新这两大政治变动，正由于发生在我国，其完成才极其容易，是一种水到渠成的结果。当接触到了新文化并要将其采纳时，只要发出一道改制的诏书，下边就会献出自祖先以来所获得的领地、领民，放弃各种既得的将来

---

[1]"天长节"即在位天皇生日庆祝日，取自唐玄宗生日庆典的称呼，从8世纪上半叶一直沿用到1948年，现称"天皇诞生日"，为日本国民节日。按照惯例，日本驻外使领馆将这一天作为日本国家日，宴请驻在国来宾。
[2]西博尔德即阿列克谢杉德尔·给奥卢克·库斯塔夫·冯·西博尔德（Alexander George Gustav von Siebold，1846—1911），是德国医生、植物学家、德国近代日本学奠基人菲利普·弗朗兹·冯·西博尔德（Philipp Franz von Siebold，1796—1866）的长子，1859年，即其十二岁时随父到长崎，接受日本教育，十五岁担任英国驻日公使馆翻译，明治维新后又受雇于明治政府，主要担任翻译工作，1869年因为奥地利通商使节担任翻译贡献突出，被奥地利皇帝授予男爵称号，后来又先后获得了德国和日本的勋章。

之权利，唯唯诺诺，仰承大命，这在外国人是绝对做不到的。然而正因为如此，我国国民才得以维系万世一系的国体，与时俱进。同样的事情倘若发生在外国，国王与人民肯定免不了发生冲突，而一旦与民冲突，国王便在劫难逃，这种事例不胜枚举。逃亡国外的蠢态以及最后被绑缚刑场，露消断头台，英国和法国的这类历史，在日本人看来几乎难以置信。不论是谁，当他从小学升入中学开始学外国的历史，无疑一定会对外国史上多有残酷无道之事感到吃惊。"革命"之语，本出自"天之命维革"，故今天用来对应外语中的 revolution 这个词。支那人自古就以天子受命于天而治百姓的思想为根本，因此只要是圣人贤者，那么不论是谁来取代天子都无所谓。正因为如此，历代二十四朝，长的也不过持续三百年，时候一到，天之命而革的准备是早就做好了的，平心静气地拥戴新天子登基。在这些国家里，绝不会发生像大化改新和明治维新那样的改革。英国贵族至今仍拥有庞大的领地。德国也是如此。日本国民对于皇室的想法，古今东西，无见其类。

西洋各国帝王、支那天子都来自民间，或凭借权力，或众望所归，遂赢得帝王之位。倘去论出身，正祖先，便是同等的国民。这是其他外国国民对待王室的想法。日本人把皇室视为与我等国民不同的另一种存在。支那有"王侯将相，宁有种乎"的说法，但日本人却自祖先以来就认为帝王之位不可觊觎，虽然没有谁这样教过他。在漫长的历史中，虽不乏向皇家引弓放箭之事，却绝不曾有过图谋天子之位的想法。在大日本史里，源义朝[3]、源义仲[4]都是入了叛臣传的，但因为他们都正了与天子作对的大义名分，所以也就并非要推翻皇室的谋反之人，而都不过是因失了皇室的恩宠，追悔莫及，丧失理智，才去犯上作乱。很多人都是因为得不到朝廷的某种官位才惹下乱子，他们只是任性之辈，虽做了叛臣却并没忘记天朝之尊。平将门[5]也是因为没当上"检非违使"才谋反的。只有一个叫弓削道镜[6]的和尚动了非分之念，想集佛法与王法于一体，自己去坐那位子，然而忠诚的臣民之声，化作八幡之神托，[7]转眼之间就

---

[3] 源义朝（Minamoto no Yoshitomo，1123—1160），日本平安末期的武将，在皇室内部纷争的保元之乱中因支持后白河天皇而得势，后在平治之乱中被杀。

[4] 源义仲（Minamoto no Yoshinaka，1154—1184），日本平安末期的武将，1180年奉后白河天皇第三皇子以仁王之命起兵讨伐平氏，大胜后被封为征夷大将军，后因干预皇位继承而与后白河天皇不睦，战败被杀。

[5] 平将门（Taira no Masakado，生卒年不详），推定是9世纪末至10世纪初日本平安时代中期的人物，关东豪族，卷入朝廷的纷争，曾袭击国衙，夺取印钥，针对京都朝廷，自称"新皇"，两个月后便被平定。下文中的"检非违使"系掌管军队的官职。

[6] 弓削道镜（Yuge no Dokyo，约700—772），日本奈良时代末期政治家、僧侣，生于河内（今大阪南部），俗姓弓削连，因得孝谦天皇宠信，位至太政大臣禅师，进而为法王，以佛教理念干政，底下的一班人遂以所谓"神托"而欲将其推上皇位，却以失败而告终，在称德天皇（孝谦天皇之重祚）死后被左迁下野药师寺（今栃木县境内），死在那里。

[7] 八幡之神托，"八幡"指宇佐八幡宫，通称宇佐神宫，位于今日本大分县宇佐市，号称日本四万四千八幡宫的"总本山"，769年时任太宰师的弓削道镜之弟弓削人上奏来自宇佐八幡宫的"神托"：道镜继承皇位将带来天下太平。称德天皇遂遣人调查，结果却是"另有神托"，称皇位"必以帝氏相继"，而弓削道镜却想自己当天皇。"另有神托"的调查者及相关人士虽遭受了称德天皇的处罚，但也就此阻止了弓削道镜继位。

把这个和尚排斥掉了。除此之外并无一人。藤原氏[8]虽有废立之举，也是出于让自己的女儿生的皇子去继承皇位的欲望，此即为人一世的最大的欲望，倘能实现，便是人生最大的满足。其歌曰：

此世乃我，月圆无阙。[9]

看这一时期的物语和草纸类[10]作品，对这种情形也会十分了然。《落洼物语》[11]里的落洼姬君，幼年时受继母的气，后来其夫做了太政大臣，其女也入选到宫里。此即为人一世最大的出人头地，也是最高理想。《宇津保物语》[12]中的贵宫，是众多恋人竞争的中心点，然而一旦为东宫所召，当初的竞争者便都撒手退出。光源氏[13]迎娶了三公主，狭衣大将[14]也以长公主为

---

[8] 藤原氏指藤原道长（Fujiwara no Michinaga，966—1027）。日本平安中期贵族，关白政治时代的摄政大臣，他的三个女儿先后成为一条、三条、后一条天皇的皇后，另一个女儿成为后朱雀东宫的皇妃，以所谓"一家立三后"之势，将藤原家带向鼎盛。
[9] 语见当时公卿藤原实资《小右记》，乃宽仁二年（1018）十一月二十六日，藤原道长为自己的第三个女儿入宫设宴庆贺时，即兴所作之歌。
[10] "物语"，近似中国过去的"话本"，是传奇、纪实和小说等的总称。"草纸"原指粗糙的纸张，后与"卷"相对，指装订本书籍，一般用作通俗文学的总称。
[11] 《落洼物语》，10世纪末的作品，四卷。主人公落洼姬君天生丽质，却遭受继母虐待，后被一个贵公子救出，过上幸福生活。
[12] 《宇津保物语》，9世纪至12世纪日本平安时代中期出现的长篇物语，共二十卷。主人公仲忠因为得到家传古琴秘技，后来飞黄腾达。
[13] 光源氏参见本书第38页译注15《源氏物语》。
[14] 狭衣大将系《狭衣物语》的主人公。《狭衣物语》是日本平安时（转下页）

妻。《宇津保物语》中的仲忠娶的也是皇家的长女。生为女人当然是做皇后，但生为男子能迎娶皇女则是最大的出人头地和最大的荣誉。在《源氏物语》[15]里，光源氏之子虽将即位，但他自己是皇子，即便其子成为天子，自己做院君也并无不妥。若在后世文学里寻找，那么在足利时代的小说里只有一篇叫《今宵之少将》[16]的，讲的是女子闭居长谷寺祈愿时有了身孕，后来那孩子做了天皇。不过我想，这个时代的小说，都大做佛之化身的文章，把佛家利益鼓吹到了极端的程度，不近情理的东西很多，偶尔出了这种故事也未可知。

平清盛[17]是利己主义的结晶，甚至有他回请天皇的传说，但这也正是他相信平氏家族的显赫，相信位居人臣之上的太政

（接上页）代中期作品，关于作者说法不一，有紫式部之女大贰三位说，有源赖国女说，全书四卷，以主人公狭衣大将的恋爱故事为主线，明显留有《源氏物语》的影响痕迹。

[15]《源氏物语》，日本古典长篇小说，一般认为成书于1003年至1008年之间，相当于日本平安时代（794—1192）中期，就时间而言，也是世界上最早的长篇小说，作者紫式部（Murasaki Shikibu，生卒年未详），时任宫中女官。全书由五十四帖构成，以宫廷重臣光源氏的荣华、恋爱及其子孙的故事为主线，描写了平安时代前期和中期的日本宫廷生活，被誉为日本文学的高峰。有丰子恺译本三卷。

[16] 足利时代亦称室町时代，指足利将军掌权并将幕府设在京都室町的时期，从1392年到1573年。《今宵之少将》全称《今宵之少将物语》，又名《雨宿（避雨）》。

[17] 平清盛（Taira no Kiyomori，1118—1181），日本平安时代末期的武将、公卿、政治家。平忠盛的嫡长子（另有一说其生父是白河天皇）。1156年保元之乱后被后白河天皇看重，1159年平治之乱中因击败源义朝，其地位得以巩固。1167年以武士身份首次升任太政大臣，其女平德子嫁高仓天皇，成为皇后，开创了平氏政权辉煌的时代。后文说"幽闭法皇"，法皇指的是出家的后白河天皇。

大臣的地位是满门莫大荣誉的缘故。当他恣意要幽闭法皇时，小松重盛[18]进谏道：

> 太政大臣权极至此，即在祖先亦闻所未闻。重盛以无才暗愚之身，位至莲府槐门。且不仅如此，国郡之半，为一门所领，田园悉为一家进止，此岂非来自稀世罕见之朝恩乎？[19]

平清盛软化下来，遵从此言。承久之役[20]，北条泰时[21]特意中道而返，请示其父义时道：

> 若途中与凤辇不期而遇，看到那边举着御旗，需我等"随君侍君侧"时，该如何进退。我只为请示这一事而一人策马而归。

---

[18] 小松重盛即平重盛（Taira no Shigemori，1138—1179），因筑居于"六波罗小松第"而名前被冠以"小松"，日本平安时代末期武将、公卿，平清盛之嫡嗣，辅佐其父在保元、平治之乱中屡建战功，官至左近卫大将、正二位内大臣。
[19] 这段文字见《平家物语》卷二。
[20] 承久之役亦称承久之乱，日本镰仓时代的承久三年（1221）发生的后鸟羽天皇举兵讨伐镰仓幕府的战争，是役幕府占了优势，朝廷权力受到了极大的限制。
[21] 北条泰时（Hojo Yasutoki，1183—1242），日本镰仓时代前期武将，镰仓幕府第二代实权人物北条义时的长子，后成为镰仓幕府第三代实权人物。这里指的是他出征去迎战后鸟羽天皇的军队。文中对话见《增镜》之《第二新岛守·承久之乱起·东国势出阵》。井上宗雄：《增镜（全译注）》（上），讲谈社，1983年。

义时答道：

> 你怎么这么啰唆！这不是明摆着吗？敢冲着君之御舆引弓放箭，成何体统？遇到这种时候，就要赶紧摘盔解甲，收弓藏剑，在旁边领旨谢恩，以身相待。

吉野朝时代之争，实为皇室内部一分为二，因此尊氏在京都自称将军。正因为尊氏在京都拥戴天子，才会有人聚集幕下，倘若他是个背叛朝廷的朝敌，也就不会有人追随其后了。不论有多大的野心，只要离开皇室便一事无成。尊氏的野心也只是要当个征夷大将军，本来并无轻侮朝廷、颠覆皇室的非分之想。这种事例在支那的南北朝之争和三国之争当中是看不到的。不论是怎样的恶人，怎样的叛逆之徒，因为都必备尊崇皇室之念，所以丝毫没有像支那或诸外国那样，有只要时机成熟便要取而代之的打算。我国史乘之波澜，不外乎皇族之间的博弈或皇位之下权臣们的争权夺利。

这在外国人看来是值得怀疑的。在那些不了解我国民之性质的人们眼里，无论如何，万世一系都是件不可思议的事。因为这在世界上绝无仅有，所以本来就是不可思议的。近顷支那人热心起研究日本来，据其序言所言，因对此颇感不可思议，还曾委托某人去调查平将门的事迹。真可谓贻笑大方。又听说支那不断调查维新事实以试图用作参考，然而倘若不了解我国民对皇室怀有怎样的尊崇之念，也就不会探知到我国历史之真相。波旁王朝[22]也好，霍亨索伦王室[23]也好，罗曼诺夫王朝[24]也好，刘氏[25]也好，杨氏[26]也好，爱新觉罗氏[27]也好，外国的朝家皆有姓氏和朝号，而我皇室却没有。[28]如果不懂这个道理，也就不会理解日本的历史。自有史以来，君臣之定分，不待由历史事实来说明，早在有史以前就已成为浸透我民族脑髓之箴言。

试观日本神话。我不称之为上代[29]的历史，而不恤称之为

---

[22] 波旁王朝（法语：Maison de Bourbon）在欧洲历史上是个跨国界的断断续续的王朝，这里指其在法国的统治时期，即从1589年至1830年。
[23] 霍亨索伦（Hohenzollerns）是发祥于德国南部的一个欧洲贵族、王室乃至帝王的家族，因居住在霍亨索伦城堡而得名，是勃兰登堡—普鲁士（1415—1918）及德意志帝国（1871—1918）的主要统治家族。罗马尼亚国王也出自该家族。14世纪起，该家族在"索伦"前冠上"霍亨"（意谓"高贵的"）字样，遂称霍亨索伦家族。
[24] 罗曼诺夫王朝（Romanov Dynasty; Romanovyi）是俄国历史上第二个也是最后一个王朝，其统治期限为1613年至1917年，共有十八位沙皇君临王位。在此期间，俄国由东欧的一个闭塞的小国扩张成为世界强国之一。
[25] 指中国的刘姓汉朝。
[26] 指中国的杨姓隋朝。
[27] 指中国的爱新觉罗氏清朝。
[28] 日本皇室因自古一直持续至今，故天皇和皇族不具有姓氏，所谓"某某宫"，并非表示姓名，而是当作个人的"宫号"。在日本古代，姓氏皆由天皇向臣下赐予，而天皇又处在超越姓氏的地位，不存在位居天皇之上者向天皇赐姓，所以天皇没有姓氏。本书作者在此要说的就是这层意思。不过也有学者根据《隋书》中"倭国传"等历史资料记载，认为倭国王是有姓氏的。
[29] 上代，日本史断代的一种划分，指开始有文献记录的阶段，通常具体指6世纪到8世纪的"飞鸟时代"和"奈良时代"。

神话。倘观察神话的性质,那么就会看到其中最能体现出国民性来。我国神话与外国神话不同,其既是以我皇室为中心的神话,也是以我国土为中心的神话。天地剖分,伊奘诺尊、伊奘册尊二神降临磷驭虑岛,首先生下大八洲各岛,此即我日本之国土。接着又生下水、木、火诸神,而女神亦因产火神而崩。随后,当男神因前往夜见之国目睹女神而触秽需要清洗时,从他眼睛和鼻子里就洗出了天照大神、月读命和素盏鸣尊这三个神。据说,这天照大神就是我皇室的祖先。质而言之,日本国土和天照大神同为伊奘诺尊的子嗣,即他们是兄弟。由此可知,国土和皇室有着不可分割的血肉关系。

　　三神之治,分而有定。天照大神治高天原,月读命治夜之国,素盏鸣尊治海国。后来,到了天照大神的孙子一代,即彦火火琼琼杵尊之代,天降而君临于这片国土。因为国土本来生而为天照大神的兄弟,也就当然不会有谁会对此持有异议。从前是素盏鸣尊去了出云,而今尊始以来是第五代大国主命,由于他知道是天孙的降临,也就老老实实地服从而以举国拱手相让。直到后世,出云国造神寿词一直作为历代朝廷的贺词而代代相传。也就是说,我国国土应当由天孙来治理,而治理我国国土的人也只能是天孙血统而不会是其他,这一点构成了太古神话的要素。大国主命听说是天孙降临,便乖乖地让出其国土,这种精神即在大化改新和明治维新当中亦同样体现出来的我国国民的精神。

我国神话是极平和的。有神八百万，却没有谁对天孙采取敌对行动。在外国神话里，会看到体现为太阳的勇者之神遇到各种各样的妖魔鬼怪并将他们逐一降伏的故事。但在我国，这种故事却一个都没有。岩洞藏身[30]系被御弟素盏呜尊的行为激怒所致，那时八百万之神集中起来也只是开会商量下一步该怎么办，而天照大神也并非像外国的太阳神那样，或被幽闭或一时被杀害继而又复活。虽有"荒神"这个称呼，却不见有荒暴的行为。八百万之神，都是忠厚老实的神。天神也好，国神也好，唯竭尽全力辅弼日神之子孙的事业，而无人想要妨碍其事业或夺取其领土。我国神话实乃和平之神话，而这不正是我古昔国民之心性的反映吗？

在古昔之国民精神当中，早已定下君臣之名分。天孙之血统既定为当继承帝位之种，而其余则既定为栖息于这片国土而当臣服其下之种。皇室是一种特别的存在，高于我等国民一节。此即 kami（音"kami"——译注），此即"长上（kami）"，此即"神（kami）"。kami 之语，通"神"，通"上"，通"头顶之发"，意味着所有"在上者"。至今在宫中仍将陛下称奉为"御上"。而又通于"雷（kami）"，此由"尊贵"和"敬畏"之意转

---

[30] 岩洞，原文作"窟户"，也写作"天岩户""天盘户"等，系日本神话中天照大神的隐身之处。天照大神因不满自己弟弟素盏呜尊的胡作非为，隐身岩洞，自闭于石户内不肯出来，遂导致天昏地暗。众神相聚到一起，想出种种办法，最后终于把天照大神引出了石窟，使天地重现光明。

借而来。这种关于 kami 的思想，从古至今一直是我等日本人对皇室的常情宿念，与外国国民对由同族中发迹而拥有姓氏的帝王之感想大相径庭。柿本人丸作歌道：

大君即吾神，雷霆之上做行宫。[31]

其所展现的也正是"上（kami）"，即神的上代思想。此外，像"八隅知之，吾君乃神，神乃神现……""登天原兮石门开，神高显兮临四海"[32]等歌都是把"大君"作为神来咏唱的。在"宣命"[33]中"现神止大八洲国知食"的表述，不论"现神止"读"阿吉慈米（kami）"还是读"阿拉希陶（kami）"都是现在活着的神的意思。用汉字来写，有"神"与"上"的不同，但在日语当中并无区别。《千本樱》中的辨庆也是因为要在实乃安德天皇真身的"阿安"的身上跨过，才腿脚僵直的。[34]《宪法》第三

---

[31] 作者柿本人丸，即柿本人麻吕，该歌见《万叶集》第 235 首。
[32] 此二首亦出自柿本人麻吕之手，分别见于《万叶集》第 45 首和第 167 首。
[33] "宣命"（senmyo）系指以汉字书写的天皇的日语诏书，与用纯汉文书写的"敕诏"相对。
[34] 《千本樱》，全名《义经千本樱》，日本江户时代（1603—1867）中期的净琉璃和歌舞伎作品，其主人公有多人，但主线人物为日本平安时代（794—1192）末期的武将源义经。这里提到的辨庆是源义经的家臣，一直伴随主人到最后。当他们被源义经之兄源赖朝追杀，逃到海边要渡往九州岛时，正遇到安德天皇男扮女装成叫"阿安"的女孩儿，也隐身在那个海边旅馆里，当辨庆要从熟睡的"阿安"身上跨过时，他的腿脚突然抽搐得不能动弹。

条所记"天皇神圣不可侵犯",[35]正是自上代以来的国民之心的表现。国民对皇室的敬虔之念如此,却又并不只是出于对神的恐怖和畏惧。

皇室称作"公"。"公"者,"大家"之意也。对于皇室而言,我等是"小家",也就是说,有看法认为皇室即我等的本家和宗家。在这种思想当中,皇室与国民之间包含着更多的亲密成分。两者之间,不是统治者与被统治者的关系,而是相互之间有着发自心底的上亲下爱的亲睦之情。八百万神都是皇孙事业的翼赞之人,却不是出于对义理的恐惧,而是出于对作为大本家之统帅和首领的尊敬。其中有着亲子式的关系。子应唯亲之命是听,应使亲高兴。某物得之于亲则喜。亲子之爱,乃人间至情,即真心也。此真心即忠。忠之语是汉字音,译成日语只能是诚心、真心而不是其他。在日本,忠与孝是一回事,皆和真心同义。

以此真心来对待皇室,便是国民之情。敬之若神,畏之若神,仰仗犹父,亲之如母。因此,倘天皇有令,便万事服从,

---

[35]《宪法》指1889年2月11日公布、1890年11月29日实施的《大日本帝国宪法》,简称《帝国宪法》,由于公布并实施于明治二十二、二十三年间,故又称"明治宪法",由七章七十六条构成,是一部基于君主立宪主义的近代宪法,其第一条和第二条分别为"大日本帝国由万世一系之天皇统治"和"皇位依皇室典范所定由皇室男子继承"。战后公布(1946年11月3日)的《日本国宪法》取代了"明治宪法"并实施至今,故"明治宪法"通常也叫作"旧宪法"。现行宪法规定,天皇是"日本国之象征以及日本国民统合之象征"。

万事聆听，不仅不以为嫌，反而觉得难得有机会效命。土地返上自不待言，就是舍上身家性命，亦会兴高采烈。

> ……曾是其高厚，欢乐宁有既，追惟大伴，祖神远自，大久米主，赫其尊谥，世共厥职，王事是咨，将赴于海，沉尸无悔，将赴于山，尸骨生苔，死唯君侧，义无迟回……[36]

此等奉公精神即由此而来。"天地正大气，粹然钟神州"[37]中所言"正大之气"，"若问敷岛大和心"[38]中所言"大和心"，

---

[36] 大伴家持（Otomo no Yakamochi，约 715—785）所作长歌《贺陆奥国出金诏书歌》中的一节，该长歌收于《万叶集》卷十八，通排第 4094 首，此处采用钱稻孙汉译，见钱稻孙译《汉译万叶集选》，日本学术振兴会刊，1959 年，第 155 页。745 年圣武天皇始造东大寺佛像，正为缺乏金铜而发愁时，传来在陆奥国（今青森、岩手两县各一部）发现金矿的消息，圣武天皇大喜，诏书全国，感谢祖先之惠，犒劳群臣百姓，亦对大伴、佐伯两家近臣的忠勇予以表彰，称赞两家辅弼皇室"将赴于海，沉尸无悔，将赴于山，尸骨生苔，死唯君侧，义无迟回"，实际是要求继续如此效忠；大伴家持得此诏后非常感动，以长歌作答，并以诏书原句来表达自己的忠诚。在第二次世界大战中，"将赴于海，沉尸无悔，将赴于山，尸骨生苔，死唯君侧，义无迟回"，成为日本著名军歌《将赴于海》（海ゆかば，1937 年 11 月 22 日首据）的歌词而广为传唱。

[37] 日本江户时代后期政治家、学者藤田东湖（Fujita Toko，1806—1855）《和文天祥正气歌》首句，由于该诗表达了"死为忠义鬼，极天护皇基"的"尊王攘夷"思想，从幕末经明治、大正，一直传诵到昭和时代前半期，即"二战"结束前。1943 年（昭和十八年）10 月 21 日，时任首相的东条英机在明治神宫外苑作《学徒（学生）出阵壮行会之训示》时，亦在开头引用"天地正大气，粹然钟神州"。

[38] 日本江户时代国学家本居宣长（Motoori Norinaga，1730—1801）六十一岁时所作歌句："若问敷岛大和心，朝日映射山樱花"（敷岛の大和心を人とわば、朝日に匂ふ山桜花）。歌中出现的"敷岛"（日本的别称之一）、"大和"、"朝日"、"山樱"四个词，分别成为太平洋战争中首批神风特攻队队名。

皆指这种真心。元寇之役[39]，赶走强敌，也是这份真心使然。兄弟阋于墙，而一旦有外敌便一致对外，这种精神，这种保护皇室、维持皇土的精神，总是每遇困难便忽然呈现出来。据说李鸿章看到政府和议会闹矛盾，便以为有机可乘，发动了日清战争，[40]但正所谓"以己度人"，他是太不了解日本人的性质了。事到如今，再怎么去查维新史，也都不能不说事已迟矣。

这种真心，即对皇室的忠的观念，到了武家时代[41]，转而成为主从关系的锁链，即成为武士道精神的神髓。以真心尽事主君，也就是尽忠而不惜身家性命，随时准备战死于马前，是家臣所应做好的精神准备。赖朝曾受到了和尚重源的不可称"君"的谏诫，[42]但到了德川时代，诸侯对将军称臣，而诸侯的

---

[39] 指1277年和1284年两次发生在日本九州岛北部的元日战争，日本称之为"蒙古来袭"或"元寇来袭"，亦以年号命名，即所谓"文永之役"和"弘安之役"。两役以元军失败而告终。
[40] 即中日甲午战争（1894—1895），此称李鸿章"发动"不符合史实，事实上所谓"日清战争"是日本一次有预谋的行动，是日军在朝鲜平壤打响了第一枪。
[41] 武家时代，指从镰仓时代（1185—1333）到江户时代（1603—1867）末期六百八十多年间武士掌握政权的时代。
[42] 赖朝即源赖朝（Miyamoto no Yoritomo, 1147—1199），日本平安时代末期到镰仓时代初期的政治家，奉仁王之旨，举兵讨伐平氏，经过反复征战，固东国于镰仓，开启幕府，最后消灭平氏，称右近卫大将军，1192年称征夷大将军。作为镰仓幕府的初代将军（1192—1199），源赖朝开创了直到明治维新"大政奉还"为止的此后长达六百八十多年的武家政治时代。重源（Chogen, 1121—1206），日本镰仓时代初期净土宗僧侣，字俊乘坊，号南无阿弥陀佛，曾师从日本净土鼻祖法然上人（Honen, 1133—1212），亦访问过宋朝，回国后向后白河天皇的使者进言重修焚于大火的奈良东大寺，六十一岁时就任东大寺劝进职，在主持修复该寺期间，成功地从天皇、公卿和源赖朝将军处募集到捐款，完成修复。

家臣则称陪臣，孔孟之道常被用来劝导主从关系。君臣关系在日本，本来除了皇室与国民的关系之外并无其他关系，故"忠臣不事二主"之语在日本当然也就并不通用，但在君臣关系转变为主从关系后，这句话就开始变得适用了。

由武士道发扬出来的忠义，虽已见于《今昔物语》[43]，但还是在保元、平治以来的军记物语中最为常见。还有《义经记》[44]里的辨庆、嗣信、忠信等。在把军记物语戏曲化了的谣曲[45]中，在《钵之木》《藤荣》《鸟追船》《弱法师》《土车》《安宅》[46]等曲目里也都有节臣戏。在极端的场合，还有以大义灭亲之心，杀掉自己的孩子来做主君替身的。这种故事在谣曲《仲光》和《七落骑》的实平身上都有体现。德川时代的戏曲继承了这种思想，如《手习鉴》里松王丸的苦忠乃是其中的一例。而在《本朝二十四孝》《大塔宫曦铠》《平假名盛衰记》以及其他小说戏曲中，这种例子更是不胜枚举——为主君忍辱负重，最终复

---

[43] 通称《今昔物语集》，系日本最大的古代故事集，成书于12世纪上半叶，编者不详，全三十一卷中现存二十八卷，天竺（印度）五卷，震旦（中国）五卷，其余二十一卷为日本故事，总共有一千多条，反映了古代社会各阶层的生活。
[44] 《义经记》，以源义经及其主从人物为主人公的军记物语，成书于日本南北朝时代到室町时代初期（14世纪30年代到15世纪上半叶），对后来的能、歌舞伎和人形净琉璃等文学样式产生了深远影响。
[45] 谣曲，系能乐中的唱词，也叫"能谣"。参见本书第67页译注39"狂言"和第137页译注11"能乐"。
[46] 《钵之木》《藤荣》《鸟追船》《弱法师》《土车》《安宅》皆为能乐作品名。

仇。谣曲《望月》[47]，古时就成了净琉璃[48]和小说的材料，到了德川时代，报仇雪恨更成为"公许"，即获得官方的认可。其中最著名的是赤穗四十七士[49]。在泉岳寺墓地[50]，至今仍香火不断。《忠臣藏》的戏总是大受欢迎，看客爆满。

早些时候来日本的西洋人听到这些故事无不感到震惊，《假名手本忠臣藏》[51]也被译成了英语、法语和德语。除此之外，关于义士的书籍也很多。提起四十七浪人，家喻户晓，尽人皆知。友人藤代祯辅在拜访维尔登布鲁赫时，[52]听到这位作家说打算用四十七士作材料来写剧本。武士道提供的如此壮美的悲剧材料，归其本意，还是一份真心。

[47] 谣曲《望月》，主人公小泽刑部友房替主公安田友志向望月秋长复仇，让安田妻子献艺，自己舞狮子，最后终于杀了望月秋长。
[48] 净琉璃（jyoruri），是一种由三弦琴（三味线）伴奏的故事说唱乐，始于室町时代末期，起初无伴奏，只以扇子等打节拍，进入江户时代之前，伴奏乐器固定为三弦琴，同时又与人偶剧结合，后来又与歌舞伎结合，遂作为江户时代大众娱乐形式之一广为流行。
[49] 亦称"赤穗四十七义士"。日本元禄十五年十二月十四日（1703年1月30日）深夜，来自赤穗藩的大石良雄等四十七名武士为替主君浅野长矩复仇，袭击了吉良义央的府邸，杀了吉良义央全家，事后被命令切腹自杀。该事件对后世产生了很大影响，其故事广为流传于净琉璃和歌舞伎当中，统称为《忠臣藏》。
[50] 泉岳寺位于今东京都港区高轮二丁目，由德川家康始建于1612年，以寺境内赤穗义士墓地和赤穗义士纪念馆著称。
[51] 以赤穗四十七义士为题材的人形净琉璃和歌舞伎的代表曲目，于1748年首次公演。
[52] 藤代祯辅（藤代禎輔，Fujishiro Teisuke，1868—1927），德国文学研究者，京都帝国大学教授，1900年与夏目漱石、芳贺矢一同乘船出发赴德国留学。与德国学者合作将《万叶集》译成德语，未竟而终。维尔布鲁赫（Ernst von Wildenbruch，1845—1909），德国剧作家，作品有《德皇威廉》等。

武士道虽然只是士人之操守，并不律及町人[53]以下，但其精神已不分武士，不分町人，不分男女而遍及一般国民。"奉公"一词本来只用于对待朝廷，但后来也用在使唤人身上了，把他们叫作"奉公人"。在町人百姓之间流传着各种侠义的故事，从小说、净琉璃到讲谈[54]和落语[55]都有体现。侠客就代表着町人中间的武士道。即便是在赌博游食之徒当中，亦保持着对帮主、帮头的牺牲精神。倘追本溯源，正是君臣关系被移植为主从关系的结果。不过就主从关系而论，其关系到底还是不抵君臣关系的那种程度。因为原本是把君臣关系移借到主从关系中来，所以一般国民并不像对待皇室那样，把公卿、侯爷当作别一种人来看待，也不认为他们与神同格，服从他们是因为他们拥有权力或有恩于自己。因此驰骋在尊氏麾下的武人，到后来就都不是安分守己之辈，致使争乱纷纭不绝。"下克上"之事层出不穷，将军被其"管领"细川压服，细川被其家臣三好压服，而三好又被其家臣松永压服，就这样，松永最后又杀了将军。[56]因为原本同类相属，所以遇有时机便会产生取而代

---

[53] 町人系日本近世社会阶层之一，指居住在城市的商人和工匠，用以区别于武士和农民。在所谓"士农工商"的序列中处在下位。
[54] 讲谈（kodan），日本说书艺术之一，说者席坐，前置小桌，不时以扇子叩击，以朗朗上口的节奏，讲述军记、复仇、勇武传、侠客传或时事话题等，据说起源于江户时代的元禄年间（1688—1704）的《读太平记》，又叫"讲释"。
[55] 落语（rakugo），日本说话演艺之一，类似于中国的单口相声，起源于江户时代初期，后逐渐以东京和大阪两大城市为中心兴盛起来，至今不衰。
[56] "将军"指足利氏将军，从1336年至1573年的二百四十多年（转下页）

的想法。

即使是在战国时代,毛利元就也要奉纳即位金,[57]织田信长亦躬身勤王,[58]两氏之大兴,其因即在纳金勤王之举。其结果虽有了丰太阁统一[59]和德川将军的幕府[60],但看德川幕府以

（接上页）间共有十五代,因将军官邸设在室町,又称室町幕府,其实施武人政治的统治期叫作室町时代。"管领"是室町幕府仅次于将军的职务,由细川氏和另外两家轮流担任,后来细川一族逐渐坐大,到了细川政元（Hosokawa Masamoto,1466—1507）做管领时控制实权,可以决定将军的立废。三好氏一族自三好之长（Miyoshi Yukinaga,1458—1520）起成为细川管领的重臣,以智勇双全、能征善战著称,到了三好长庆（Miyoshi Nagayoshi,1522—1564）一代,不仅架空了主君细川氏,还把将军变成傀儡。松永即松永久秀（Mastunaga Hisahide,约1510—1577）,15世纪中叶至16世纪中叶日本战国时代的武将,初臣仕于大名三好长庆,后来势压主人,在三好长庆死后又联合三好一族杀掉室町幕府的第十三代将军足利义辉（Ashikaga Yoshiteru,1536—1565）。

[57] 毛利元就（Mouri Motonari,1497—1571）,日本室町时代后期到战国时代的武将、大名,善用计谋,有"谋神"之称。"奉纳即位金"指毛利元就向第一百零六代天皇——正亲町天皇献金,促成其即位,以此加强与皇室的联系之事。

[58] 织田信长（Oda Nobunaga,1534—1582）,日本战国、安土时代的武将、大名,在战乱时代扩张为全国最大的势力,构筑了下一个时代全国统一的政治基础。文中"勤王"指永禄十一年（1568）织田信长率部进入京都后,恢复被武士占据的皇室领地,即所谓"御料所"的举措——明治以后此事作为织田的"勤王"事迹被大加弘扬。

[59] 丰太阁,即丰臣秀吉（Toyotomi Hideyoshi,1536—1598）,日本战国、安土时代的武将、大名,继织田信长之后最终完成全国统一。1583年修筑大阪城,1585年位至关白（摄政）,翌年赐姓"丰臣"并任太政大臣,1591年将关白让于养子丰臣秀次,自称"太阁"。统一后的举措以统一丈量土地并登记的"太阁检地"和解除农民武装的"刀守"最为有名。又曾两次出兵入侵朝鲜半岛,即所谓"文禄之役"（1592）和"庆长之役"（1597）,结果均告失败。

[60] 德川幕府,由德川家康（Tokugawa Ieyasu,1542—1616）1603年在江户始设,故也称江户幕府,到1867年德川庆喜（Tokugawa Yoshinobu,1837—1913）"大政奉还",共有十五代将军执政,历时二百六十五年。

谱代、亲藩、外样[61]之别，如何煞费苦心地去施治，也就可以明白主从关系并不像君臣关系那么可行。因此当尊王倒幕之论兴起之时，哪怕是那德川也会说倒就倒。皆因为表面称呼的臣或陪臣之类，实际上都是假借之物的缘故。

武家之世，即使是公卿天下，国民也并没忘记其上还另有天子。朝廷通常是名誉荣爵的本源。赖朝和实朝[62]皆为右府，实朝以此为荣，在鹤冈举行拜贺之礼时被杀。德川将军以下掌管各国的大名和城主等均按各自的门户等级承袭朝廷爵位，称为"细川越中守""酒井雅乐头""户田采女正"等等。此等官职，只图虚名，正像将军家嗣承征伐东夷时代的"征夷大将军"之名一样。大名的家臣也以官名通称，叫"玄蕃""主马""采女"的，大抵都属重臣之列。叫某右卫门、某兵卫的，都是受兵卫府的影响，而今除了山本大将[63]，在町人和百姓（农民）

---

[61] 三者都是江户时代大名的名分，"谱代"主要指"关原之战"前与德川具有隶属关系的大名，"亲藩"系德川男系子孙充当藩主的大名，"外样"则指"关原之战"以后与德川有隶属关系的大名。1600年10月21日的"关原之战"，是德川幕府实现统一的关键一战。

[62] 实朝，即源实朝（Minamoto no Sanetomo，1192—1219），源赖朝之子，镰仓幕府第三代将军，1218年12月，以武士身份晋升右大臣，翌年1月27日为庆贺晋升参拜鹤冈八幡宫时，被其侄子公晓所劈杀，享年二十七岁。又，源实朝作为歌人也很有名，有家集《金槐和歌集》，收歌七百余首。

[63] 山本大将即山本权兵卫（Yamamoto Gonbe，1852—1933），日本海军军人、政治家。他出生于鹿儿岛的武士家庭，后学海军，是日本近代"海权"的提倡者，甲午战争期间任海军省大臣次官，自1898年起连任三届内阁海军大臣，历时八年，并在此期间经历了日俄战争，后从政就任日本第十六、二十二届内阁总理大臣。

之外几乎已经见不到这名字了。但某之丞、某之助、某之公、某介还是俯拾皆是。由此可知我国国民是何等尊奉朝廷，又何等看重官职。虽是幕府时代，国民却并没忘记皇室。每年过女儿节时，连小姑娘都知道唱"人偶人偶着盛装，人偶天皇御宇长"。[64]

关于忠的解释，虽曾一度被用于阐释主从关系，但随着明治维新的到来，对于忠的解释再次像过去一样，仅仅限定为忠于皇室。不，明治维新本身就是将这种解释限定于皇室才打倒了德川幕府。维新以后，士农工商，四民平等，一般国民皆可去服兵役了；陪臣、陪陪臣制度也都被废止，大家皆为天朝直系之臣。长期以来武家养成的武士道精神，如今也只对天朝尽忠。由武士而渡及町人，又反映在小说、净琉璃等平民文学里的国民思想，终于找到了一次机会，即以牺牲精神，为国家抛头洒血。当初在日俄战争中，西洋人对日本兵为何强悍感到不可思议，有的说是因为吃米，有的说是因为喝水，还有的说是因为日本兵把梅干放进饭里做成国旗的形状来吃，如此每天以国旗为餐，鼓舞了士气的缘故。仅仅凭借这些物质上的因素，当然不会造就强兵。强兵只来源于自古就有的对皇室之真心的

---

[64] 此为江户时代著名俳人松尾芭蕉（Matsuo Basho，1644—1694）所作俳句。日本每年农历三月三日为女孩儿过女儿节，日文作"雏祭"（hinamatsuri），家中装饰取形于天皇和皇后的人偶——叫"内里雏人形"（dairibina ningyou），故松尾芭蕉原句为"内裏雛人形天皇の御宇とかゼ"。

表彰，而不是其他。正是这种真心之精神，才成就了万世一系的国体，才使日本成为东洋唯一的强大之邦。

自古以来，我国多有得益于支那文化之处，从律令制度到一般风俗习惯，有不少都是从支那引进的，不过读二十一史也好，读二十二史也好，就是禅代和革命这两样没跟支那学。

在柏林凯旋路的一端，耸立着高几十丈的凯旋塔，上面有金光灿烂的日耳曼尼亚（Germania）女神像。这是个空想出来的人物，特用以代表德意志国家。英国也有同样空想出来的人物，叫"大不列颠"（Britannica），法国的则叫"高卢"（Gaule）。在政体多变、王室屡更的外国，为发思古之幽情，培养国家观念，便有必要自上而下推出这类人物。唯我日本，国土与皇室自神话以来业已胶不可移，为国与为君可解释为相同的意义。"朕即国家"〔65〕用于我国的天皇才是合适的说法。我在德国滞留期间，正赶上普鲁士建国两百周年。当时的柏林灯火辉煌，成了一座不夜城，但凯旋塔上却见不到半点儿灯火，只因凯旋塔是德意志帝国的代表，非专属普鲁士一国。巴伐利亚王国〔66〕和萨克森王国〔67〕，作为王国也都跟普鲁士拥有同等地位，只是普鲁士作为霸者统一了德意志全国，继承

---

〔65〕 "朕即国家"，法国波旁王朝君主路易十四（1643—1715年在位）语。
〔66〕 巴伐利亚王国（德语：Königreich Bayern），自1805年至1918年存在于德意志境内的独立王国。
〔67〕 萨克森王国（德语：Königreich Sachsen），自1806年至1918年存在于德意志境内的独立王国。

了德意志帝位罢了。以前,新井白石试图让德川将军对朝鲜称王,[68]遭到了许多学者的非难。王之称号姑且不问,白石的见识是有过人之处的。

---

[68] 新井白石(Arai Hakuseki,1657—1725),日本江户时代中期儒学者、政治家,其学广涉朱子学、历史学、地理学、语言学和文学,德川家宣时代任幕府儒官,参与和主导了变更朝鲜通信使待遇、货币制度以及与国外贸易等方面的改革,著作有《新井白石日记》《藩翰谱》《读史余论》《采览异言》《西洋纪闻》《古通史》《同文通考》《东雅》《折焚柴记》等。"试图让德川将军对朝鲜称王",指正德元年(1711)第八次朝鲜通信使的接待问题,当时的日本政府迫于财政压力,在新井白石主导下将接待经费由一百万两白银压缩至六十万两,同时在外交文本中把对德川将军的称呼由"日本国大君"改称"日本国王",称"王"有提升德川将军霸主地位的用意,也符合德川将军当时为事实上日本君主的实际——此即本书作者所称赞的新井白石的过人之处。但新井白石的这两项举措不仅导致了外交摩擦,也导致了称"王"是否合适的论争,当享保四年(1719)朝鲜通信使第九次到来时,对德川将军的称呼又由"王"改回到以前的"大君"。

二 崇祖先，尊家名

由社会学来看，我国上代国家便是所谓神祇政治（Theokratie），也就是说，呈现祭政一致的情态，如前所述，治者为神祇，既是"上"也是"神"，都叫作"kami"。政事即祭祀，相等于祭事。而从另一方面来看，又是宗族政治（Patriarchie），宗家支配分家。公即"大家"（Oyake）。这种状况并非我国才有，犹太人从前也实行这种制度，而在其他原始社会也有无数类似的例子。不过，能从上代一直保持到现在，保持到实行立宪政治的今天却是极为罕见的，可以说是独立于社会进化论之外的一个特殊的例子。圣德太子吸收支那文明，采纳印度教义，以神儒佛合体治国，其方针带来了直至今日的变迁。而有趣的是，与上代政体相伴随的对"上"、对"神"、对"公"的尊崇之心和敬虔之心，也就是赤诚之心，却至今毫无所失，并以此在不发生任何争乱和轧轹的情况下，导入了西洋的民主主义，实现了立宪政体。凭借如此古已有之的国体而能昂首阔步于今日世界之林，正是我国国民的强势所在。

那么毋庸赘言，构成这种神祇政治、宗族政治之根本的正是祖先崇拜。倘若没有对祖先功业的尊崇之念、敬畏之念和仰慕之念，便根本不会有这样的政体。神话当中的诸神，一方面代表着自然现象，另一方面又与祖先当中建立丰功伟绩的人相应相合。天照大神为日神，月读命为月神，素盏鸣尊恐怕是风暴之神，但在我民族中，他们同时又无疑被看作杰出的值得尊敬的先人。思兼神、手力雄命、天钿女命、猿田彦神等也都可被认为是这方面的先人。祭奠这些祖先，为他们做祭祀，也就是崇奉共同的祖先，以实现政治上的团结一致，这就是神祇政治、宗族政治的政体。天照大神赐八咫镜于天孙，让他视之如仰视自己，即是明白无误的祖先崇拜。也就是说，能够得传三种神器[1]的人，便是祖先正统的政治元首，不仅是所谓的"上"或"神"，即"kami"，也是所谓的"公"。正因如此，三种神器在继承皇位时就变得至关重要。在寿永之役[2]中，它们成为重大问题，在南北朝时代其也因真伪之辨而成为重大问题。[3] 北

---

[1] 指日本神话中天孙降临时得到的天照大神所授镜（八咫镜）、剑（天丛云剑）、玉（八尺琼勾玉），此三件宝物为历代天皇所继承。
[2] 寿永之役，通常称"承治·寿永之乱"，指发生在承治四年（1180）到元历二年（1185）的内乱：后白河天皇的皇子以仁王（Mochihitoo, 1151—1180）因不满以平清盛为首的平氏政权拥立安德天皇即位，起兵倒平，开启了持续六年的全国性内乱，最后平氏势力倒于源赖朝，后者开启了镰仓时代。"寿永"为安德天皇的年号，只持续了三年（别于院君后白河天皇的"承治"）；平氏失势，携安德天皇和三种神器从京都西逃，最后兵败于海边，武士投海，安德天皇和三种神器亦"入水"，据说除宝剑外，其余两样失而复得。
[3] "南北朝"是指两个天皇并立的时代（1336—1392），足利尊氏因不满后醍醐天皇的新政，在京都拥立光明天皇，建立"北朝"，开启室町时代，后醍醐天皇则南行在奈良吉野建立"南朝"，为强调自己的正统性，后者声称自己交给北朝的"神器"是赝品。

畠亲房卿正是为此才撰写《神皇正统记》。[4]质而言之,从我国国体而言,是无论如何不能忘记祖先崇拜的。支那人也崇拜祖先,但在支那等爆发革命的国度,祖先崇拜与国家结合不具有任何意义。罗马、希腊也曾崇拜祖先,如今却不留形迹。日本自古以来的神祇政治、宗族政治之政体连绵不断而传承至今,故贵祖庙而祭祖先,从古至今便始终与政治保持着不可分割的关系。神武天皇在即位仪式上,在鸟见山造"神篱"祭祖也正是为此。[5]至今每年一月四日之御政初,有"先奏伊势神宫之事"[6],这是早在《大宝令》[7]时代便定下的规矩。将其单纯看作自古以来的习惯是不对的,因其至今仍具有国家意义。当诏令宣战或媾和之际,告于大庙,也正是出于此等意义。东乡大将凯旋参诣大庙,[8]伊藤统监赴任韩国前亦往参宫,[9]也都出于这

---

[4] 北畠亲房(Kitabatake Chikafusa,1293—1354),日本南北朝时代公卿,其《神皇正统记》强调南朝的正统性,主张君主除血统外,还应具备君德和拥有三种神器。
[5] 神武天皇系日本第一代天皇,一般认为是个神话人物,《古事记》和《日本书纪》有"神武四年登鸟见山祭祀皇祖天神,以昭平定天下,海内无事"的记载。鸟见山位于奈良县榛原町北部,海拔高度734.6米。
[6] 参见本页译注7。伊势神宫,有伊势大庙、大(太)神宫等多种称呼,系位于日本三重县伊势市的皇室宗庙,正式称呼为神宫,是祭祀天照大神的皇大神宫(内宫)和祭祀丰受大神的丰受大神宫(外宫)的总称,处在凌驾于全国所有神社之上的位置。
[7] 《大宝令》也叫《大宝律令》,8世纪初日本仿唐代《永徽律令》制定的史上第一个律令。
[8] 东乡大将即东乡平八郎(Togo Hehachiro,1848—1934),萨摩武士出身,日本海军大将,1871—1878年作为海军军官留学英国,甲午战争中任日舰"浪速"舰长,日俄战争中任第一舰队兼联合舰队司令长官,指挥了旅顺港封港作战和黄海海战。"大庙"指伊势神宫。
[9] 伊藤统监即伊藤博文(Ito Hirofumi,1841—1909),日本明治时代(转下页)

一理由。宫中有贤所〔10〕，供奔赴海外之人或归朝之人等拜谒和参拜，都具有如此政体上的意义。正因为如此，人们自古就说"日本者，神国也"〔11〕。这里所谓的"神"，并不是指后来发展为各派的神道。这是完全脱离了宗教的问题，与作为信仰问题的宗教自由没有任何关系。只要出生在日本国土，身为日本臣民，便都以对神、对公之赤诚之心来敬重祖先之灵。这是自古以来就与国体相伴随的。

不仅朝廷崇敬大庙，此事也深深浸透于民间。哪怕是一个农民，不论他耕种于怎样的穷乡僻壤，也常常会想到今生今世一定要参拜一次太神宫〔12〕。就拿"擅自参拜"〔13〕来说，哪怕是近乎身无分文的旅行，往参者却也还是络绎不绝地上路。各乡各村的神明之社，也是基于御灵分祭〔14〕的考虑。伊势大庙，全国每家必祭，不论怎样笃信佛教之家，也把伊势视为别物，并不

---

* （接上页）政治家，先后就任第一、五、七、十届内阁总理大臣，1905年11月《日韩第二次协约》签订后（日本事实上"并合朝鲜"），就任第一任韩国统监府统监，1909年10月26日被大韩帝国（大韩帝国系1897年10月至1910年8月间李氏朝鲜所使用的国号）民族主义者安重根刺杀于哈尔滨车站站台。"参宫"指赴任前参拜伊势神宫。

〔10〕 贤所（kashikodokoro），又称威所、尊所、恐所、畏所，指天皇所居宫中祭祀八咫镜的场所，系所谓"宫中三殿之一"，另二殿为皇灵殿和神殿。
〔11〕 语出《神皇正统记》的首句。
〔12〕 太神宫即伊势神宫。
〔13〕 "擅自参拜"，原文"拔参"，指江户时代流行的不经父母或丈夫许可，甘愿受罚而擅自去参拜伊势神宫的行为。
〔14〕 御灵分祭，即日本神道教用语当中所谓"分灵"（分霊, bunrei；分け御霊, wakemitama），指把本社的祭神放在其他场所祭祀时的神灵分出。在神道教看来，神灵可无限制地"分灵"，而且不论怎样分灵都不会影响到原来的神灵。分出去的"分灵"与本社神灵具有同样的作用。

与其信仰发生冲突。有佛坛的家庭亦有神龛，佛坛当中也摆放着祖先的牌位。这不应视为施行神佛不分之教的结果。正像不论怎样热心于佛的人也不会丧失对皇室的忠义之心一样，人们对太神宫也不会失去崇敬之念。亲房卿是个佛教信徒，但他说："日本者，神国也"。在以宣扬佛教为主的谣曲中，也反复强调"日本者，神国也"。"本地垂迹"〔15〕的说法，是佛教传播者洞察我国国体所创之说，非如此佛教在日本就很难行得通。尽管佛教以迅猛之势席卷了日本，却并没压服我国的国民性。其不得已而采取了调和之策。正像佛教在支那鼓吹过关于孔子、老子的垂迹说，同样的笔法也运用于我国，附会为我国的诸神。净土真宗主张源于他力的信心，一方面鼓吹未来的极乐往生，一方面又不断教诲遵守王法，如此投合我国国民性之所好，是真宗在今天兴旺发达的原因之一。"佛九善，王十善"，是我国国民坚信不疑的金科玉律。然而新近输入的基督教却在这一点上与国民经常发生冲突。〔16〕信奉基督教的人不设神龛，声称除了上帝之外不会向任何人低头，他们拒绝礼拜圣上之御像，也不愿参拜太神宫。我以为这是出于把我国的宗庙混同于宗教的误

---

〔15〕 "本地垂迹"是佛教在日本传播之初产生的神佛相合的思想之一，认为日本的八百万神都是佛家显现于各地的种种化身。
〔16〕 泛指 1891 年 1 月内村鉴三（Uchimura Kanzo, 1861—1930）的"不敬事件"（拒绝礼拜《教育敕语》）为代表的基督教博爱主义与国家主义的一系列冲突。在 1904 年至 1905 年的日俄战争中，以内村鉴三为代表的日本基督教主义者采取了反战立场。

解，不了解我国国体的缘故。不论是谁都没有不向他的双亲低头的道理。

除太神宫之外，我国还有许多官国币社，有特殊官国币社，还有县社、乡社、村社，它们皆出于同样的尊崇祖先之主义，所祭祀的又很多都是祖先当中的功臣。在官国币社里，也有一些上代事迹并不了然的神，不过总归都是对祖宗事业多有辅弼的人。在特殊官币社里所祭祀的都是我国历史上的功臣，例如凑川神社的楠正成[17]、藤岛神社的新田义贞[18]、丰国神社的丰太阁[19]、建勋神社的织田信长[20]、东照宫的德川家康[21]、梨木神社的三条实万[22]都是这一类人物。明治以后，台湾有了北白川宫的台湾神社，又有了像靖国神社那样的把义勇奉公而

---

[17] 楠正成亦写作楠木正成（Kusunoki Masashige，1294—1336），日本镰仓时代末期到南北朝时代的武将，因支持建武中兴深得后醍醐天皇信赖，足利尊氏反叛后，在奈良吉野拥立后醍醐天皇，1336年在凑川兵败于足利军而身亡。明治维新以后被称为"大楠公"，明治十三年（1880）被追赠"正一位"。凑川神社位于神户市中央区，明治五年（1872）建立。
[18] 新田义贞（Nitta Yoshisada，1301—1338），日本镰仓时代末期到南北朝时代的武将，拥立后醍醐天皇，与足利尊氏反复征战，最后战死在藤岛。明治十五年（1882）被追赠"正一位"。藤岛神社位于福井县福井市，明治三年（1870）建立。
[19] 丰太阁见本书第51页译注59"丰太阁"，丰国神社即祭祀丰臣秀吉的神社，全国有多处。
[20] 织田信长见本书第51页译注58"织田信长"，建勋神社位于京都市北区船冈山，明治十三年（1880）竣工。
[21] 德川家康参见本书第51页译注60"德川幕府"，东照宫为祭祀德川家康的神社，有九能山（位于静冈县静冈市）和日光（栃木县日光市）两处。
[22] 三条实万（Sanjyo Sanetsumu，1802—1859），江户末期公卿，因斡旋于天皇与将军之间，伸张皇权，深得光格、仁孝、孝明三代天皇的信任，也因此遭受德川幕府的嫉恨。梨木神社位于京都市上京区，建于明治十八年（1885）。

捐躯的人们祭祀在一处的场所。[23]到了县社、乡社，祭祀的或是旧藩祖先，或是开辟其地之人，尤其是那些在当地留下了丰功伟绩的人们。还有其他一些神社，祭祀着大社的分灵。总而言之，神社都是祭祀祖先当中有功之人的场所，对其表示尊重是理所当然的举措。外来宗教的信奉者似乎不喜欢神社以及对神社表敬，但这跟认可东乡大将的伟勋并向他敬礼并不是两码事。在西洋到处都有功臣的石像、铜像之类，作为受到尊敬的对象而矗立，构成都市的一景。在德国的大小城市，威廉大帝和俾斯麦的塑像几乎无处不在，而每逢其人忌日，便总有人献上花环，以表敬意。这是人的自然之情，我国的神社也即是与此相同之物，只是差在彼立塑像而我祭神社而已。然而只对铜像表示敬意而不去参拜神社是自相矛盾的。不论是谁都没有理由说为亲戚故旧扫墓、参拜功臣的神社是缺乏见识并且有违自己的信仰。也就是说，误解是来自拘泥于神这一言词而将其混同于宗教。在我国宪法当中，堂堂正正地允许宗教自由。尽管如此，不论是怎样的宗教，国民总要参拜先贤所在，而一旦

---

[23] 靖国神社（Yasukunijinjya）系位于东京都千代田区九段北的神社。创建于 1869 年，当初称"东京招魂社"，1879 年改称"靖国神社"。主要祭祀幕末明治以来战殁军人和随军人员。创建之后，人事先后由军务和内务机构管辖，祭祀则由陆军省和海军省统管，实际上是国家神社。1946 年脱离日本政府管辖，由东京都知事根据《宗教法人法》认证为单立宗教法人至今。因靖国神社内供奉着第二次世界大战战犯的灵位，自 20 世纪 70 年代以来不断引起中日、韩日之间的外交问题——当然，这是后话。在作者芳贺矢一写书的年代还不存在这些问题。

为国事捐躯,也会被合祀于靖国神社。这是神社与宗教无关的证据。日俄战争之际,御用船[24]的外国船长也被供祭在靖国神社。在那里祭他是因为他殉职于我国事,而并非要把信仰耶稣教的人强行带往高天原[25]去。因为是出于崇拜祖先才有对神社的崇敬,所以至今在孩子出生三十天或三十一天后,还总要去参拜神社,叫作"御宫参"。町町有神祇,村村有镇守之社。人死入葬时会委托给寺里的和尚,但每逢喜庆都要把神酒献给神祇。町内在节祭时,都要关店,年轻人敲着大鼓,扛着御舆,四处游行,小孩子们也跟着跑前跑后,欢呼雀跃。据说今年又是好收成,镇守之社在祭礼时出了山车,演了社戏。这就是说要和祖先共享幸福,并将这幸运奉告给祖先。

村有村祭,乡有乡祭,其中最大的祭就是帝国的太神宫之祭。每年的神宫之祭,其精神上与一村一乡的丰年祭并无差别。除此之外,还有两大祭日,即春秋二季的皇灵祭,也即对祖先之祭。有所谓"氏神"[26],但今天已和过去不同,因都市盛行转居搬迁,所以已不是"产土神"[27],而是町内住民之神,但在本地人多的地方,祭拜的还是先祖代代前往拜祭的产土神,倘祖孙三代历来皆往宫参,并在那祭礼的游兴中长大,那么我

---

[24] 御用船指战时政府或军队征用的用于军事目的的民船。
[25] 高天原系《古事记》中所记天津神居住的地方,众神不断在那里诞生,天照大神出生后,受命治理高天原。
[26] 氏神(Ujigami),指宗族神灵或当地的镇守神。
[27] 产土神(Ubusunagami),指当地的土地神,近世以来几乎与氏神同义。

以为，其产土神便真的会成为爱乡心的基础了。

过去的所谓氏神，正如其名所示，乃同族中的祖先之神、宗家之神。藤原氏的氏祖神是春日神社，在藤原氏鼎盛时期，是其一族尊敬的中心。[28] 竹田氏有竹田神社，[29] 橘氏有梅之宫，[30] 诸如此类，都是各氏的氏神。我皇室乃国家之中心，与宗家同样，在各自的家系里尊崇本家的祖先和长者，服从他们，唯他们之命是从，是我国社会的组织形式，有人说我国的社会单位是家庭，即源于此。在藤原氏时代，其氏族长者即关白，[31]《大镜》等书中的摄关争，[32] 也就是长者之争而不是其他。保元之乱亦起因于赖长的关白争。[33] 德川氏的历代将军皆称"淳

---

[28] 藤原氏（Fujiwara shi），日本古代到近世的贵族姓氏，春日神社现称春日大社，位于奈良县奈良市奈良公园内，藤原家族自710年迁都平城京起祭祀其祖神——奈良时代初期的公卿藤原不比等（Fujiwara no Fuhito, 659—720）。

[29] 竹田神社位于奈良县橿原市，史书记载早在仁德天皇（4世纪前半期）时代之前，"竹田川边连"就在该社祭祀其家族氏神"火明命"。

[30] 橘氏（Tachibana shi），日本古代有名氏族，其祖"县犬养宿祢三千代"因为女皇元明天皇"命妇"而获赐姓橘宿祢，后改姓橘；梅之宫即梅宫神社，亦称梅宫大社，位于京都市右京区，祭祀橘氏一门之氏神。

[31] 关白，语出《汉书·霍光传》，"诸事皆先关白光，然后奏御天子"，因通过权臣上奏天子，故实为权臣参与天子执政。日本宫廷自9世纪80年代光孝天皇开始实施关白政治，奏文在天皇御览前先由重臣藤原氏过目。由于"关白"非律令所定官职，亦称令外官。

[32]《大镜》系历史物语，有二卷、六卷、八卷不同版本。作者不详，大约成书于11至12世纪之间，以两位老者对话、一人旁评的形式记录了从文德天皇到后一条天皇的一百七十六年间的历史。所谓"摄关争"，摄指摄政，意谓天皇幼小时代天皇执政；关即关白，意谓天皇成人后参与天皇执政；摄关政治自9世纪80年代起实施了两百年左右，不仅大权独揽的藤原氏与皇室有争，各自亦经常发生内部冲突。

[33] 指保元元年（1156）在京都发生的内乱：围绕皇位继承，崇德上皇与后白河天皇对立，实施摄关政治的藤原赖长与藤原忠通也因此对（转下页）

和奖学两院别当源氏长者"。

既然注重家系,那么家中也就必有传家之宝。武家平氏有小乌丸之刀,源氏有削发刀等皆属此类。源为义[34]在应诏赴保元之乱前,曾梦见传家铠甲被风吹散。在后世的戏曲中,家宝纷失必是大乱的起因,也正是相同的原因。在"公"之大家当中,看重三种神器也出于相同的理由。家徽也是断不可以更改的。更改家徽的定纹,可是件了不得的事。

西洋的社会单位是个人,个人相聚而组织为国家。在我国,国家是家的集合。这里有着根本性的区别。现在的民法是根据西洋诸国的法律而制定出来的,立法者肯定在这一点上煞费苦心。即不采取个人主义而是考虑家族主义。在《亲族篇》和《相继篇》当中都极大地体现了这一点。如今世界交通发达,不同人种和不同国体的人彼此往来,因此制定法律也就并非一件易事。我国民法当然适用于我国国民,但西洋人在居住我国时也受我国法律支配,因此就要多少加以斟酌。不仅民法如此,在刑法和治罪法上,立法者也都相当劳心费神。现在的所谓遗族扶助法,从家族主义角度来说,其扶助本应归于家长,但现在采取个人主义,扶助金也能交到妻子、子女或亲属手里

(接上页)立,遂爆发武力之争,结果后白河天皇、藤原忠通方面因得助于武士集团而取得胜利,开启了武家政权的时代。

[34] 源为义(Minamoto no Tameyoshi,1096—1156),日本平安时代末期武将,在保元之乱中守护崇德上皇的白河殿,战败身亡。

了。报纸上常有日俄战争论功行赏之钱不是被老子横取,就是被兄长匿下,而致使遗族困顿的报道,为父为兄的做得固然没道理,但也不能不说这是一种反映当今家族主义和个人主义混杂在一起的社会状况的现象。

因注重家系,氏姓之辨也有很多说道。正像"遗传与教育""教育重于血缘氏系"等争论所显示的那样,氏姓经常成为问题。过去对伪造姓氏者,曾命其"盟神探汤"[35]。这是对冒充或伪造他人姓氏者的归正。在《新撰姓氏录》这本书里,列有很多姓氏,有神别、皇别、藩别等,讲究血统和家系烦琐到不能再烦琐。前面说到的大伴家持在其所作的歌里也有"大伴远祖之名"的句子,以示无辱祖先之名。看军记物语,也是这样自报家门:

我乃是宇多天皇九代之后胤,近江国之住人,佐佐木三郎秀义之四男,佐佐木四郎高纲,宇治川之先阵也。[36]

这还是短的,也有家门一报就是一大串的:

有耳听音,有目观相,我乃是桓武天皇之苗裔,自高望王起第十一代,去王氏不远之三浦大助义明之孙,和田

---

[35] "盟神探汤",日本古代巫术判罪的一种方式,令被审者对神起誓自己清白,然后将手置于沸水中,被烫伤者即判为有罪。
[36] 《平家物语》卷九。

小次郎义茂也。生年十七岁，私以为可携大将唤家丁而自成一体。[37]

我辈乃八幡殿后三年会战中，攻取出羽、金泽二城时，年仅十六便奋勇当先，被鸟海之三郎射中左眼兜之护板，又以其箭回射制敌的镰仓权五郎之末裔，大庭之平太景能、景亲二人在此。[38]

军记作者本来在序言中都已经对其人物的血统有过详细的介绍了，在战场上不一定这样一一自报家门，不过如此不忘家名，不辱家名，却是武士道挂念于心的一件事情。

因此，一旦做上了大名之类，便要修家谱，还要贴上金箔，这样的例子不胜枚举。要不就是随意编出一份家谱来，大抵不是属于源、平，就是属于藤原、橘。丰太阁就得了不少姓，最早是平氏，中间是藤氏，到后来才姓丰臣。无论如何，注重系谱是件了不得的事，狂言[39]里的家谱之争俯拾皆是。哪怕是牛马也不含糊：

---

[37]《源平盛衰记》卷二十一。
[38]《保元物语》卷二。
[39] 狂言（kyogen），日本传统民间喜剧，一般指在演出"能乐"当中穿插在"能"与"能"之间的滑稽剧，故又称"能狂言"，始于室町时代（大约在14世纪后半叶至16世纪）。参见本书第137页译注11"能乐"。周作人曾译狂言二十四篇，收入《日本狂言选》（北京：人民文学出版社，1955年），其"引言"和"后记"对狂言有详细介绍。

卖马的："多谢抬举，那就请听我随便说说。不管怎么说，我这马是大有来头，而你那牛却没什么讲究。"捧哏儿的："马还有来头？说来听听是怎么回事儿？"卖马的："在下诚惶诚恐，那就听我细细道来。夫马乃是马头观音之化身，佛祖说法，时乘大船，由月代国而渡往汉土，便是骑着马去的。周穆王的八匹驹，项羽的望云水，安禄山的骅骝，皆能日行千里。管仲羁旅途中，突遇大雪铺天盖地，迷失归途，不知如何返乡，便信马由缰，让马带路而返。马之有德焉。天之斑驹最早在日本扬名天下，然后是光源氏大将的坐骑，有稻乞，有须磨，有须磨之浦，有金南寮，有木下，有夜目无月毛、鬼足毛，还有让源太佐佐木扬名天下的生月、折墨、太夫黑，云上有望月驹，遇坡则有小阪驹，再不济说到白马节会，也不会有牛掺和进来。佛前有绘马，神前立币驹，驹嘶北风，吓退妖魔，皆大欢喜，好事都是马带来的。本歌里也有说马的唱词，那叫'逢阪之关见清水，引缰却是望月驹'，就没听过有这么唱牛的。"捧哏儿的："这些事儿早就听说过了。再去问问那卖牛的看看牛家有什么来头？哎哎，马这边子午卯酉，条条清楚，你那牛到底有什么来头？说说看……"[40]

---

[40] 狂言剧目《牛马》。

于是，卖牛的又开始讲起自己长长的身世。在狂言《醋姜》当中也有"醋"与"姜"之争：

卖姜的说，只听说姜有来头，没听说过醋还有来头。这回卖醋的不干了："醋怎么没来头？"卖姜的："嘿，亏你说得出，醋还有何来头？""当然有了，那还用我说吗？""你要不说我怎么知道？""你还真想听啊？说出来别吓着你。要是比输了你是打算过来给我跑龙套不成？""吹着唠呗，还说不定谁给谁跑龙套呢！""既然如此，那你过来听我细细道来。话说推古天皇在位时，宫中就有卖醋的了，那时天皇陛下招呼说：'卖醋的，卖醋的，过来一下！'于是卖醋的就穿侧（醋）道，走簀（醋）门，来到殿下，那时天皇拉开和纸拉门，走出殿来，当下赐御酒，那卖醋的就一碗、两碗、三碗地连饮，陛下还赐御歌。哎，想听不？那御歌里是咋说的？""你就别卖关子了，快点说吧。""'住吉神社一隅间，有雀筑巢在眼前，耳畔还停啾啾日，子雀离巢飞上天。'天皇陛下赐下的就是这首御歌。这不就是大有来头的证据吗？所以你输了，现在就得给我打下手，跑龙套。"卖姜的："那你也先听听我家是怎么回事儿。从前辣天王盛世，招呼卖姜的进宫，穿过唐辣门，来到辣席边，天皇拉开唐'腊'纸拉门，对卖姜的真是很看重，赐下辣酒，那卖姜的就一碗、两碗、三碗地连饮,又赐御歌一首。你过来听听吧。叫作'辣中自有葱姜蒜,再添一品芥末青',赐下的就是这么很'辣'的一首。这不就是姜辣的来头吗?你还是快过来给我当跑腿的吧。"[41]

卖膏药的也互相攀比门第。这种滑稽的确反映出社会的一面,可以知道那个时代是如何重视家族谱系。同时期的小说也很讲究家族谱系,如果细查一下,物臭太郎也会被说成是文德天皇御子二位中将之子。一寸法师亦同,就连柿子也有一张谱系图。正因为国民拥戴万世一系的帝室,所以作为这样的一国之民,因为家谱族系而喋喋不休也就并非不合情理了。

因为不想让家谱断绝,在无子的情况下就要收领养子。古时很少有养子,到了德川时代开始世袭家禄,人们担心家系断绝,养子之制才兴盛起来。在家里的伙计当中选出那些有出息有指望的提拔上来,再把自己众多的女儿分别嫁给他们,分别挂出伊势屋、三河屋等商号的帘子,以冀本家和分号兴旺发达,这也正是以家为重、家乃本位的缘故。武士重视家名,町人看重屋号,两者并无不同。一家之主即家长,总管全家,任何人都不得违抗其命令。违背家长之命者将被割断亲缘,赶出家门。老子格杀儿子无妨,生杀予夺之权全在家长之手。今天的

---

[41] 狂言剧目《醋姜》。

民法对家族成员之特别财产予以承认，对老子私惩儿子也坚决予以禁止，个人自由在很大程度上获得了承认。但在过去，所有的财产都是家长的，然后其相继者又继承他的一切权利，连家长的名称也一并继承。为了区别，只让一字，为义之子叫义朝，义朝之子叫赖朝，如此这般地叫下去；伊势屋五郎兵卫到了儿子辈，还叫伊势屋之五郎兵卫。在获得一家财产的同时，也必须偿还一家所负的债务，这在今天的民法也是同样。家长脱离了身为家长的任务，即为隐居。隐居就要把家中一切事务交给自己的后继者并听从其命令。这是"老而从子"，而隐居本无财产。又，当不上家长的儿子或者具有武士身份者称作"居家人"。能够当上一家之主的通常是嫡子，叫作"总领"或"家督"，其胞弟、庶子等除非去做别人家的养子当上家长，否则在家就是所谓"食客"。而且即使去做了养子也必须服从于家这个权力之下，所以养子也并不好当。俗话说的"但凡有三合糟糠果腹，也不去当养子"，就是这层意思。更不要说做了倒插门儿的女婿要怎样受媳妇的气了。因此但凡有骨气的男儿都不肯去做养子，也曾有身为男儿而以冒用他人姓氏为耻的风气。因为一切都是家本位，所以就连娶什么样的媳妇也都得父母说了算。父母之命不论怎样招人烦也都得听。因为娶来的可以不是本人之妻，但不能不是一家之媳。新郎新娘不论怎样相亲相爱，只要不合家风也会被生生拆散。在今天为人父母者当中，有这种想法的仍大有人在，而接受过明治教育的人则大抵主张自由主义。在现今的家庭里所发生的新旧两种主义的冲突,也正说明家长主义与个人主义的不可调和。

支那也是个家族主义的国度。孔子之教尤其以孝为百行之先。由于这对日本来说是再合适不过的教义,所以最得弘扬,也最蒙受其影响。因为讲究"扬名于后世以显父母,孝之终也",故出人头地而使家势兴旺便是头等大事。支那人也极为重视家门名誉,反之亦将败坏家族名声,玷污家门名誉视为最大的耻辱。在武士之家,若有不讲规矩的事情发生,便要以祖先的牌位暴打,或命其切腹自杀,或干脆动手了断其性命,以向祖先谢罪。为维护家族尊严,有些为亲者甚至不惜自杀,就像四十七士中武林之母、小山田之父那样。佣人当中若出现不义之人,也会因其玷污家名而被赶出家门,弄不好还会被打死。"鸳鸯罪当死,大赦喜结夫妻缘,换季更新衣。"从芜村[42]的俳句[43]中,可以读出幸而免遭刑罚的偷情男女的境遇。上流、中流之家固然如此,就是那些名不见经传之家也是如此,其精神

---

[42] 芜村,即与谢芜村(Yosa Buson,1716—1783),日本江户时代中期俳人、画家,原姓谷口,改姓与谢,号芜村,俳风感性、浪漫,在俳句创作上取得了很高的成就,与松尾芭蕉(Mastuo Basyo,1644—1694)和小林一茶(Kobayashi Issa,1763—1828)并称"江户俳谐三巨匠",今有《芜村全集》九卷(讲谈社,1992—2009)。
[43] 俳句(haiku),即"俳谐之句"的略称,是由五、七、五、共十七个音节构成的短诗,形式上由连歌的发句继承而来,以"季题"和"字切"为内容和形式的主要特征。作者在本书第四章对俳句与"国民性"的关系有详细阐释。又,周作人也曾对俳句有过详细介绍,参见本书第85页译注55《万叶集》。

都是相同的。人们重品行是为了不败坏自己的家门，这不仅是为自己个人的名誉，也是为了不玷污父祖的名声，不给亲族脸上抹黑。以祖先的牌位痛打不肖子孙，借此表达祖先的意见，也具有这层意义。不久前，有个叫前田什么的人，因有人说他给俄国人当奸细而被杀了。其岳父觉得愧对祖先，竟不肯把房子借给自己的女儿住。这就是往昔的气质，就是戏剧《枪之权三》中所发生的那种故事。[44] 掷身于华严瀑布，或跳下浅间山喷火口的人，[45] 都属于明治人物，他们只是想消解自己的烦恼，而于家名如何一向是无所谓的。而现在，世间一般已不怎么讲究家名了。

---

[44]《枪之权三》，全称《枪之权三重帷子》，净琉璃剧目，作者近松门左卫门（Chikamatsu Monzaemon, 1653—1724），享保二年（1717）首次公演。主人公笹野权三，善用扎枪，世称"枪之权三"，因为被误解与茶师浅香市之进的妻子私通，便带着后者出逃，遂索性与之合，最后被追踪而来的市之进斩杀。

[45] 华严瀑布位于日本栃木县日光市山中，系熔岩断崖瀑布，高九十七米，据说8世纪由胜道上人和尚发现，遂以《华严经》字命名，1903年一高学生藤村操在那里投身自杀，华严瀑布成为自杀名所；浅间山系位于日本长野、群马两县之间的著名锥形活火山，海拔2568米，观光名所，亦因喷发灾难和很多人去那里自杀而有名。寺田寅彦（Terada Torahiko, 1878—1935）的随笔集《柿种》（小山书店，1933年）之《自曙町（十六）》有"投身浅间火口的人数今年夏天也相当多"的话。

三　讲现实，重实际

俄国军队在行进时，有牧师举着十字架带领队伍，以鼓舞士气。日本军人只是为皇室，为国家，而将死视为轻如鸿毛。当赤穗四十七士同仇敌忾，一拥而上，取下仇敌上野介的首级时，有谁曾担心过自己是否会下地狱呢？大石良雄[1]作辞世歌云：

弃身之思静如水，望月之心无浮云。

楠正成[2]也好，广濑中佐[3]也好，他们都有"七生人间亡国贼"[4]的心愿。人活动的舞台就是人生，顾及不到死后的世

---

[1] 大石良雄（Oishi Yoshitaka，1659—1703），日本江户时代中期赤穗大名浅野长矩的家老（总管），元禄十四年（1701）十二月十四日率领四十六名武士替主君雪辱，取了主君仇敌吉良上野介的首级，供奉在泉岳寺主君墓前，后被幕府命令切腹自杀。参见本书第 49 页译注 49 "赤穗四十七义士"。
[2] 参见本书第 61 页译注 17。
[3] 广濑中佐即广濑武夫（Hirose Takeo，1868—1904），日本海军中佐，曾任驻俄国武官，日俄战争中率船队对旅顺口俄军舰队实施封港作战，在撤退途中为救部下阵亡，在当时被称为"军神"。
[4] 此句源自日本历史学家、汉诗家赖山阳（Rai Sanyo，1780—1832）凭吊楠正成而作汉诗《谒楠河州坟有作》，原句为"七生人间灭此贼"。

界如何。我国神话对未来之事不作任何描述。人死了便要去月见国的思想是有的，但却认为那里是地下，是个黑暗无边的所在。由于人死要葬于地下，所以不论在哪国，这种想法都是一致的。作为生物，没有不厌忌死的，所以忌讳死也理所当然。然而，日本的上古之人虽忌讳死却并不惧怕死。他们对死后如何不作任何研究探讨。在有关国土生成的记载中，有物何以生成的解释，却没有对物消亡的任何顾虑。男神前往月见国，回来之后只是祛除死秽，于是，便有了众多的御子出生。这是宏大的生生不息主义。女神发誓，要日杀千人，男神便对誓要日生一千五百人。神话的整体性质是爱生主义，是注重现世的。

　　生之根本在食。我国神话以农业为主，有很多与米谷有关的神。由于年之丰凶关系到国民祸福，所以农业是头等大事。每年的神尝祭[5]、新尝祭[6]都是自神话时代以来的风俗，仍保留至今。天皇即位之始，有大尝会[7]，这是自古以来最郑重的仪式。在上代文学祝词[8]中，春日祭[9]祝词是祭风神的，广濑

---

[5] 神尝祭（Kannamesai），日本皇室祭祀之一，天皇在秋收季节向伊势神宫供奉新米的仪式，每年10月17日举行，现在只实行皇居内的"宫中行事"。
[6] 新尝祭（Niinamesai），日本皇室祭祀之一，天皇每年11月23日向神明供奉新米并亲自品尝的仪式，若是即位后首次祭祀，则叫作"大尝祭"（Daijyosai）；现在的11月23日为法定节日"勤劳感谢日"。
[7] 即本页译注6中的"大尝祭"。
[8] 祝词指举行神道仪式时由神官在神前咏颂的祷词。
[9] 春日祭（Kasuga masturi），每年3月13日在春日神社举行的祭祀。

祭[10]的祝词是祭水神的，祈年祭是播种时节祈愿当年丰稔的，这些祭祀都为一年的吉凶而煞费苦心。此外，大殿祭[11]、御门祭[12]、道飨祭[13]等祝词，也都是出于赶走邪神、以免其出来惹祸殃及自身的想法，就是说，在上代祝词里，没有一样是祈祷死后冥福的。

古代日本人把精神称作"tama"，跟"玉"是同一个词。以玉为贵，用作装饰，古今东西无异。在我国上代早有关于玉的记载，有赤玉、青玉、水江玉、曲玉。莫非心本来称作"tama"，而后才把玉也称作"tama"？抑或是把心称作"tama"是从玉这个词转借而来？不管怎么说，两个词浑然一体，也正是由于它们都贵在玲珑剔透、充满光明的缘故。"tama"相当于英文soul（魂魄）一词。可以将我们所有的内心活动都看作是源自"tama"的行为。到现在仍有"大和魂"（Yamato Damashi）和"倔强魂"（負けじ魂，Makeji Damashi）的说法。也说某人"魂镇四极，稳如泰山"。上代日本人认为tama——精神或心灵——具有两个方面，即"荒魂"与"和魂"。荒魂强而和魂柔。神功

---

[10] 广濑祭（Hirose masturi），指位于奈良县北葛城郡的广濑大社每年举行的祭祀水神的仪式。
[11] 大殿祭（Otono-hogai），皇宫内举行的祈祷宫殿平安的祭祀仪式。
[12] 御门祭（Mikado masturi），皇宫里举行的祭祀门神以防邪神进入的仪式。
[13] 道飨祭（Michiae no masturi），每年在京都四隅道路上举行的祭神仪式，飨妖魔鬼怪以食物，以防止其进入京都。

皇后三韩征伐[14]之时，住吉[15]之明神"和魂服玉身而守寿命，荒魂为先锋而导师船"，由此可知二魂之别。而在和魂之作为当中，便有幸魂奇魂之功。《日本书纪》[16]记载：

> 于时神光照海，忽然有浮来者，曰如吾不在者，汝何能平此国乎？由吾在故，汝得建其大造之绩矣。是时大己贵神问曰，然则汝是谁耶？对曰，吾是汝之幸魂奇魂也。大己贵神曰，唯然乃知汝是吾幸魂奇魂也。今欲何处住耶？[17]

由此可知，大己贵神并不知道前面过来的就是自己的灵魂，而问对方是谁，在跟自己的灵魂进行问答。由于人的 tama（灵魂）可以像这样离开肉体去活动，所以大己贵神才得以借助幸魂奇魂的相助而成就自己的事业。这也就是说，即使是关于 tama 即灵魂的种种想法，也无非是要讲明其对现世有怎样的帮助而已。也有敌视人、祸害人的 tama，写作"生灵"，读

---

[14] 神功皇后（Jingukogo），传说中4世纪下半叶的人物，仲哀天皇的皇后，谥号据《古事记》为"息长带比卖命"，《日本书纪》为"气长足姬尊"，两书皆记载为出兵三韩的核心人物。"三韩"指朝鲜半岛的新罗、百济、高句丽。仲哀天皇死后，神功皇后以妊娠之身出征，降伏三韩，回国后产应神天皇。

[15] 住吉指住吉大社，位于大阪市住吉区，祭祀航海之神，后来的遣隋使和遣唐使在出发前都去那里参拜，祈祷航海平安。

[16] 《日本书纪》三十卷，成书于8世纪的奈良时代，是日本最古老的敕撰正史，系以汉文记述的编年体史书，记述了自神话至持统天皇时代朝廷中传承的神话、传说和各种记录等。

[17] 见《日本书纪》神代卷。

ikisutama。在《源氏物语》中，六条御息所的生灵让葵上大吃苦头，[18]就是tama向坏的方面使劲的缘故。当然也有信仰认为，人死后其灵魂可以离开肉体而保留下来，这灵魂虽肉眼看不见，却总是伴随吾人左右，规诫吾人行动，干预吾人祸福。而正因为如此，才有对祖先的崇拜，才会祈祷不要接触恶灵而要接触善灵。不过，关于死后灵魂怎样，也就只是这些想法，与生前并无任何区别。生前灵魂可以离开肉体到外边去活动，死后也无外乎如此，所以也就没必要格外担心或操劳死后的事。至于死后灵魂转生，以牛马之体，报应生前之所为，即因果报应、轮回转世的思想，则完全是佛教灌输给日本人的思想，上代日本人是不曾知道这些讲究的。要而言之，上代并没有因果报应的思想，也不存在轮回转世的思考，而只是相信，幸是善神成就之业，祸是恶神所为之果。钦明天皇时代开始有因果报应之说。有个叫秦大津父的人，因救了狼而得到天皇的宠幸。像这样乐善好施而得善报的事，并不囿于现世，而在过去、现在、未来三世皆为有效，这便是佛教的因果说，其主张若在现世作恶，到了来世则不仅要下地狱，还会变牛变马托生

---

[18]《源氏物语》参见本书第38页译注15。六条御息所系作品虚构的人物，为桐壶帝时代的前东宫妃，主人公光源氏的第一个恋人，由于自我压抑，其"生灵"嫉妒所有光源氏身边的女人并且向她们复仇，光源氏的第一个妻子葵上也是其中的一个受害者。有孕在身的葵上遭六条御息所生灵困扰的故事，见该作品《葵》帖。

为畜生。这些故事以《日本灵异记》[19]为代表，在《今昔物语》等作品中留下了很多令人毛骨悚然的段子，而其中又有很多只是把场所和地名换成日本的而已。所谓"遭了因果报应""父母因果，报于子嗣"等说法，都来自这种思想。

伴随着佛教的到来与传播，想到死后的事也是理所当然的，但尽管如此，就连佛教也带有现世的倾向。经过奈良朝和平安朝[20]，佛法成了为现世祈祷的佛法。在佛教到来之初，其能为朝廷所容，也是由于召和尚进宫为天皇诊治御体疾患。而后每有五谷不登，便造佛寺；每遇大风洪水，便造堂建塔。天皇御体欠安、皇后有恙、皇太子生病，都要举行写经、讲经、度僧、斋会等活动。这些记载自《续日本纪》[21]以后频繁出现，不绝于史。由于每有皇室或国家大事就要借佛法来转嫁灾祸，所以与此同时，大抵也要向全国神社奉献币帛。圣武天皇天平十三

---

[19]《日本灵异记》即《日本国先报善恶灵异记》，日本平安时代（794—1185）初期的佛教说话集，三卷，僧人景戒撰，以汉文记录了8世纪到9世纪上半叶的朝野见闻，其中多有涉及因果报应的内容。

[20] 日本的时代名称，奈良朝亦称奈良时代，广义指710年元明天皇迁都至平城京（今奈良市）到794年桓武天皇迁都至平安京的八十四年间，这期间诞生了日本第一部诗歌总集《万叶集》和最早的散文集《古事记》以及第一部敕撰史书《日本书纪》。平安朝亦称平安时代，指794年桓武天皇迁都至平安京后到1192年镰仓幕府成立的三百九十多年间，这个时代在制度、宗教和文化方面都深受唐文化的影响，并在接受前者影响的过程中开始呈现日本特色，就本书的范围而言，出现了《源氏物语》和《枕草子》那样具有代表性的长篇叙事文学作品。

[21]《续日本纪》系日本"六国史"之一，继《日本书纪》之后排在第二，菅野真道（Sugano Mamichi，741—814）等人于延历十六年（979）奉桓武天皇敕令编撰，四十卷，以编年体形式记录了自文武天皇（697—707年在位）到桓武天皇（781—806年在位）的历史。

年在全国建国分寺，其时诏书曰：

> 顷日年谷不丰，疫疠频至，惭惧交集，唯劳罪己。是以广为苍生，遍求景福，故前年驰驿，增饰天下神宫，去岁普令天下，造释迦牟尼尊像高一丈六尺各一铺，并写大般若经各一部。自今春以来至于秋稼，风雨顺序，五谷丰穰，此乃征诚启愿，灵贶如答。[22]

由此可知，（皇室）是顾念国民幸福和年之吉凶才尊崇佛法的。祈年祭和新尝祭，其精神相同。颁布禁止杀生和禁酒令也都出于同样的旨趣，都只限于皇室有疾患，或遭遇干旱和洪水等国家有灾变的情况。也就是说，这只是将从前的祭政一致的祭祀扩展到佛法而已。佛法被用于现世的利益。自从真言秘密佛教[23]大行其道、进入宫中之后，便有了一月八日到十四日

---

[22] 见《续日本纪》卷十四。
[23] 指真言密教，教徒称其"金刚乘"或"真言宗"，以与"大乘""小乘"相对，南北朝时代传入中国，开始有《大日经》和《金刚顶经》的汉译，又经最澄、空海、圆仁、圆珍等遣唐僧传入日本，并且分为两个流派：一是以最澄为代表的真言宗，一是由空海开创，圆仁、圆珍等人发扬的天台宗。所谓"真言秘密"，指的是佛身、佛口、佛意三种秘密当中的口密，因真言意深难解，连菩萨都不懂，故称"秘密"。

的斋会[24],讲《最胜王经》[25],亦有真言院的修法[26],此外还有大元帅法[27]、仁寿殿观音供[28]等形形色色的仪式,都是为保佑天皇御体或为祈祷国家和平而做的,结果还是跟唱诵祝词一样,它们和节折仪式[29]、大祓仪式[30]在动机和目的上不存在任何区别。正如前面所说,御殿祭、御门祭、迁却祟神词[31]等祝词,都是用来抵御邪神、祈祷其不祸及天皇御体的颂词,所以也就是不触恶灵、不近祸神的古代思想。除夕之夜,宫中所举行的驱鬼仪式,也是出于相同的想法。口诵"福进鬼出"即是为此之故。"笑门来福"之说也是同样。一年之中的各种仪式、节

---

[24] 参见本页译注26"真言院"。
[25] 《最胜王经》,全称《金光明最胜王经》,大乘经典之一,唐代义净汉译,十卷本,日本奈良时代作为护国经典予以重视。714年,圣武天皇发诏建立国分寺和国分尼寺时,以金字写该经,分藏于全国国分寺。
[26] 真言院,系承和二年(835)由僧人空海奏请仿唐青龙寺在皇宫内修建的修法院,每年正月做"后七日"即八日至十四日的法事,也就是上文所说的"斋会",祈愿御体安稳、国家隆昌、五谷丰穰、万民丰乐。
[27] 真言密教的大法(咒术)之一,供奉大元帅明王,正月八日至十七日只在皇宫里做法事,祈祷消除怨敌、逆臣,确保国家平安。
[28] 仁寿殿系9世纪以后建于平城京(今京都)内的宫殿,初为天皇御居,后来成为内宴、相扑、蹴鞠和供奉观音,即所谓"观音供"的场所。每月18日举行法事,供奉观音。
[29] 节折(Yoori),每年6月和12月的最后一天在皇宫里举行祓除仪式,由宫内祭祀官中臣氏之女,手持叫作"荒节"与"和节"的两种竹枝为天皇、皇后、皇子测量身高,然后折断竹枝,以去凶免灾。
[30] 大祓(Oharae),每年6月和12月的最后一天,亲王以下的在京百官聚集到朱雀门前举行的祓除万民罪秽的仪式。
[31] 迁却祟神词(Tatarukami wo ustusiyarukotoba),即举行"迁却祟神"仪式时的念语。与道飨祭(参见本书第76页译注13"道飨祭")的防止妖魔鬼怪进入京城的目的不同,"迁却祟神"是以为神在作祟,因此要供奉他们,把他们高高兴兴地打发走。

供也都是用来祈祷年中平安无事、福星高照的。喝七草粥也好，喝小豆粥也好，都具有相同的意味。

因此，在平安时代，得病时不请大夫而先叫和尚风靡一时，说和尚的念经祈祷可以治病。在《枕草子》[32]里有这样的记载：

> 修验者说要查检恶灵，满面得意，将个金刚杵和佛珠放到病人手上，发出蝉鸣般的尖叫，开始念诵，却丝毫不见褪治的迹象。[33]

这是以佛教仪式治病而不见效的情况。此外，众所周知，在以《源氏物语》为代表的物语日记里，这样的例子也是多不胜举。而且不只是生病时，生产时也是同样，叫不叫产科医生无所谓，把和尚请来祈祷倒是不可缺少的。首先，从着带[34]时起，就要请和尚来做加持，时近临产，更有形形色色的祈

---

[32]《枕草子》是日本平安时代中期的随笔集，作者清少纳言（Se Syonagon，生卒年不详），一般认为成书于长保二年（1000）以后，有杂纂和类纂两种形态，内容由类聚、日记、感想等构成，作者以敏锐的观察和细腻的描写取得了很高的文学成就，在文学史上与另一位才女紫式部齐名。有周作人的汉译本（北京：中国对外翻译出版公司，2001年），译者的评价是"在机警之中仍留着女性优婉纤细的情趣"。

[33] 据石田穰二译注本（角川文库，2006年），该文见第二十二段，周作人汉译取自不同底本，该文排列在第二十一段(参见周作人译本第34页)。

[34] 着带，系日本平安时代旧俗，妇女自妊娠第五个月开始要在腹部围上一条绢制的带子，以祈祷平安生产。

祷，若有临盆迹象，僧正等还要率领群僧前来护持。若终于到了生产的关节，加持甚至要做到汤殿[35]里来。在《中宫御产日记部类》[36]中，有永元二年五月廿八日皇子降诞的记载，从中可知那详细情形。《紫式部日记》[37]也记载得很详细。除此之外，在物语类中也有很多。祈祷也是五花八门、形形色色，有五坛法[38]、佛药师法[39]、尊星王法[40]、金刚童子法[41]、如法爱染王法[42]、八具道供[43]、千手供[44]、金轮法[45]、如法佛眼法[46]、北

---

[35] 汤殿指宫廷浴室。
[36] 指《中宫御产部类记》和其他相关日记类，收录于塙保己一（Hanawa Hokiichi，1746—1821）编纂的大型史料丛书《群书类从》（1779—1819年刊行）。
[37] 紫式部（Murasaki Shikibu，生卒年不详），系日本平安时代中期皇宫中女官，既是作家，也是歌人，"中古三十六歌仙"之一，著作有《源氏物语》（参见本书第38页译注15）、《紫式部日记》和《紫式部集》等。《紫式部日记》是紫式部在宫中供职时所记日记，自宽弘五年（1008）七月起，有一年半的时间跨度，记录了宫中的各种事情。
[38] 五坛法，也叫五坛之法，即以五大明王为本尊的密教修法，祈愿镇乱息灾。
[39] 佛药师法，通称药师法，以药师如来为本尊的密教修法，祈愿除病免厄。
[40] 尊星王法，即以尊星王（妙见菩萨）为本尊的密教修法，祈愿国家安泰。
[41] 金刚童子法，即以金刚童子为本尊的密教修法，祈愿息灾和延命。
[42] 如法爱染王法，亦称"如爱染明王法"，即以爱染明王为本尊的密教修法，祈愿敬爱、息灾获福。
[43] 八具道供亦称"八供养"之法，即向金刚界三十七尊中内供之四菩萨与外供之四菩萨修祈祷之法。
[44] 千手供，即以千手观音为本尊的密教修法，祈愿除灾和安产。
[45] 金轮法，指一字金轮之密教修法。
[46] 如法佛眼法，即向佛眼尊修祈祷之法。

斗法[47]、六字法[48]、八字文殊[49]、乌瑟沙摩圣观音法[50]、准胝法十一面护摩[51]、炎魔天供[52]等。藤原赖长的《婚记》，是藤原多子当近卫皇后时的记录，[53]由此可知，在与婚姻相关的场合也是有和尚出现的。从前的和尚不像现在这样只管丧事，他们那时也像今天的"耶稣和尚"一样，是连婚礼也要主持的。不论遇到什么事，都是为祈祷息灾延命才去找和尚，由此可以得知我国国民是怎样把佛教用于现世当中的。

禁忌自神话时代起就有，所谓"为攘鸟兽昆虫之灾异则定其禁厌之法"[54]是也。直到今天在民间还相当盛行。其中某些东西自古就有。有些咒语是为防狗咬，有些咒语则用于防蛇

---

[47] 北斗法，指日本密教的星祭修法，设坛祭北斗曼陀罗，本命星居中，而四周设本命宿、当年星、生年宫、本命曜，祈愿消灾延命。
[48] 六字法，即以菩萨的六字真言为本尊的密教修法，分六字文殊法和六字河临法，前者以文殊菩萨六字为本尊，祈愿灭罪和往生极乐，后者以千手观音六字为本尊，祈愿伏敌和除咒。
[49] 八字文殊，又称文殊八字法，即以文殊菩萨八字真言为本尊的密教修法，祈愿消除自然灾害。
[50] 乌瑟沙摩圣观音法，即指密教的两种修法，前者以乌瑟沙摩明王为本尊，后者以圣观音为本尊。
[51] 准胝法十一面护摩，即密教以十一面观世音为本尊的修法，祈愿除病、灭罪、求福。
[52] 炎魔天，也写作焰魔天，系十二天之一，守护南方，进入密教之后成为护法神。炎魔天供指以炎魔天为本尊的密教修法，祈愿除病、息灾、延寿、生产。
[53] 藤原赖长（Fujiwara no Yorinaga，1120—1156），日本平安时代后期的贵族、公卿、学者，政途得势又失势，死于保元之乱，身后留下日记十二卷，名《台记》，以文笔生动著称，《婚记》即是其中的一部分。藤原多子（Fujiwara no Masako，1140—1202）系赖长养女，先后做了近卫、二条两代天皇的皇后。
[54] 语见《日本书纪》神代卷。

咬，还有一些咒语是止鼻血管头痛的，更有一些咒语是消火灾防小偷的，祝词里虽有"飞鸟之祸，爬虫之祸"的讲究，但毕竟都是其所祈祷事项的疗救方法，皆源自追求现世的幸福。以梦境判断祸福自古就有，占卜也自古就有。《万叶集》[55]里有很多占卜，有桥占、梦占、水占、石占等等。又，上代有一种木桶状的占卜用具，也都是出于现实的目的才有的。这些东西至今仍保持着它们的生命力。

说到"卜"，很早就有叫作"太占"的占卜法，以焚烧鹿的肩胛骨而卜。在《古事记》[56]里就已经有伊奘诺尊问卜太占的记载。此后从支那又传来了以烧龟骨而占的"龟卜"。在中古时代，婚丧嫁娶，总要有占卜吉凶的仪式，而为选择吉日良辰、门梁走向，则一定要借助阴阳师之力，逢吉则祈祷将来越发吉祥，逢凶则祈祷平安无事。这是在自古就有的日本人的思想之

---

[55]《万叶集》，系日本现存最早的和歌集，一般认为是由大伴家持（Otomono Yakamochi，约718—785）等人编辑，二十卷，收录从天皇、贵族到下级官员乃至防人（戍边士卒）的和歌四千五百首，时间跨越三百五十年，是日本第一部和歌总集，也是日本语言、文学乃至历史研究不可多得的重要资料。《万叶集》汉译有钱稻孙、杨烈、李芒、赵乐生的选译或全译，周作人曾就包括《万叶集》在内的日本诗歌内容、体裁及发展流变有过较详细的介绍。参见《日本的诗歌》（1921）、《〈日本俗歌五首〉译序》（1921）、《一茶的诗》（1921）、《日本的小诗》（1923）、《日本的讽刺诗》（1923）。

[56]《古事记》，系日本最早的史书，分为上中下三卷，太安万侣（Onoyasumaro，？—723）奉元明天皇之命撰录，712年献上，由于在叙述天皇如何实现天下一统的过程中穿插了大量的神话、传说和歌谣等内容，因此对后来的日本文学和宗教文化都产生了极大的影响。有周作人汉译本。

上，更进一步加入支那的五行说和印度密教，从而使其根干益发坚实的产物。我认为，当时的日本人开始获得了学理上的诠释，从而得到了极大的后援，于是才去相信的。一般来讲，平安朝时代是个孱弱而陷入神经过敏的时代，但那个时代所恐惧的，与其说是死后，倒莫如说是生前。不仅过去是这样，这种想法到现在仍很有势力。谈婚论嫁时，要先问对方姑娘的生辰八字，搬家要先看是否对着鬼门。出门也好，赴约也好，不论何事都讲究个吉利。扛着白纸做的"御币"驱邪免灾，至今仍很流行，而以卖卜为生的人，举国之内就更是多得不可胜数了。

"肩扛御币"正如其言语上的表现，确实是在"扛"，以示顶戴。正月时吃的小豆或煮豆都是取其"圆满"之意，鱼籽意味着多生孩子，子孙满堂；门前装饰橘子，意味着好运不断，代代兴旺，这些都是人们所熟知的。"四"这个数字由于发音跟"死"相同，就以"吉"的发音来替代，在日语中读作"幺"。电话号码要是"四四四"的话，恐怕就没人要了。听说下谷电话局的"四四四"让大学妇产科领了，而番町局的那个让妖怪学博士井上圆了[57]要去了。在《平家物语》[58]中，平清盛梦见

---

[57] 井上圆了（Inoue Enryo，1858—1919），日本近代哲学家，新潟人，尝试以西方哲学来对佛教予以新的解释。创立哲学馆（后为东洋大学），有很多佛教哲学方面的著作，所谓"妖怪学"是指他的《妖怪学讲义》。
[58] 《平家物语》，军记物语，成书于13世纪上半叶，以汉和混合文体描写了平氏家族由盛到衰直至灭亡的过程，对后来的军记物语、谣曲、净琉璃等产生了极大的影响。又分读本与说本，前者有六、二十、四十八卷本，后者有十二卷本。有周作人汉译本。

自己的眼睛飞了出来，就高兴得不得了，说这是"目出度"〔59〕——值得庆贺之意。日本人向来以枕词〔60〕装点文学，当然也就讲究言语上的吉祥谐音。"肩扛御币"大多是图言语上吉祥。然而，如果把这些都当作迷信来看的话，那么葬礼不选在"友引"〔61〕这一天的做法也就不是因为考虑人死后的去向，而是顾及活着的人，不给他们添麻烦。这些都是追求现世幸福的迷信。

　　生病也好，结婚也好，即使在一切都要委托和尚来做祈祷的时代，神社也依然发挥着祈愿的功能，只是到了后来，和尚才远离了这些，专门去打理逝者了。如此一来，和尚也被看作不吉利的了。正如谚语所说，"每逢灌佛和喜事才去寺庙"，佛教变得不怎么被看好了。若是正月没过完的时候看到和尚，便会令人感到不悦。于是，逢喜临庆，遇到好事就没有了和尚的份儿，生了孩子要去神社，参拜氏神，而到庙里去的似乎只是那些婆婆和老爷子们了。凡有吉祥喜庆的场合，总有御神酒贡献于神龛，却不见有佛坛灯火通明。出生时谒神，死去时找佛，神与佛扮演着不同的角色。曾几何时，佛也像神一样，加入到祈祷现世幸福的行列，但到了后来就被排斥了。我国自古

---

〔59〕 "目出度"，日语为"目出度ム"，读 medetai，是"喜庆"这个词的汉字写法。
〔60〕 枕词，系日本古代韵文尤其是和歌的一种修辞手法，一般为五个音节，固定于一定的诗句之前，用以修饰后面的句子，却与全体主旨无直接关联，而只是通过谐音、联想或转用等形态发挥修饰作用，近似于《诗经》六义当中的"兴"，即朱熹所谓"兴者，先言他物以引起所咏之词也"。
〔61〕 友引，历注当中的六辉之一，早晚吉，而昼间凶。因俗信取字面之意，以为"友引"即带走朋友，故"友引日"不举行葬礼。

以来的文学，多有喜气洋洋的大团圆结局，这从我国的国民性来看，是再自然不过的现象。即使是在佛教鼎盛的平安时代，仍有很多物语描绘现世的荣华富贵，以主人公的出人头地来作结尾。《落洼物语》中的姬君[62]也好，《宇津保物语》中的仲忠[63]也好，还有光源氏[64]，都有光彩夺目的结局。《狭衣物语》[65]、《滨松中纳言》[66]和《换身物语》[67]的主人公也都是一样。在后世的小说当中，像马琴[68]小说那样表现善者荣华、恶者衰亡的作品有很多。室町时代的《小落洼》《一寸法师》《扣头钵》《蛤草纸》[69]都属于这类作品。

谣曲中的坊间故事多是离愁别绪，最初落魄，饱尝离别之苦，最后又像盆景花盆里栽种的小树那样，苦尽甘来，安然

---

[62] 参见本书第37页译注11"《落洼物语》"。
[63] 参见本书第37页译注12"《宇津保物语》"。
[64] 参见本书第38页译注15"《源氏物语》"。主人公光源氏最后做了"准太上皇"。
[65] 参见本书第37页译注14"狭衣大将"。"大将"是故事主人公的名字，其凭借一表人才和多才多艺，最后终于继承了帝位。
[66] 即《滨松中纳言物语》，平安时代后期作品，主人公滨松中纳言梦中遇见亡父，得知其在"大唐"转生为皇子，便渡海相见，在"唐土"与皇后以及很多女性有了恋爱故事。
[67] 《换身物语》（「とりかえばや物語」），平安时代后期物语，讲的是一个男装女孩儿入宫当差，最后出人头地的故事。
[68] 马琴（Bakin，1767—1848），通常在名称之前冠以曲亭（Kyokutei）或泷泽（Takizawa）的称呼，江户时代后期通俗文学作家，本名泷泽兴邦，别号曲亭马琴、著作堂主人等，是日本历史上第一个靠稿费为生的作家，作小说二百六十种，其作品构思宏大，多描写劝善惩恶的故事，代表作有《椿说弓张月》《南总里见八犬传》等。周作人曾作《马琴日记抄》。
[69] 室町时代是指足利将军在京都室町开设幕府的统治期间，从14世纪末到16世纪末有近两百年的时间，这一期间短篇故事很发达，后来被统称为"御伽草子"，文中所提各篇皆在其中。

无恙,亲子夫妇,久别重逢,皆大欢喜。本来在那其中也是多少有些悲剧成分的,但由于是佛教文学也便无法可想了。然而更重要的是,就整体而言,其关于死后问题、关于死的烦恼并未反映到我国的文学当中。即便在近松[70]的殉情故事里,关于死,也没有对死后暗无天日的担心以及去考虑下一步会怎么走的部分。夫妇来世,共托莲华,皆有定数,用不着去担心。死,只是由于此世人生无法持续下去的义理使然。一方面想活,执着于生,另一方面又在死不期而至时对死并不怀有恐惧,这看似矛盾,却是安然淡定的心态,其对死后的世界并无怎样的恐惧,也无怎样的顾虑。以宗教心的标准来衡量,可以说是相当冷淡的。

也许还有老爷子老婆婆会相信真宗的僧侣说教给他们的地狱和极乐世界,但地狱与极乐世界却只存在于现在的世间,而并非在讲述未来。为把教义说得通俗易懂,即使告诉人们现世即是地狱与极乐世界,人们也会点头接受。佛教讲究顿悟,以"悟"为主,所以禅多受欢迎。一休和尚[71]放浪无羁,反倒令

---

[70] 近松指近松门左卫门,日本江户时代中期著名的净琉璃、歌舞伎剧本作者,多写世相和人情纠葛,留下狂言二十几种、净琉璃一百多种,具有很大影响。

[71] 一休和尚即一休宗纯(Ikkyu Sojyun,1394—1481),日本室町时代临济宗禅僧,号狂云,字一休,据说是后小松天皇的私生子,后做了京都大德寺住持,擅长书画,其反抗禅院腐败、自由奔放、行为不羁的故事通过小说、戏曲广为流传。

人对他感到钦佩。真宗的亲鸾圣人[72]普及了吃荤和娶妻生子的宗旨，正是敏感地洞悉到了国民性的缘故。日莲上人[73]的奔走呼号，从一个方面来讲也是出于现实方面的国家安危的考虑，其教义怎样姑且不论，其击大鼓而聚集起来的人们多是为了病体早日康愈。不唯对日莲宗[74]如此，对神社的参拜也是一样，鬼子母神[75]也好，帝释天[76]也好，穴守稻荷[77]也好，冰川稻荷[78]也好，人们都是抱着保佑现世平安的目的去参拜的。护符出自全国的神社和寺庙。水天宫[79]的五日之缘日的人头攒动、熙熙攘攘，也是为求保佑平安。辩财天"巳成金"的护

---

[72] 亲鸾圣人即亲鸾（Shinran，1172—1262），日本镰仓时代初期佛僧，净土真宗鼻祖。皇太后宫大进日野有范的长子，后成为净土宗鼻祖法然的弟子，1207年因与法然师弟的关系而遭连坐，被流放到越后（今新潟县大部），自称"愚秃"。法然死后亲鸾不返京都，在地方各处传教，其教义以信心为本（不同于法然的佛为本），无固定寺庙，不忌食肉和娶妻生子，亦躬身实践，娶惠信尼为妻并有一女，后得姓大谷，形成日本佛教史上独特的教派。
[73] 日莲上人即日莲（Nichiren，1222—1282），日本镰仓时代佛僧，日莲宗鼻祖。青年时代游学修行于比叡山、奈良、高野山等佛寺，1253年开设法华宗，主张以《法华经》救赎并攻击其他教派，曾因献书幕府《立正安国论》，预言国难而遭流放。
[74] 日莲宗为日本佛教十三宗之一，以日莲为鼻祖的教派。
[75] 鬼子母神，守护佛教的夜叉，女神之一，梵名诃梨帝母，由于被视为《法华经》的守护神，故在日本多被供于日莲宗和法华宗寺庙。
[76] 帝释天系密教当中天部守护神之一，与梵天一同守护佛法，梵名释提桓因。
[77] 穴守稻荷，指位于东京大田区羽田的稻荷神社，19世纪初因垦田遭受海水倒灌之害而建，祭神丰受姬命（或称丰宇气毘卖命）。
[78] 冰川稻荷，似指位于埼玉县大宫市的冰川神社，据说由第五代天皇孝昭天皇自出云大社劝请而建，祭神素鸣尊、大己贵命和奇稻田姬命。由于有武运守护神之称，故历来受武家青睐。
[79] 水天宫最早建于12世纪的安德天皇时代，位于福冈县久留米市，被尊为船夫的守护神，1818年在东京日本桥建分社，祭水神、安产、子授之神。

符,[80]也只因金钱欲望才人气兴旺。西市以熊手为吉祥之物,[81]也是由于其能拾来幸运,敛财聚宝的缘故。"酉"这个名称也很吉祥,说是鹫明神可以把福运金运"鹫握"而来。而说到实现大愿,那么进献神社前的鸟居牌坊,进献绘马[82],进献灯笼之类,便全是出于对获得某种实际利益的感谢,或是因为大病痊愈,或是由于家业繁荣,等等。近来甚至有出于广告的目的而进献的。实际主义走向了极端。儒教主张以现实道德为主,不宣扬怪力乱神,这是最适合我国国民的教义。这种教义很早就传到我国,至今仍支配着我国的国民道德。其本来与我国国体并不矛盾。不仅不相矛盾,比起支那来,这种教义倒更符合日本的国情。革命思想是支那思想,儒教当中也多少包含一些,但日本未取这个部分。其他部分则诚然可取,故自圣德太子以来以此施治。由于是躬行实践的教义,所以与佛教亦非乖离。在支那,把孝摆在第一位,以为是百行之本,而日本以忠为重,并在历史上留下了很多实例。文学上也多有体现。它流于

---

[80] 辩财天为专司音乐、辩才和财福的女神,在印度时为河神,后变化为学问和艺术的守护神,到日本后,与吉祥天相混,日本人以福德之神相待,改"才"字为"财"字,专取发财之意。所谓"巳成金"是指祭奉辩财天的神社在正月第一个巳日所出的护符;因为在日语当中"成金"有一夜暴富之意,所以在历注中巳、成、金三日重合之日被视为吉日,有说法是如果在那一天把钱或米包在纸里会发财。

[81] 旧历十一月酉日在大鸟神社举行的祭祀活动,其吉祥物是一种叫作"熊手"的装饰物,人们求来摆放在家里,希望其像鹫爪一样,抓来幸运,聚敛财富。酉市以东京的鹫神社最为有名。

[82] 绘马(絵马,ema)是向神社祈愿时或祈愿实现后向神社奉纳的绘有图案的木板。当初上面画马,故名;现今图案不限于马。

世俗而成为心学，在德川末期流衍至登峰造极。即便如此，去掉那些难懂的学理，它还是非常彻底地注重实际的。

在这个万世一系的古国，虽有保守的气象，却在采用新事物方面从不含糊，只要能发挥实际作用。伊势大神宫一如既往，宫脊"千木高入云"[83]，宫柱粗壮劲拔，在造法上古今无别。和歌至今仍以古语相缀，仍然保持着往昔的形式。即使在精美的七宝烧[84]和金莳绘[85]绚丽夺目的时节，仍使用不挂釉的土陶器和白木荐的三方供桌。该保守的地方彻底保守，而对有利的东西又迅速采用，加以改革。大化改新之时，导入了支那的典章文物；明治维新之际，"尊王攘夷"又迅速变为"口岸开放"，这些都是实际方面的利益使然。取长补短是日本人的长项。日本在历史上曾两度被迫面对处在更高发展阶段的不同文化。然而，尽管是与处在不同发展阶段的文化相遇，日本也完全没被压倒，反倒甘愿与之调和，以供己用。过去有"和魂汉才"[86]的说法，便是就此而言。对运动方便，就穿洋服；有益于卫生，就吃西餐；审时度势，不惜抛弃一切旧物而变更为新式，其动作迅速敏捷，而从不

---

[83] 语出《大祓词》，原文"高天原に千木高知りて"，"千木"指装饰在伊势神宫屋脊上的交叉搭构的木头。
[84] 七宝烧，指在金银铜等金属上挂釉的工艺或采用该工艺的工艺品，中国称作"珐琅"。
[85] 金莳绘，指日本独特的漆器工艺及其工艺品，在漆器表面先以漆制作花纹或写字，然后在漆未干时施以金粉或银粉，使其呈现"金绘"纹样或字样。
[86] 语出《菅家遗诫》（成书于14世纪至15世纪之间，假托平安贵族、学者菅原真道之言），明治时代以后，仿照此言又有了"和魂洋才"的说法。

像支那人那样，只是在倒了大霉、被人敲了脑壳之后才肯认账。因此，西洋的人类学者称日本人耽溺于模仿。其实不是耽溺于模仿，而是长于获得实际利益。因为倘不如此，就无法立足于生存竞争的世界。模仿这个词有语病。模仿当中没有精神存在，就好像猴子学人。在我国国民的取长补短当中，就具有"和魂汉才"的意味。我国按照英法德等国的样式改造了陆海军，但其精神仍是日本式的。可以从德国买来克虏伯大炮[87]，可以从英国买来阿姆斯特朗大炮[88]，但操炮之心还是日本人的，正像他们此前使用正宗刀[89]那样。西洋人说，日本人四十年间一跃而成为强国。但他们只说对了一面，却没注意到另一面，那就是传承了祖上的保守精神，又热衷于应用取长补短之主义。某年的敕撰歌中有一首题为《寄国祝》的歌有言：

采外国之长，苇原举世失了短节。[90]

此歌倒是很好地表现了我国国民的特性。利害得失当前，不论是个人还是国家，是不会忘掉实际主义的。

---

[87] 克虏伯大炮系德国克虏伯公司（Krupp）制造的后膛装填炮，炮身首次用铸钢工艺制造，有"大炮王"之称。
[88] 阿姆斯特朗大炮系英国人阿姆斯特朗（W.G.Armstrong, 1810—1900）于1859年发明的新式膛线尾栓式后装填炮，在射程、射速和精度上都有很大提高，在1862年的萨英战争中，英国舰队首次使用，重创萨摩藩，使人们意识到"攘夷"之不可能。
[89] 正宗（Masamune）系日本历史上著名刀工，后来"正宗"成为名刀的代名词。
[90] "苇原"即《古事记》和《日本书纪》中所见"苇原之国"，日本旧称，此处系双关语，暗讽过度西化。

四　爱草木，喜自然

气候温和，山川秀丽。春有百花开，秋有枫叶红，四季风景如画，美不胜收。在这样的国土居住着的人，自然而然会执着于现世生活。四周的风光就客观地横亘在那里，一切都在笑，那里的居民也当然是会笑的。反过来说，热爱现世、享受生活的国民，热爱天地山川，憧憬自然也就再正常不过。在这一点上可以说，东洋诸国国民和北欧地区等人种相比，多享有一份来自上天的福德。尤其是我们日本人对花鸟风月的亲近和喜爱，可以从生活中的各个方面看到。

在上代，衣食住方面的材料，多取自我国国土上繁茂的植物界。不论是叫作"千木高知"的"千木"，还是叫作"太敷立"的"宫柱"，这些东西都是木材自不必说，而且还都是以藤葛捆绑在一起的。即所谓"纲根无缓"[1]中的"纲根"。楮衣之白妙，麻衣之粗染，都是以草木汁液做染料的折染衣。从卫矛、石松等树上取下蔓草，既用作假发也用作衣袖束带。像外国人或者野蛮人那样饰鸟羽、穿兽皮的一个都找不到。少彦名

---

[1]《大殿祭祝词》。

神[2]之"以鷾鷞翅为衣",系孤例,黑川翁[3]解释说这是从外国来的人,所以才有这种打扮。从"鹈羽草葺不合尊"[4]这个名字的缘起可以知道,曾经有过用鹈羽装饰屋顶的事。想想看,把居家屋顶做成鹈羽屋顶该是多么优美别致。这和欧洲人把鹿角摆放在走廊,趣味是不同的。以梓木、栌木、檀木做弓,以柳木、筱木做箭。柳木是做箭的材料。祭祀用的叶盘叶碗,似以树叶编成,如今的"茅卷"和"柏饼"[5]依然保留其遗风。《万叶集》中有"在家盛饭有笥器,羁旅则用椎叶裹"[6]的句子,从中亦可窥见上代的生活风俗。繁茂植物无所不在的国土,给国民提供了有关衣食住的全部材料。

西洋人的著述中,常见其对日本女孩着用的和服图案之美发出叹赏。但是,若看看日本秋季的野外景色,就会发现远比和服更美。服装自然而然地受到大自然色彩的影响。无论是从前的折衣,还是现今的长袖和服袖部图案以及下摆图案,在这方面无不如此。从印染着大朵大朵的菊花、樱花、梅花以及牡

---

[2] 日本神话中的神。《古事记》记载为神皇产灵神之子,《日本书纪》记载为高皇产神灵之子。
[3] 即黑川真赖(Kurokawa Mayori,1829—1906),日本江户时代至明治时代国学家、诗人。芳贺矢一此处所言见《黑川真赖全集》第四卷《历史·风俗篇》(黑川真道编,东京国书刊行会,1910年)。
[4] 全称"天津日高日子波限建鹈草葺不合命","尊"与"命"通,日本皇室的祖先神,天照大神之父。
[5] "茅卷"(Chimaki)系粽子,"柏饼"(Kashiwamochi)系槲叶年糕。
[6] 原句"家なれば笥に盛る飯む草枕旅にしあれげ椎の葉に盛る",见《万叶集》第142首,有马皇子作,描写流放途中的感伤。

丹花的绉绸、友禅丝和素花缎织成的和服带,到木屐带的端头,处处饰有自然界的各种花草图案。并且,各种配色的命名,也多取自植物类。比如樱色、桃色、棣棠色、栗色、葡萄色、黄栌色、木兰地、朽叶色等。旧时女子装束中的重樱、重梅、重棣棠等图案,其色彩搭配也总是源自春夏秋冬各季应时花色。衣上有海浪图景,腰带上饰以蔓藤花样。如果说女装风格优雅本该是理所当然的事,而武士启程上阵参战的铠甲装束中,却也有小樱缄[7]、泽泻、长寿等堪称十分优美的装饰。总之,我国的铠甲盔甲之美,与当时平素着装的服饰华美相映成趣,美丽非凡,绝非西洋式甲胄外壳及铠甲本体可比拟。西洋式铠甲统统显示为西洋式服装造型,而我国铠甲却处处保持着衣冠束带式风格。胴体部绘有蔓藤,下摆饰有蝴蝶或者菊花。直垂[8]上的菊花缀,甲胄袖扣坠的名称以及盔甲形制分类中的杏叶[9]、草折[10]、菱缝板[11]等等,所用名称亦无不优雅。马鞍上也饰着珠光贝壳和散落的花朵类。马口钳中,也有杏叶钳。平治之战中有如下描写:

左卫门左重盛,年二十有三,今为军中大将,身着

---

[7] 缄,日本字,穿连甲片的丝线,作动词意指用丝线穿连甲片。
[8] 方领、无徽、带胸扣、下摆掖进裤里的武士礼服。
[9] 用来胸前结绪的非常艺术化的铠甲。
[10] 腿甲。
[11] 铠甲数层甲板中最下层板。

赤地锦直垂，散发栌香的铠甲，下摆上饰有蝴蝶，系上龙头兜绪，佩上小乌刀，背起切符箭，拿起滋藤弓，将柳叶樱花图案的螺钿鞍扣在黄月毛马背上，纵身上马，驰骋而去。[12]

一谷合战中有如下描写：

儿子小次郎直家，下身着泽泻折直垂，上身着绳纹铠甲，乘上名为西楼的白色桃花马。小旗鞠尘直垂，黄色碎樱花底上带有花纹的铠甲，乘上黄兔褐毛马。[13]

上述这些描写，总是令人不由得生出类似在欣赏极尽色彩之能事的土佐绘[14]的那种感觉。正因如此，也就跟"风吹勿来关"[15]或"行暮树下影"[16]这类诗句非常吻合。若是西洋的那种虾壳状铠甲，就不协调了。即便是军阵中的标旗，也并不画狮

---

[12]《平治物语》卷二。
[13]《平家物语》卷九。
[14] 土佐绘是从中世到近世即14世纪到19世纪中叶的大和绘，是日本画的一个流派，该流派的主要代表人物皆为宫廷世袭画家，画风以艳丽著称，对日本近代美术也产生了极大影响。
[15] 日本平安时代武将源义家（Minamoto no Yoshiie, 1039—1106）的名句："风吹勿来关，途道山樱散"（原文：吹く風を勿来の関と思えども道もせに散る山桜かな），收入《千载和歌集》。
[16] 日本平安时代武将平忠度（Taira no Tadanori, 1144—1184）的最后歌句："行暮树下影，今宵花主迎"（原文：行暮れて木の下影を宿とせば花や今宵の主ならまし），语出《平家物语》卷九。

头鬼首,而是装饰上蝴蝶、龙胆叶或慈姑草状的花纹。皇室的纹章也用菊花和梧桐,德川家的家徽为葵。在现今常见的家徽中,以桔梗、樱花、梅花、慈姑、葵、牡丹、常春藤、枸木叶、紫藤、松等类为数最多,也便是自然而然的结果了。

若想知道我等日常生活中对植物界及自然界的趣味达到何样浓厚程度,看看食物类便一目了然。首先,春分时节有牡丹饼,秋分时节又有萩饼,只要浏览一下点心铺的目录,便会发现得更多。松风、矶松、桃山等常见的名称自不在话下,除了椿饼、红翟麦饼、莺饼之外,还有取自自然界的名称,如洲滨、时雨、越雪、落雁、盐釜、碎石等类。不仅是名称,在造型上取自花木的也多。干点心类姑且不论,那些叫作松叶或菊花的统统都做成花木的形状。从藤村目录[17]中还会看到更为详细的名称。年糕小豆羹等也按十二个月分别有不同的雅名。不仅与饮酒无关的点心有这些名堂,酒类更是如此。既有樱正宗,也有菊正宗,还有剑菱和山川白酒。虽说如今的仪式上依旧以蓬莱岛台[18]做装饰,但在鱼类菜肴中,亦显示着与植物界和自然界的亲密关系。生鱼片和寿司的盘配中,铺衬细竹之叶,装牡丹饼的套盒里,也以南天竹叶衬底。虽说这些来自祛毒之说或

---

〔17〕 藤村指点心铺"茶丈藤村",位于滋贺县大津市石山寺旁边。"藤村目录"即该铺点心单子。

〔18〕 蓬莱岛台系婚庆等仪式上的装饰物,小架之上承木盘,上置松、竹、梅或龟、鹤等饰物,因取蓬莱山之形,故有"蓬莱岛台"之称。

某种巫咒,却还保留着叶碗叶膳的余韵。花影树形被金漆彩绘装饰在餐具上,草木花鸟在漆器陶器等各种美术工艺品上更是大放异彩。这些地方,作为装饰美术也给近世欧洲美术施以不小的影响。把茶道中使用的茶盒称作"枣"[19]是理所当然的,而俗语将茶匙叫作"莲花"也很优美。

西洋人眺望着日本庭院,坐在日式坐垫上,初次享用日本料理,当会感受到日本居室内的生活与花草树木丰富的自然景观是如何浑然一体。料理店名"红叶馆"。走进去,壁龛装饰着花鸟彩图或水墨山水画。壁龛处的插花虽说不上是哪个流派,却插得别致优雅。楣窗上雕刻着蔓藤或竹梅等图案。里外周旋的女仆身着下摆呈各式花样的和服。若问那些花案的名称,那么便会告诉你说这叫花,那叫松,叫梅,叫菊,叫蝶。

因为喜爱花草之美,所以女人名字多取自温馨美丽的花名。自古以来,美人与花就不曾离开过这个国家的文学。既以花喻美人,也以美人喻花。在《日本纪》[20]和《古事记》的诗歌中,早已将美人比作樱花,比作单株蓑衣草,甚至比喻成萝卜。比作萝卜当指皮肤白皙。《源氏物语》对紫姬描写道:

气度高雅,容颜清丽,似有幽香逼人。教人看了,联

---

[19] 因茶盒漆红而似枣形,又装在红色织锦袋里,故称作"枣"。
[20]《日本纪》即《日本书纪》。

想起春晨乱开在云霞之间的美丽的山樱。[21]

而对明石姬的描写则是：

倘把以前窥见的紫姬比作樱花，玉鬘比作棣棠，那么这小女公子可说是藤花。藤花开在高高的树梢上，临风摇曳的模样，正可比拟这个人的姿态。[22]

如此这般，将处子美人比作鲜花的描写随处可见。即便是描写男子，在把源氏与头中将作对比时，也是"这位头中将的丰姿与品格均甚优雅，迥异凡人；但和源氏中将并立起来，好比樱花树旁边的一株山木，显然逊色了"。[23]

《堤中纳言物语》中有如下描写：

"你看这些花作何感想？"

一经向大家提及将花喻人的话题，命妇君便抢先说："莲花恰似我所侍奉的女院。"

大君接道："开在草影下的龙胆花实为美丽，正如一

---

[21] 语见《源氏物语》原作"野分卷"，此处采用丰子恺译文（北京：人民文学出版社，1982年），参见第二十八回《朔风》。
[22] 同上。
[23] 语见《源氏物语》原作"红叶贺卷"，此处采用丰子恺译文（北京：人民文学出版社，1982年），参见第七回《红叶贺》。

品官。"

中君道:"玉簪花可喻为皇太后吧。"

三君接道:"华丽的紫苑,可喻皇后。"

四君道:"中宫常使其父命读《易经》并做祈祷,其态可似桔梗?"

五君道:"四条宫女御常说露草之露映朝夕,诚然如此。"

六君道:"垣下的抚子花比作帅殿如何?"

七君道:"刈萱的妖艳娇媚恰如弘徽殿女御。"

八君道:"宣耀殿女御以菊喻之如何?因其为帝之最爱。"

九君道:"丽景殿女御身姿恰似穗芒。"

十君道:"淑景舍女御慨叹牵牛花为昨日花,此花非其莫属。"

五郎君道:"御匣殿姑且喻作原野胡枝子。"

东殿君道:"淑最[景]舍三妹君虽无大误,然颇似勿忘我草。"

堂妹道:"尊四妹拟芸香。"

姬君道:"右大臣殿容姿百看不厌正如女郎花。"

西殿君道:"女郎花比作帅宫太太是否更合适?"

伯母君道:"左大臣府姬君貌美赛过吾木香。"

(中略)

> 北君问:"那么斋宫何以似?"
>
> 小命妇君接言道:"好花已用尽,姑且拟以檐头山菅。如此说来,方才提及的我所侍奉的帅宫太太正是芭蕉叶。"
>
> 新娘君道:"中务官太太比作招尾花吧。"……[24]

其他的例子亦不胜枚举。俗语说的瓜子脸,虽也是用以形容美人,但也并不仅限于形容美人。瓢形脸等说法,也还是没能离开植物界。

插花之术、箱庭制作以及盆景山水等皆为我国人特有之技艺,发展独特。绘画中生动鲜艳的花木色彩和鸟禽的翔舞等,在看惯西洋静物的眼光看来,定会感到新颖珍奇,别开生面。不论插花还是作画,那是一种活灵活现、一切尽在自然中之美。把枝叶去掉而只留下花,那是西洋的花瓶,然而日本人的长项却是借助自然根枝的本然姿态,使其与天地浑然一体,不论插花还是盆景都是如此。日本人真乃自然之友,善解自然之心。

日本游戏中有一种叫"花札"的纸牌游戏,我想这项游戏恐怕并非由古来的"贝合"[25]之类衍化而来,而是来自西洋的扑克牌。从原来的五十二张牌减少到四十八张,是因为略去了

---

[24] 《堤中纳言物语》,平安时代后期到镰仓时代初期即 11 世纪到 13 世纪的短篇物语集,由十个短篇和一个断章构成,作者不详。该段引文见《堤中纳言物语》中的《花田之女》(ほなだの女御)篇:一群姊妹聚集在一起议论各自的主人,一个跟她们当中多人暗通的男子却在一旁偷听。

[25] 一种以贝壳碰对的游戏。

四张女王牌。我曾就此问题作过考证，文章发表在《教育界》杂志上。标志着发生这种变化的中间环节是翻纸牌的游戏，这种游戏跟扑克牌相同，从一到十的数字分为四种，其中绘有梧桐与马的纸牌又各有四张。梧桐象征皇室，马象征武家，即相当于扑克牌中的"王"（King）和小王（Joker）。那么，王变为梧桐，牌数变成四十八张，刚巧与十二个月相对，再配四季之花，这些正是日本人趣味之表征。梧桐之类在花卉中并非特别，然而我想，在花札中出现梧桐却证明了这种游戏的演变过程及其历史。将扑克变成花札，即是日本人趣味的体现。这与中古时代[26]的"花札"和"根合"[27]趣味相同。

我国文学作品中对大自然的吟咏之多无须赘言。绘画以花鸟为盛，雕刻花鸟多于人物，音乐比之人声更近于自然音色，而宫殿类朱漆建筑，置于繁茂松杉背景之中则益显其美，所以建于市街中的神田明神和汤岛天神等看上去便不甚美观。由此可见，自古以来，我国文学尤其长于赞咏自然之美，且以此为生命。自上古至近世，和歌大半是花鸟风月之题咏。

---

[26] 中古时代是日本史特别是日本文学史的一个分期，指以平安时代为中心的时期，相当于8世纪末到12世纪末。
[27] "根合"也称"菖蒲合"，确切称呼应该是"菖蒲根合"。参加游戏的人以双方出示的菖蒲根为据，根长者为胜、根短者为负。同草合一样，菖蒲合最早属于宫廷贵族端午节玩的游戏。

虽雪春意早,冻泪莺鸣消。[28]

秋夜秋虫鸣,方晓不知晓,感时虫有心,代我诉悲情。[29]

诸如此类,日本人是化作莺鸟和蟋蟀在吟歌咏诗的。在散文中也将鹿、瀑布、草、虫等所有景物视为与我等同样的有情之物。如:

山风呼呼,其音凄厉;松涛万顷,奔腾澎湃。[30]

群鹿被寒风吹逐,都傍着篱垣彷徨,或者躲入深黄色的稻田中,不怕驱鸟器的声响,引颈长鸣,令人听了发愁。瀑布之声不断轰响,更使愁人增悲。只有草丛中的秋虫唧唧之声是微弱的。龙胆从枯草中突出,表示唯我独长。这些带露的花草,都是秋季照例应有的景色,但在此时此地看来,觉得特别凄凉难堪。[31]

在修辞学中,这种描写称作拟人法。拟人法也就是将天地自然与人一视同仁。人与天地自然融为一体。而与天地融为一

---

[28] 语见《古今和歌集》卷一,二条皇后作,原文:雪のうちに春は来にけり鶯のこほれる涙今やくろん。
[29] 语见《古今和歌集》卷四,藤原敏行作,原文:あきの夜の明くるも知らず鳴く虫はわがごと物や悲しかるらん。
[30] 语见《源氏物语》原作"夕雾卷",此处采用丰子恺译文(北京:人民文学出版社,1982年),参见816页。
[31] 同上书,参见837页。

体,乃我和歌的生命之所在,也是以和歌为基础的诸多文学的生命之所在。前面说到将美人容貌喻花,这并非只限于外形上的表述。表达人的情感,也都以自然景色来呈现。所谓泪瀑,所谓袖雨,所谓露袂,所谓花心,所谓恋之山路,所谓空烟,所谓头雪,所谓消入,所谓时雨,[32]这些描写自然景色的词语,皆可直入吾人表达情感的语言。

> 冷露凄风夜,深宫泪满襟。遥怜荒渚上,小草太孤零。[33]
> 纵然伴着秋虫泣,哭尽长宵泪未干。[34]

读了这样的歌句,任何人都能立刻领会其在表达怎样的人事情结。将人事与自然相对照,由人生而即刻联想到自然,又由自然而即刻思及人生。这一点,始自和歌而贯穿我国文学全体,构成了军记、谣曲、净琉璃等一般文学的根底。说到"秋风",会联想到寂寞;讲到"春雨",会有温暖安静之感。和歌的词语已成为一种定式,具有使人产生情景联想的力量。俳句利用这一特点,得以发展成十七音的短诗形式。[35]

---

[32] "泪瀑""袖雨""露袂"形容流泪;"花心"形容爱花、惜花;"恋之山路"是将恋爱比作山中迷路;"空烟"指人死火葬,化作青烟;"头雪"为满头白发之意;"消入"意谓失神,背过气去;"时雨"谓寂寞、感伤。
[33] 语见《源氏物语》原作"桐壶卷",此处采用丰子恺译文(北京:人民文学出版社,1982年),参见第7页。
[34] 同上书,参见第9页。
[35] 参见本书第72页译注43"俳句"和第85页译注55《万叶集》。

因此，《源氏物语》中的景物描写，力求与人物境遇相吻合，煞是费了一番苦心。"紫儿卷"描写春天景色，喻示紫姬尚处花蕾芳龄。"蓬生卷"以猪殃殃草之茂盛，喻示常陆宫的落魄潦倒。"早莺卷"以正月景象表现公主的成长。"杨桐卷"在初夏的景色中插入白居易的诗句，用以表现风流雅士的聚会。这些描写，文才高妙，趣味横生。

"桐壶卷"中，更衣之死，伴随秋日哀绪，长恨绵绵，无尽无休。"夕颜卷"主人公的一生正如夕颜花一样红颜薄命。通篇皆是此种主义。最后，"魔法使卷"在描写紫上归西后的源氏时，通过叙述一年四季的景色，描写源氏触景生情中对紫上的怀念。如果从《源氏物语》中去掉景物描述，那么这部作品将会变得毫无价值。居住在源氏六条院里的女性，各有其春秋季节偏爱，其性情亦同样表现在相应的季节偏爱里。总而言之，中古物语由歌物语演变而成，和歌是其源泉。以自然为主题的抒情诗，构成了作品的半边天。即便是军记物语，也因有这样的景物描写而生彩。军记物语的一半，是中古物语的摹写。谣曲中蕴含着丰富的叙景抒情元素也无须赘言。谣曲文体的另一面，完全是和歌的兴味。其后的净琉璃戏曲和民间俗谣，也都不失这整体一贯的性质。戏曲剧目名称也大多使用和歌中的成句。和歌中的恋歌，当初也有脱离景物、单纯地表现心情的作品，但后来就必带寄咏花鸟风月的内容了，到了俳句，便至没有季语不成句的程度了。

春秋之争，早在神话时代已由春山霞男和秋山之下冰男二人[36]表现出来了，到了《万叶集》里，便有了额田王的句子："红叶摘来赏，吾仍爱秋山。"[37]而在《源氏物语》的六条院里，则体现着紫姬和秋好中宫对春秋的各有所好。说到对四季风景的描述，继清少纳言写出"春天是破晓的时候最好"[38]之后，兼好法师[39]又写出了"四季嬗变，物各有显，嬗变而逝，孰能无感"[40]的句子，此外，贝原益轩[41]亦有四季之论，室鸠巢[42]也论及春秋之争，如今都经常应用于教科书中。四季风光，一日不曾于我国民脑中离去。体会四时景色与人间世事的关联，即是对"物之哀"[43]的领悟。源义家、源赖政、平忠度作为日本武士之所以给人以温雅谦和的感觉，就是因为他们懂得这物

---

[36] 这二人是兄弟，"春"为弟，"秋"为兄，为争一女而发生争执。故事见《古事记》卷中"应神天皇"，可参见周作人汉译（北京：中国对外翻译出版公司，2001年）第112—113页。
[37] 语出《万叶集》卷一，第16首，额田王作。
[38] 该句系《枕草子》首句，此处译文取自周作人的汉译本（北京：中国对外翻译出版公司，2001年）第3页。
[39] 兼好法师通称吉田兼好（Yoshida Kenko，约1283—约1352），日本镰仓时代末期歌人、随笔家，因由官员而为僧人，故有法师之称，是著名随笔集《徒然草》的作者。
[40] 语见《徒然草》第十九段，又，《日本古代随笔选》（周作人、王以铸译，北京：人民文学出版社，1988年）也有译文，可参照。
[41] 贝原益轩（Kaibara Ekiken，1630—1714），日本江户时代前期的儒学者、教育家和本草学者，著作有《慎思录》《大疑录》《大和本草》等。
[42] 室鸠巢（Muro Kyuso，1658—1734），日本江户时代中期儒学者，做过加贺藩和德川幕府的儒官，著有《骏台杂话》《六谕衍义大意》《赤穗宜人录》等。
[43] 日本的美学理念之一，无名的感伤、深切复杂的情感、优美、纤细、沉静、观照等理念皆包含其中。

之哀的缘故。有关太田道灌的"空无花种何伤悲"的故事,[44] 虽说并非史实而只是传说,却也正因为他是个喜欢作和歌的武士,才有了这样的传说。无论是赖朝、尊氏还是秀吉,闲暇时都玩风雅之技。狂言中的萩大名,身为大名却不解风致,所以才让人感到滑稽。连歌盗人,虽是盗人却识得风雅情趣,其中的矛盾令人发笑。[45] 所谓风流,所谓诗意,其大半来自对自然的憧憬。日本人的武士道,虽不像西洋骑士道那样去崇拜女人,然而却喜爱自然之花,懂得物之哀。

---

[44] 太田道灌(Ota Dokan,1432—1486)系日本室町时代武将、歌人,任扇谷家家主上杉定正(Uesugi Sadamasa,1443—1494)的家宰(门臣总管),善于用兵和筑城,其主持建造的江户城最为有名,最后因被主公怀疑拥兵自重而遭暗杀。传说他有一天去狩猎,遭逢阵雨,正巧看见一间残破的小屋,便挤了进去。道灌大声喊道:"突逢大雨,可否借我一件蓑衣?"听到他的喊声,没过多久一个少女便走出来,她一声不吭地递上一朵棣棠花,却不是道灌想要的蓑衣。不明白其中含义的道灌勃然大怒,说:"我要的不是花!"便怒气冲冲地冒雨而去。当夜,道灌对手下人说了这件事,其中一个家臣告诉他那少女是借《后拾遗集》里醍醐天皇的皇子中务卿兼明亲王的歌句来暗示她穷得连一件蓑衣都拿不出来。闻此言,道灌非常震惊并为自己的无知感到羞耻,此后就不断地学习,努力提高自己在和歌上的造诣。按:原歌句为"七重八重花は咲けども山吹のみの一つだになきぞ悲しき",意谓"棣棠花开得如此绚丽,却结不下一粒种子,真令人伤悲",在日语中表示种子的"实"字与表示蓑衣的"蓑"字同音,故少女借助花无种来表达没有蓑衣的困窘。

[45] 连歌是盛行于日本平安时代和镰仓时代,即8世纪末到14世纪中叶的诗歌形式,按照和歌特有的五七五和七七音节的韵律,多人连句,结为长歌。"连歌盗人"为狂言剧目《连歌盗人》的两个登场人物,皆为连歌高手,却因贫困而在轮流当值举办连歌会时拉不起场子,此时二人想到了连歌伙伴中的一个有钱人,就到那人的家里偷东西,哪承想因看到神龛里写在怀纸上的歌句而着迷,竟忘了要去做什么,而认认真真地连起歌来,主人虽发现两人前来盗窃,却因他们连句的高超而原谅了他们,上酒请客,还以大刀等宝物相赠。

这还不仅限于英雄豪杰。在世界上恐怕不会有像日本这样全体国民都具有诗人气质的国家了。歌心人皆有之。而今日本当有多少作歌之人呢？宫内省[46]每年收到的进呈歌咏作品多达数万首。即便不作歌，也会作俳句。无论是在怎样偏僻的乡下，都会有俳句大师。开菜店、鱼店的自不必说，开当铺的、放债的，手低兴高的俳句爱好者比比皆是。各地神社中献纳的匾额上，随处可见小诗人的名字。由于是短小易作的短诗形式，也倒无须作得漂亮，谁都可以作，亦可助赏花游山的一时之兴。赏花、赏雪又赏月，春有春花、秋有红叶，小诗人们都忙得不亦乐乎。就连作恶多端被判处死刑的大恶人，也要在临终前吟诵一首，这在别国恐怕是没有的吧。真可以说，我国举国都是抒情诗人和叙景诗人。

　　因此，我国国民若隐居便莳弄盆景，或在作歌和插花中寻求慰安。过去甚至有人愿以无罪之身前往流放地赏月，[47]倘说日本人厌世，那么便是在风流三昧中度日。西洋所谓的厌世，便真的是厌倦这世上的一切，除去自杀无法可想。日本人的厌世是厌倦人事社会的喧嚣而要远离这个人事社会，通过接近花鸟风月而使自己的厌烦消失。西行法师虽说遁世，却终生云游

---

〔46〕　按照古代律令制所设八省之一，专司宫廷修缮、饮食、清扫和医疗等所有庶务并管理天皇财产的机构，1949年以后改称宫内厅，沿用至今。
〔47〕　意谓在流放地那样的闲寂之地赏月会更有远离世俗的情趣。

四方，观花赏月。[48] 鸭长明常常以为世间索然，从《方丈记》来看，他满足于身居庵室，欣赏自然。[49] 双冈的兼好法师由于还不是彻底的厌世，故不在问题之内。[50] 此外，不论是深草的元政上人[51]，还是去今不远的太田垣莲月[52]，虽厌倦跻身尘世，却另有自然这一乐园，无须跳进那华严瀑布的瀑壶或阿苏山的喷火口。

---

[48] 西行（Saigyo，1118—1190）是日本平安时代末期的著名歌僧，出身名门望族，姓藤原，俗名佐藤义清，早年为鸟羽天皇的武士，二十三岁时因有感世间无常而出家为僧，先后隐居高野山和伊势，并云游陆奥和四国，长于以和歌述怀，有九十四首和歌被选入《古今和歌集》，为入选篇数最多的歌人。著有《山家集》。

[49] 鸭长明（Kamo no Chomei，1155—1216），日本镰仓时代初期歌人、随笔家，出生在下鸭神社的神官之家，长于管弦，又学歌而为歌人，后来出家隐居大原山，此后又在日野山建方丈庵，并以此命名晚年所作随笔集。《方丈记》完成于1212年，是日本第一部以汉字和假名即所谓的"和汉混淆体"写成的随笔集，与百年之后出现的吉田兼好的《徒然草》和清少纳言的《枕草子》并称"日本三大随笔"，其以佛教无常观为本，通过种种实例表现人生无常的主题，又在后半部分描写了自己的草庵生活，被称为日本隐居文学的鼻祖。

[50] 双冈的兼好法师，即后世所称吉田兼好（Yoshida Kenko，约1283—约1352），日本镰仓时代末期歌人，初为二条天皇武士，天皇崩后出家遁世，专心于和歌创作，其随笔《徒然草》为日本三大随笔之一。双冈位于京都市内，为兼好憧憬的葬身之地。文中说他不是彻底厌世，似指他晚年与武家政权的接近。

[51] 元政（Gensei，1623—1668），日本江户时代初期日莲宗高僧，因居住京都深草而被称为"深草上人"，以国学、和歌、茶道著称。

[52] 太田垣莲月（Otagaki Rengetsu，1791—1875），日本江户时代末期尼僧、歌人、陶艺家，有歌集《海人刈草》。

五　乐天洒脱

"若无美酒相伴，赏樱何趣之有？"[1]这谚语与《万叶集》中大伴旅人的赞酒歌是同一思想。[2]倘能面对自然景色，快乐一生，则此生足矣。厌世自杀不是日本人性格中的气质成分。"酒"这个词的词根 Sak，恐怕与"樱"——Sakura——出于同一词根。而"幸"（Saki）、"荣"（Sakae）、"盛"（Sakari）等都出于同一词根。樱花绽满枝头的瞬间美丽，会令人联想到繁荣昌盛和富贵荣华，由于是和饮酒时的心境愉悦属于同一性质，因此，我认为是由同一词根衍生了"酒"和"樱"这两个词。樱花是日本的国花，谚语有"花得是樱花，人得是武士"的说法，樱花也是我国军人帽徽的图案。有人说，樱花倏忽间纵情绽放，又毫无眷恋地随风飘逝，与武士壮烈奋战不惧生死的品格极其相似。不过我认为本居宣长的"若问敷岛大和心，朝日

---

〔1〕日本谚语，最早出自川柳（一种十七音节的短诗）短句，后经落语（相声）的传播始成有关赏花的谚语。

〔2〕大伴旅人（Otomo no Tabito，665—731），日本奈良时代初期政治家、歌人，官至从二位，任大纳言，相当于唐制宰相副职，即所谓"亚槐"。《万叶集》收其和歌七十八首，其中十三首为赞酒歌，表现了其对酒的酷爱；其子大伴家持亦官至大纳言并以"歌仙"著称，是《万叶集》中收录歌作最多的诗人。

映射山樱花"〔3〕的歌句，倒是表现了日本人的乐观天性。也就是天真烂漫那种意义上的性质。他从短暂而绚丽的开放与坦荡当中发现了那活泼的性情。日本人专注于现世而并不把自己屈托给死后之未来，不喜欢在微不足道的琐事上斤斤计较、忧心忡忡。活泼好动是其本色，不拘泥于事物是其特色。正因为有了这种精神，才能一朝有事便奔赴战场，才能勇往直前，才能勇敢善战，才能英勇献身。我以为，只有这样来解释上面"大和心"的歌句才合适。童话《花爷》〔4〕和这首大和魂之歌一样，都表现了日本人的特性。这种快活的精神，距强烈的宗教心甚远，亦与深层思索无缘。我国的神话因此而朴素单纯，我国的文学亦因此而缺乏幽玄与深刻。西洋人将人的气质分为四种：黏液质、胆汁质、抑郁质和多血质。表现多血质型的图案，是头戴花环手持酒杯充满活力的青年，其附属物是大鼓、假面和落在花间的蝴蝶。而这不正是表现日本人性格气质的图案吗？

---

〔3〕参见本书第 46 页译注 38 "若问敷岛大和心"。
〔4〕《花爷》（原题「花咲き爷」）是流传于日本民间的一个劝善惩恶的故事：一对老夫妇捡到一条白犬，善待如子，白犬在老夫妇的田里找到了金币，老夫妇大喜，把金币分给众乡亲，从而引起了他们邻居夫妇的嫉妒。后者拐了白犬，令其也为自己在田里找宝，找出来的却都是些土瓷的碎片，邻居夫妇大怒而杀了白犬。老夫妇悲痛欲绝，把白犬葬在院内，日夜守护，风雨无阻。当他们栽种在墓旁的那棵树木成材时，白犬出来托梦，说可伐倒造春年糕的木臼。老夫妇遵嘱去做，果然从木臼中涌出金银财宝，于是邻居夫妇就又把木臼烧了，老夫妇则供起木灰，而白犬又托梦而出，让老夫妇把木灰撒在枯树下。老夫妇照做，枯树绽放出绚丽的樱花，感动了树下经过的大名，大名褒奖了老夫妇并惩罚了那对恶邻夫妇。1901 年田村虎藏作词，石原和三郎作曲，把该民间故事谱写成童谣，收录在《幼年唱歌初编》下卷里，至今还是棒球比赛的啦啦队歌。

文学家亦有各种不同的类型。同样是观察现实世界，对其缺欠和不尽如人意感到不满，热情主张要用自己的理想去改造世界的是悲怆型；看到这个世界有悖自己的理想，便一味去冷嘲热讽的是讽刺型；悲泣自己理想丧失的是挽歌型。第一种类型愤世嫉俗，第二种类型强烈谴责社会，第三种类型则黯然神伤。也就是说，第一种和第二种类型是胆汁质，第三种类型是抑郁质。而又有叫作幽默家的人，居高临下看世界，以为世间本来就是如此，人类世界并不存在尽善尽美，因此也就将不平或不满付之一笑，并不要去改造世界，而是要在这世界本来的状态中寻出一道光明来。这种类型倾向于黏液质性格。这几种类型都对世界有着深刻的观察，并以自己的理想为准绳来俯瞰世界。然而，我国的文学大抵没有如此深邃的思索。诸如井原西鹤[5]那样的文人，虽不乏讽刺和谐谑，但并不具备沉痛而真挚的性情，也还是乐天气质，属于以乐观心态看待世界的那种性格。在日本人的性情中，很少有对世界黯然生气、黯然悲哀、黯然嘲笑、黯然以居高临下的姿态去审视世界的痕迹。这也是我国文学之所以单纯的原因所在。

---

[5] 井原西鹤（Ihara Saikaku，1642—1693），本名平山藤五，是江户时代的浮世草子和人形净琉璃的作者以及俳句诗人。别号鹤永、二万翁。"西鹏"为其晚年所用名号，嘲讽当时第五代将军德川纲吉因溺爱女儿鹤姬而下令不许平民使用"鹤"字。其作品以雅俗兼容著称，题材广泛，分"好色""武士""町人"和"杂话"等领域，具有很大影响，被后人称作"元禄文豪"。

天照大神躲进天岩洞时，丰芦原中津国陷入漫漫黑夜。八百万众神共同献策，奏歌载舞。此时，"天宇受卖命以天香山的影蔓束袖，以葛藤为发髻，手持天香山的竹叶的束，覆空桶于岩户之外，脚踏作响，壮如身凭，胸乳皆露，裳纽下垂及于阴部"。[6]

于是，众神哄然大笑，天照大神终于被笑声引出天岩洞，重返世间。这是何等天真无邪的神话呀！海幸与山幸相争，当哥哥火阑降尊向弟弟道歉时，"手足同举，状若俳戏优"[7]，让人同样觉得滑稽。虽然现在对平安时代的神乐不怎么了然，但《宇治拾遗》中出现的行纲、家纲的故事也令人发笑。弟弟行纲盗用哥哥家纲的趣向：

实在冷得不行，就把裤筒卷过膝盖，直至腿根，露出细腿，一边哆哆嗦嗦着声音说"深夜冷，深夜寒，围着热火暖金蛋"。[8]

---

[6] 天照大神与天岩洞的故事参见本书第 43 页译注 30 "岩洞"。此处引文出自《古事记》卷上，取周作人汉译（北京：中国对外翻译出版公司，2001 年，14—15 页）。

[7] 《日本书纪》神代卷。哥哥火阑降尊在《古事记》中叫"火照命"，管海而收获"海幸"，弟弟火远理命管山而收获"山幸"，某日兄弟二人互换工具，交替所获，结果弟弟不仅一无所获，还弄丢了哥哥的鱼钩。弟弟毁剑铸钩，却赔多少都不行，哥哥只要原来的那支钩。弟弟无法，只好下海去寻，得了海神的帮助并娶了海神之女，带着惩膺的法力回来复仇，哥哥认输，以戏子状道歉，成为伶人祖先。

[8] 参见《宇治拾遗物语》卷五。"金蛋"日语原文写作"金玉"，指睾丸。

一边说着，一边绕着篝火转了十二三圈，逗得上下一片哄笑。天岩洞与神乐有异曲同工之妙。在文明尚未开化的时代，喜爱低俗滑稽为世界各国的普遍现象，不过这一嗜好至今仍保留在礼节严谨的日本人当中。熟人走到一起，讲些荤段子，即便是在那些被称作绅士的人们之间，该说也还是要说的。这或许也是导致在社交方面没有异性交往的原因之一。粗口原本不是值得赞赏的事，也不是值得鼓励的事，不过从另一方面看，或许表现了日本人的天真烂漫和乐天知命的品性也未可知。西洋人从不在他人面前裸露肌肤，在女人面前哪怕提到一个"腹"字都要挨骂。也许是和气候、服饰有关，日本人对于裸露肌肤之事抱宽容主义的态度。在有身份的人面前赤身裸体，当然是失礼的，但相扑力士们却可以光着身子出现在任何显贵面前。洗澡堂混浴也丝毫不会令人大惊小怪。在乡村的街上，浴桶就放在路旁，经常可以看到有人在那里洗浴。海边的渔夫们甚至连阴部都不遮掩。那些对日本一知半解的西洋人在书里称，日本女人过多地将肌肤外露是道德感落后的表现。但这却是碧眼人的皮相之见。日本女人的贞操观要比西洋人进步得多。忌讳裸露肌肤的西洋人赞美裸体画，而不在意裸露肌肤的日本人对之大皱眉头者却不乏其人。这完全是习惯不同所致，裸体与道德是两个不同的问题。

鸟羽僧正有放屁大战的绘卷,[9]《大镜》中也有藤原时平公在菅公面前讲放屁笑话的记载,[10]《今物语》里也有这样的故事,写了一个名叫弘誓房的讲经和尚:

> 高堂供佛时,堂内庄严肃穆,幕帐隔成的听闻局内熏香缭绕,众多听经者屏息静气,正待洗耳恭听,却从帐内传出一声巨大的屁响。听众闻此而皆扫兴,讲经师马上圆场,说在放纵邪恶之乡,连个小屁都得不到,而在这听闻随喜之局,却可以布施大屁。听闻此言,满座皆惊,亦觉得不可思议。[11]

其中还有一个故事说,有个讲经的和尚,前一天讲经时有便感,遂匆匆离开高座适厕,结果只是屁堵而别无他物。次日,出现同样的紧急情况,则以为又是屁在作怪,心想"随它去吧",就抬身给了条道,放它出来。哪承想这一屁竟放出了真

---

[9] 鸟羽僧正(Toba Sojyou,1053—1140),名觉猷,平安时代后期天台座主、画僧,因受鸟羽上皇厚待,住在鸟羽离宫内的证金刚院而被称为鸟羽僧正,从事佛像研究与创作,画风明快简约,幽默诙谐,现定为日本国宝的《鸟兽戏画》和《放屁合战》据说都是他的作品,因而被视为日本漫画的鼻祖。
[10] 《大镜》是日本纪传体历史故事,以问答形式写成,大约成书于平安时代后期白河天皇的院政时期。讲放屁笑话见该书"左臣时平"。
[11] 《今物语》是镰仓时代初期的物语集,藤原信实编,推定成书于1239年或1240年,集和歌、风流韵事、神祇、滑稽等为一卷。此处引文为其中第五十一话。

家伙，弄得满堂粪臭。〔12〕足利时代的《福富草纸》讲有个人靠玩屁术得了富贵，而学他的人却惨遭失败。〔13〕坊间传说将军阁下放屁时，手下人一个出来说没事没事，天下太平；一个出来说没事没事，武运长久。总之，像放屁这类事原本就是丢人现眼的，以致不少良家妇女因承受不了放屁带来的难堪而自杀。所谓"儿媳有屁得憋到转遍五脏六腑"，虽然绝非"放屁生疮不挑地方"说得那般宽容，但自古就有说屁取乐的倾向。正如川柳〔14〕短句所言"一人放屁，随心所欲"，放屁到底是件怕人笑话的事。因此在川柳和狂歌〔15〕里有很多便是以放屁做滑稽的材料。风来山人的《风来六六部集》〔16〕里就有《放屁论》，借放屁男成为花开男的话题，大发无用变有用的议论，不过"放屁男"也由此成为观戏的材料了。在贞德的《油糟》等作品中，也有

---

〔12〕《今物语》，见第五十二话。
〔13〕足利时代即足利将军掌权的室町时代（14世纪末到16世纪末），《福富草纸》是这个时代产生的插图故事书，上下二卷，土佐光信著，主人公福富见邻居秀武老人靠放屁发了财，也如法炮制，结果却弄巧成拙。
〔14〕川柳（senriu），参见本书第72页译注43"俳句"和本书第85页译注55"《万叶集》"。其形式与俳句相同，只是没有"季题"和"切字"的规定，多以人情世风为题，调侃人性弱点和世态缺陷，具有简洁、滑稽、机智、讽刺、奇警等特色，因柄井川柳及其所编《柳樽》六十余卷最为有名，故名。"川柳"在江户时代末期走向低俗，被称为"狂句"。
〔15〕狂歌，即刻意追求谐谑与滑稽的低俗短歌，滥觞于镰仓、室町时代，江户时代中期广为流行。
〔16〕风来山人（Furaisanjin）即平贺源内（Hiraga Gennai, 1728—1780）的别号，江户时代本草学者、兰学者、文学家、画家、发明家，《风来六六部集》是其滑稽作品集，安永九年（1780）刊，收《放屁论》《放屁论后编》等六部作品。

很多放屁而带有猥亵意思的句子。[17]俳谐的放纵与和歌的古板恰好构成鲜明对照。《道中膝栗毛》[18]的滑稽故事,有些地方非常露骨。德川时代,伴随着平民文化的发达,低俗猥亵的趣味横行于大众文艺当中乃是显著事实,不过亦可以由此看出日本人在这方面大体持宽容态度的倾向。

在《今昔物语》《宇治拾遗物语》[19]和《古今著闻集》等作品中,既有相当大胆的故事,也有很多猥亵的故事。但要说热衷于情欲已经到了言之于口、行之于笔的程度,也倒并不尽然。因为操行并没坏到能将说不出口的说出来的程度,而处世又很达观,所以也就很少有对情欲的执着。《古事谈》里有和尚因恋慕进命妇而死的故事,[20]这和戏剧中的清玄[21]一样,无非是极

---

[17] 贞德即松永贞德(Matsunaga Teitoku,1571—1653),江户时代俳人、歌人,《油糟》收录于其俳谐集《新撰犬筑波集》上卷。
[18] 《道中膝栗毛》系十返舍一九(Jippensya Ikku,1765—1831)的滑稽作品集,1802—1909年刊行,全十八册,讲述弥次郎兵卫和喜多八两人在东海道旅途中所遭遇的种种滑稽故事,至今仍拥有广泛的读者。"栗毛"指棕毛马,"膝栗毛"则指步行、徒步旅行。
[19] 《宇治拾遗物语》,大约成书于13世纪初的故事集,二卷,编者不详,收印度、中国和日本各种故事一百九十七条,有不少幽默滑稽的描写,亦充满佛教色彩,为镰仓时代说话文学的代表作。
[20] 故事出自《宇治拾遗物语》,主人公名叫"进命妇",生得高贵而美丽,往清水寺听讲《法华经》,有高僧八十岁,一生从未接近过酒色,人称之为圣,却因见了进命妇而害了相思病,三年茶饭不进,临终前向闻讯赶来的进命妇如实表白自己的爱慕之心,并预言她将来生男就生摄政或关白,生女就生皇后,如果有做和尚的就让他做大寺庙里的大僧正,结果都一一应验。
[21] 指以清玄和樱姬为主人公的一系列净琉璃和歌舞伎作品,净琉璃以《一心二河白道》为最早,歌舞伎以《樱姬东文章》最为有名。内容讲清水寺和尚清玄迷恋樱姬的姿色,犯戒、堕落、被杀,而死后仍缠着樱姬不放的故事。

端地强调一下僧侣也有七情六欲，而日本人却向来是豁达干脆的，以致自古以来在文学作品中就很少有那些因失恋而发狂或自杀的事。《竹取物语》中众人竞相求婚，却因答不上难题而纷纷作罢，没一个人缠绵不舍。只听了那一句"请不要再走近这里"，就都头也不回地离开了。[22]《万叶集》中的恋歌，也不过就是下面这种程度：

　　有道恋心情薄，吾恋至死难忘。[23]

　　恋心不已，重逢可期，为谋君面，愿命长兮。[24]

　　因恋而死有何益？方生得见心足矣。[25]

　　吾将死兮相见难，长相思兮心无安。[26]

---

[22]《竹取物语》是日本第一部物语，大约成书于平安时代——8世纪末到14世纪末初期，作者不详，故事是一对靠砍竹为生的老夫妇，一天在竹筒中捡到了一个小女孩，带回家精心养育，没过多久，拇指大小的女孩儿就出落成一个亭亭玉立的美貌少女，取名为"竹仙公主"，而同时老夫妇家也被求婚者包围得水泄不通。过了一段时间，众人开始意识到"竹仙公主"的可望而不可得，便纷纷离去，只剩下五位贵公子坚持到最后，照样每天都来。这时"竹仙公主"提出条件，谁能实现她的请求她就嫁给谁，贵公子们皆曰"然"。结果提出的都是类似让他们去"摘三两星星四两月"的要求，贵公子们方才意识到这是"竹仙公主"在委婉地告诉他们今后"请不要再走近这里"，于是都悻悻离去。"竹仙公主"的原文为"かぐや姫"，中文有不同译名，诸如"竹取公主""辉夜姬""竹林公主"等。因故事结果是"竹仙公主"拒嫁皇帝而升天奔月，故日本探月卫星以之命名，中文译成"月亮女神"号。

[23]《万叶集》卷十二，第2939首。

[24] 同上书，第2868首。

[25]《万叶集》卷十一，第2592首。

[26]《万叶集》卷十二，第2869首。

在《万叶集》中，这些当算最为苦闷之作了。后来的恋歌因多造作，便更显薄情。唯在《宇津保物语》中才有因绝望于贵宫的被夺而隐居山中的源少将、仲赖那样的颇显几分痴狂的人物，连胞兄仲纯也因恋妹而死。但这也不过是为突出贵宫的魅力而编出的故事，难以想象现实中会有这样的事，可认为是诗人的夸张。也就是说，就像红叶的《金色夜叉》[27]里的主人公在今天的日本人中还找不到一样。那恋爱的主角，主人公仲忠和源凉，当初都情笃贵宫一人，后来各自另有所娶，却也皆大欢喜。晚年才开始对恋爱有所感悟的陶英，也为得到雅赖的第十三位女人而心满意足。日本男人就是想得开，百病之外，害那相思病的几乎只有女人。

身带一股侠气，多少还有几分虚荣，不瞻前顾后，行为果断，这便是江户人引以为自豪的江户人的特性之一。虽然是和京都人比较而言，我以为却可从中大体窥见日本人的性格，那就是非常讨厌缠在一件事上没完没了。即便是恋爱，也绝不纠缠。做个男人，就要活得干脆，不能缠绵悱恻，老婆若有不端，便不管三七二十一，一纸休书，赶出家门了事。在无所顾忌的同时也缺乏耐性，不会去硬缠着讨厌自己的女人，也不会

---

[27] 红叶即近代著名作家尾崎红叶（Ozaki Koyo，1868—1903），《金色夜叉》是其代表作，自1897年1月1日至1902年5月11日连载于《读卖新闻》，因作者早逝而未完成。主人公间贯一，因为未婚妻阿宫破约另嫁富豪而追到热海，责问阿宫，而阿宫又并未挑明破约原因，主人公一怒之下踢了阿宫，并为复仇而成为高利贷的放贷者。

因失恋而厌倦其他女人，乃至独守终生，等等，日本男人身上不具备这样的性质。反过来说，面对侮辱，也容易陷入不分青红皂白一刀劈将过去的冲动。福冈贡在妓院因艺伎阿绀而斩杀数人的故事，[28]以及《先代萩》当中的吊斩高尾，[29]都属于这类例证。在如今的报纸新闻中，此类事件依然屡见不鲜。《万叶集》中桂儿[30]、樱儿[31]、真间娘子[32]和兔原处女[33]等如出一辙，都是两男恋一女，女子为情所逼，进退两难，最终自杀。兔原处女故事中，虽然是女子死后二男慕随其后，身赴黄泉，但与其说是出于恋情，倒莫如说是竞争之义理使然：怎么可以让女

---

[28] 故事见于歌舞伎《伊势音头恋寝刃》，近松德叟作，根据宽政八年（1796）五月四日发生在伊势古诗市妓院的一人手刃数人的真实事件创作，同年七月二十五日在大阪首次公演，是至今仍在上演的剧目。主人公福冈贡为主公寻找丢失的宝刀和宝刀证书来到伊势的妓院，遇到自己的情人阿绀，由于围绕阿绀发生误会，福冈贡盛怒之下斩杀数人。

[29] 《先代萩》全称《伽罗先代萩》，指取材于仙台伊达骚动事件的净琉璃和歌舞伎剧目的总称。伊达骚动是日本江户时代前期仙台藩主伊达氏族内部的纷争。藩主伊达纲宗骄奢淫逸，荒淫无度，看上吉原妓院三浦屋花魁"高尾太夫"（名妓之袭号），重金赎买遭拒，遂将名妓吊斩于船头。伊达纲宗因此而被幕府逼迫退隐，藩主之位由其两岁的儿子接任，于是引发了伊达氏族的一系列纷争。

[30] 桂儿亦作"缦儿"，《万叶集》中登场女子，有三男前来求聘，因无法平息三人争斗，遂投水自尽，三男皆留下悼念和歌，参见《万叶集》卷十六第3788、3789、3790首。

[31] 樱儿系《万叶集》中登场女子，为平息二男因恋她而相争，遁入林中，悬树自缢，二男皆留下悼念和歌，参见《万叶集》卷十六第3786、3787首。

[32] 真间娘子系《万叶集》中登场女子，为逃避二男争爱，投江自尽。真间为地名，系娘子葬身之处，后有歌人到此凭吊，留下和歌。参见《万叶集》卷三第431、432、433首和卷九第1807、1808首。

[33] 兔原处女亦称"苇屋之菟原娘子"，《万叶集》中登场女子，亦因有"二壮士"为其发生婚争而自尽，"二壮士"在其死后或梦中毙命，或自戕而亡，三冢遂相邻而筑，其悼歌见《万叶集》卷九第1801、1802、1803和1809、1810、1811首。

人一个人去死呢？这才是症结所在。

江户人还善于使小机灵，话说得俏皮而且时机得当。这并非卓越的才能而只是小聪明。这种特质自古就有。短歌之发达便是最好的证明。谁能当场对歌，有了上一句就能对出下一句来，那么便是当世了不得的才子。小式部内侍[34]的才名便是由此而传扬。一部《枕草子》，也不外是这种特质的产物。所谓"草庵访问有谁人？"[35]也好，"半夜鸡叫"[36]也好，"香炉峰之雪"[37]也好，"呀，原来是此君嘛"[38]也好，无非都是玩弄机智

---

[34] 小式部内侍（Koshikibu no Naishi，999—1025）系日本平安时代中期宫廷女歌人，其母和泉式部任一条天皇宫中女官，在随夫君往丹后（今京都府丹后市）后，受四条中纳言刁难，问她进呈的和歌是否由母亲代作，对此小式部内侍以和歌巧妙作答，意谓"去大江山（去丹后途中的地名）的路很遥远，而我也从未收到过母亲寄自天桥立（其母所在地）的信"，该歌被收到很多和歌集里，后广为流传。参见《金叶集》卷九。

[35] 原文见《枕草子》第七十八段，清少纳言借白居易"庐山夜雨草庵中"（《庐山草堂雨夜独宿寄友》）的典故，暗示无人来造访自己。周作人汉译本（北京：中国对外翻译出版公司，2001年）为第七十一段，第109页，意思可参阅该译本第30页第二十七条注释。

[36] 原文见《枕草子》第一三一段，清少纳言借孟尝君门客半夜学鸡叫骗开函谷关门的典故，比喻当年的函谷关好骗，而今男女幽会的逢阪关却不好开。周作人汉译本为第一二一段，参见第220—221页。

[37] 原文见《枕草子》第二八〇段，周作人汉译本为第二六一段，参见第395—396页："'少纳言呀，香炉峰的雪怎么样啊？'我就叫人把格子架上，将御帘高高卷起来，中宫看见笑了。大家都说道：'这事谁都知道，也都记得歌里吟咏着的事，但是一时总想不起来。充当这中宫的女官，也要算你是最适宜了。'"典故出自白居易《香炉峰下新卜山居》："日高睡足犹慵起，小阁重衾不怕寒。遗爱寺钟欹枕听，香炉峰雪拨帘看。"周作人注曰："著者敏捷地应用此诗句，遂成为佳话。"

[38] 原文见《枕草子》第一三〇段，周作人汉译本为第一二二段，参见第243页第五十九条注释：此系王子猷的典故，据《晋书·王徽之传》云："尝寄居空室中，便令种竹，或问其故，徽之但啸咏指竹曰，何可一日无此君。"

的自我陶醉。当世的赛歌会,也只是这种小机智的较量。后世连歌、俳句之附和,也都不外乎此。川柳、狂歌、落语无不如此,短句中富于机灵。到了江户时代,这种文学便在江户人当中最为发达。江户人讲究不花隔夜钱。本来没钱却又装门面。川上[39]的新戏出来后,引发前些年剧场改良,[40]宣布从此不再收茶钱,据说有很多看客不干了:"不收钱?瞧不起我是不是?"哪怕不向乞丐施舍,该花就得花,还要花个痛快。有道是出手大方,人才活得大气,花钱的时候往后缩则是小气鬼。"小气"一词与吝啬和轻蔑同意。哪怕是留学生,到了国外也都出手阔绰,颇有受外国人欢迎的倾向。这种毛病,都是因为没钱才惯出来的。宁可把夹袄押进当铺,也要弄条初夏的鲣鱼尝尝鲜,这种顾前不顾后的粗莽,不仅为江户人的气质,而且也是日本人的通病,那就是没心思攒钱,管他下一步会怎样。因为对将来并无深思熟虑,也就不会持久地执着于一件事。这一点跟犹太人正好相反,后者很适合经营银行,也出了很多银行创办人。支那人在花钱上也很没章法,既缺少长远打算,又没有储

---

[39] 川上即川上音二郎(Kawakami Otojiro, 1864—1911),日本明治时代戏剧家,近代新戏的鼻祖,先以一曲《欧配可配(音)》博得世间好评,又在东京以演出新式壮士剧而压倒传统的歌舞伎,名声大振。后来赴欧洲演出大获成功,成为日本第一个走出去的戏剧家,回国后又开始大力译介西方戏剧,并在大阪建成日本第一座西式剧场。文中所言,系指1903年后发生的事。
[40] 系指喜剧改良运动。这是一场发生于明治初期至明治二十年期间的戏剧界革新运动。提倡给歌舞伎导入现代元素。一时间产生轰动效应,但并未获得广泛支持,不久自然平息。

蓄意识，所以支那人在商业方面乏善可陈。所谓性急吃大亏，恐怕就是在说日本人吧。由于长久的自重之念淡薄，日本人容易见异思迁，迅速改变主意。但也正因为是这种气质，才能做到果断地实行改革。优点是和缺点相伴随的。如果去上海或香港等地，一上岸就会有支那人力车夫过来纠缠，没完没了地劝你上车。西洋人不胜其烦，抡起手杖殴打驱赶。但他们还是跟着缠着，直到西洋人再挥起手杖，真挨了打才逃走。只要能挣到钱，疼那么一两下也无所谓。日本的人力车夫则不会这样。西洋人在横滨上陆，倘若也像对待支那人那样动手去打，则不答应。虽说是拉车的，却也是谋生的职业。在西洋人看来或许像役使牛马那样也未可知，不过在这边也仅仅是轿夫刚刚变成车夫而已，肩扛重物的，不论是土方作业的搬石运土，还是拉着人力车的一路小跑，在从事劳动这一点上是一样的，为几个铜板而挨打，不是一个男儿可以忍耐的事。由于日本男儿心怀此种见识，致使那些对东洋不甚了解的西洋人常常在这方面出错。正因为有如此见识，人力车夫从军也会是出色的军人。可以当牛做马，却不可以有牛马之心。牛马不会组建成军队。日本人是注重现世生活的国民，却不是不顾一切地耽溺于肉欲的国民。

处事果断，也不执着于任何事情，然而却坚定不移地恪守名誉。无论怎样艰难都会恪守到底。"武士吃不饱肚子，也要拿牙签装着剔牙"，"武士之子饿瘪肚子也不许说饿"，说的就是要把这种瘦驴拉硬屎的精神坚持到底。因为贫困并非耻辱,所以衣衫褴褛也罢,食不果腹也罢,都不会以为是羞耻。作为武士,没有备好甲胄和武具才是心不到位。佐野源左卫门常世虽然和老婆连个像样的住所都没有,却有这样一个家:

> 虽家徒四壁,却备长刀一口,战马一匹。唯此是俱,一旦镰仓告急,便可身着破甲胄,手持锈刀,驰骋瘦马,第一个奔赴帐前。[41]

此即不失武士本色的常备之心。浪人虽贫穷,然而贫而不贱。只要荣誉在,什么都可以忍受,但不会忍受到被轻蔑的地步。忍耐的同时,还必须有自尊上的满足。

随人怎么说,我则不闻不问,马耳东风,多难都要扛到底,就这副穷相。韩信那种甘受胯下之辱的本事日本人是学不来的。原本胸怀大志之人,为实现其宏愿就得忍耐。大石良雄忍受喜剑的侮辱,[42]歌舞伎中的由良之助吃章鱼,[43]木村重成

---

[41] 日本著名谣曲《钵木》中的一节。
[42] 大石良雄亦称大石内藏助,系赤穗事件中四十七士的首领(参见本书第49页译注49、第74页译注1、本页译注43、第163页译注31与"赤穗"相关内容),喜剑即村上喜剑,是以赤穗事件为题材的文艺作品中的人物,其曾经羞辱过隐居在山科的大石良雄,用脚趾夹起章鱼让大石吃,大石说就喜欢章鱼,于是吞了。后来村上喜剑偶尔得知大石良雄杀身成仁的事迹,深感愧对大石,遂在大石墓前自杀谢罪,其墓就在大石墓旁。
[43] 参见上一条译注。歌舞伎即指以赤穗四十七士为题材创作的《忠臣藏》,由良之助即根据大石良雄的事迹创作的人物。

忍受茶坊的侮辱，[44]羽柴秀吉为柴田胜家揉腰，[45]虽说这些故事都是作为武士的美谈用作教训的材料，但对于一般日本人来说，却是无论如何都难以做到的，因为性格中不具备坚韧不拔的秉性。

日本人有这么一种不瞻前顾后、做事不计后果的单纯性质，并不去想如果弄砸了，丢了性命该如何。死并不可怕。只要把想做的事做了便心安理得。解气就好。从前武士做事，都是准备着出错时要切腹的。受武士道的影响，町人的侠义也出于同一种心态。如前所述，在注重现在之主义看来，关于死的想法是极其冷淡的，因此才会做到这一步。日本的祖先崇拜被称为神道，听起来很像宗教，但生者与死者却并无特别的不同。对待死去的祖先，也像对待活人一样，摆上供品不说，还要做祭祀。同时，活着的人也跟死去的人一样，例如在主人出征或出

---

[44] 木村重成（Kimura Shigenari，？—1615），日本江户时代初期武将，丰臣秀赖的门臣、胞弟，知谋略，作战勇猛，以率领少数部下返身杀入反攻而来的敌阵，救出负伤的武将大井何右卫门著称。当初因年轻而受丰臣秀赖门人轻看，连茶坊也羞辱他，对此他答道："杀了你我也得死，我当为主公而死，为你，不值！"从此以后便没人敢再小看他了。

[45] 羽柴秀吉即后来的丰臣秀吉（参见本书第51页译注59"丰太阁"），在做了织田信长（Oda Nobunaga，1534—1582）门下的武将之后，因战功卓著，步步高升，最后在为主公复仇之后，成为五军统帅，在讨论织田信长后继人问题的清州会议上，与织田家重臣柴田胜家（Shibada Katsuie，1522—1583）产生尖锐对立，他为胜家揉腰的故事就发生在这次会议上。胜家为打掉秀吉的气焰，旧事重提，说过去主公把你叫作"猴子"，动不动就说，猴子过来，给我按按腰、捶捶背，你就过来伺候，如今军权在握便不肯再当"猴子"了吧？秀吉当即为胜家揉腰，并因此获得了周围人的支持。

行之后要在家里备放阴膳[46]。灵魂穿越两间,生死无界。正因为如此,也才能在祭日的神乐上露出睾丸,手舞足蹈。

上面已经提到日本人并无深广的宗教心。其信佛教也很难说是发自心底的敬畏与尊崇。正如前面所说过的那样,采纳佛教是要使之符合我国的国民性的。日本人作为东洋最大佛教国的国民,丝毫不为佛教的厌世观所驯服,相反却多拿佛当傻子戏弄。"不知者心静如佛"[47]"佛面不过三"[48]等谚语,都表现了与佛的亲和与接近。还有那些糟蹋观音的话,如把虱子叫作千手观音或者观音之类。阎魔王和赤鬼、青鬼,与其说令人感到可怕,倒莫如说更令人觉得滑稽。谚语有"借时地藏面,还时阎王脸"的说法。连兔子也叫作"尻暗观音"[49]。至于《阿房陀螺经》[50],简直就是对神圣经文的亵渎。谚语里也有"百日说法,屁响一声"[51]的说法。小孩子们玩捉鬼的游戏,也口念"抽签就抽阿弥陀签";不倒翁玩具造型用的是达摩大师;大津绘

---

[46] 阴膳,即荫膳,为出行或出征的家人摆放在出行者以往就座位置上的供膳,以祈愿家人在外面免遭饥饿等危害。
[47] 原文:知らぬが仏,意谓"眼不见心静"。
[48] 原文:仏の颜も三度,意谓哪怕是温和慈悲的人也会被一而再、再而三的无法无天所激怒,相当于中文的"事不过三"。
[49] 兔子尾巴短——被咬掉了,故名。这是骂观音的话。阴历十八日到二十三日是六观音的命日,此后渐入暗夜,故称"尻暗观音",该谚语的意思是有事相求时就拜观音,事情过后,掉过脸来便骂,有忘恩负义、过河拆桥的意思。
[50] 《阿房陀螺经》亦称《阿呆陀螺经》,是日本江户时代中期乞食僧吟唱的讽刺时弊的滑稽俗谣,以小木鱼、扇子或者手杖为道具,打着节奏挨家要钱。
[51] 原文:百日說法屁一つ,意谓说得再好,如果跟做的相反也没有说服力。

的狂画里有鬼在念佛[52]。七福人也常常被充作狂歌和狂画的素材。在《狂言记》[53]作品《朝比奈》里，朝比奈让阎王拿着铁棍为他带路，通往极乐世界。《饵差十王》里，贿赂阎魔王吃鸟肉，以获准进入尘世三年。《首引》里的大力士为朝跟鬼玩"首引"[54]，大获全胜。其他如毘沙门天王、大黑天神等，都被用作狂言里的滑稽材料。

日本的固有神却不会这样被用作滑稽材料。丑女面具虽有源于天钿女命的说法，那也是因为神乐舞人从一开始就是滑稽之人的缘故，因此或许就是如此也未可知。在民间神乐里，假面丑角火男和傻瓜角色，都用来表示对朝廷有非分之想的隼人和熊袭族[55]等反面形象。我等祖先之神是绝不会被供用于滑稽材料的，但对于从外国借来的，哪怕是佛、是七福神也都会无所顾忌地加以嘲弄。我国国民原本具有的乐天精神，从来不曾因为外来佛教的厌世而被压服过。

---

[52] 大津绘也叫狂绘，是江户时代初期开始出现的民间漫画，因首先在近江国大津等地出售，故而得名，话题由简易佛像开端，后来逐渐融入讽刺和戏谑的内容，"鬼念佛"是著名的画题之一。
[53] 《狂言记》系 1660 年刊行的狂言作品集，插图狂言词章多种，为日本近世著名狂言读本，以下提到的作品名都出自该集。
[54] "首引"是一种二人以脖子来拔河的游戏，绳圈套在二人脖颈上，被拉过来者为输方。
[55] 隼人（hayato）和熊袭（kumaso），都是古书记载当中居住在南九州岛的部族，由于拒绝臣属大和朝廷，曾有一段时间被视为异族，7 世纪以后归化朝廷。

六　淡泊潇洒

　　身居阴暗的房间，心情自然会沉郁，若身处亮室，则心情也自然会变得愉悦活泼起来。如前所述，我国国民快活乐天的气象，多是受到了风土气候的影响。云深雾浓的北欧天气，与南欧意大利、希腊一带的晴天丽日不可同日而语。从这一点上看，与北欧人相比，日本人在性格气质方面倒是跟南欧人具有相似之处。

　　日本的烟草，焦油含量低，少辣味。日本的花，开得漂亮，却无香气。日本的鸟，羽毛艳丽，却不会发出动听的叫声。这是儿时在莫里[1]的地理书上读到的。倘若果真如此，那么我以为，日本的花鸟也无形中跟日本人的气质相似。花在眼前，开得华美艳丽，却没深而强的心之根底。既无辛辣，亦

---

〔1〕莫里（Matthew Fontaine Maury，1806—1873），美国海军军官、海洋学家和海洋气象学家。其在海军服役期间，曾参加过环球航海，留下了大量的航海笔记。1839年在一场事故中失去双腿，从此远离航海现场，却在航海资料的统计和整理方面作出了重要贡献，具有系统性建树。其代表作是1855年出版的《海洋的自然地理和气象学》（*The Physical Geography of the Sea and its Meteorology*），日译本书名为《地理书直译》，三上精一译，1885年由庆云堂出版，芳贺矢一提到的"地理书"即是指这个日译本。

无坚韧不拔,更无阴险性质。正如同瞬间绽放又瞬间飘落的樱花。不论对待什么都采取淡泊的态度,而且也泛及衣、食、住——不,衣、食、住本身反过来也一定影响了日本人的性格。我国四面环海,有丰富的鱼类资源。虽说如今的渔业已经发展到了俄国海域,但从前只是近海捕捞也已经足够了。我等国人自古食用鱼肉,即祝词中所说的"鳍大大鱼,鳍小小鱼"。在上代就有"细毛动物"和"粗毛动物"的说法,也食用鱼和鸟类。这在火阑降命与彦火火出见尊的"海幸"与"山幸"之争的故事〔2〕中便可知道。不过,家畜肉是不吃的。不妨认为是鱼肉比后者多使然。兔肉和鹿肉之类,多少吃一点,但从衣食以及其他装束中不用鸟羽和兽皮来看,即使吃似乎也不会吃得太多。有叫作"鹈养部"的,饲养鹈鹕用以捕鱼,这从神武天皇御歌"鹈养部啊,现在就来助我"〔3〕也可以了解到。《北史》和《隋书》亦有记载:"以小环挂鸬鹚项,令入水捕鱼,日得百余头。"这也就是延续至今的养鹈捕鱼。和兽肉相比,鱼肉味道的清淡不言而喻,而且脂肪量也低。拿如今的日本料理同支那料理、西洋料理相比较,前者的清淡和后者的浓郁自毋庸赘言。毫无疑问,平安时代出于佛教教义,禁止食肉类,是导致人们

---

〔2〕 火阑降命,也叫火阑降尊,是《日本书纪》神代卷里的叫法,在《古事记》里叫"火照命",彦火火出见尊亦同,在《古事记》里叫"火远理命",关于两兄弟的"海幸"与"山幸"之争,参见本书第114页译注7。
〔3〕 参见《古事记》卷中。

更加远离鸟兽肉类的重大原因，但倘若食肉与日本人的习性相宜，则是制止不了的。无论怎样禁食，也没能挡住日本人把鱼肉吃到现在。因为有鱼可食，便彻底放弃了去吃兽肉。只要有鱼可吃，不吃肉也过得去。生鱼片和汤水的清淡、用新渍的咸菜沏成的茶泡饭，如此风味是日餐之所长。西洋人做吃的，没有一样不放黄油和牛油，味浓且油腻。天妇罗是年代非常近的食物。油炸豆腐，则是将天妇罗的材料换成了豆腐而已。烤鳗鱼也是新近的吃法。要而言之，日本食品不含油脂。点心也是如此，支那和西洋的点心脂肪含量都很高。日本点心，像《土佐日记》[4]中记载的环饼，也无非就是年糕类的东西。馒头包进豆沙馅用以代替支那的肉包子，羊羹也只是徒有"羊羹"其名而已。西洋人不管喝茶还是喝咖啡，都要加砂糖和牛奶，日本人则原汁原味地苦着喝。

如今，茶叶已成为我国的重要出产物。当初由僧人从支那引进到日本，伴随镰仓时代以后禅宗的流行而渐渐普及全国，在普通民众阶层中也开始盛行起来。这种由禅宗教义而来的所谓禅味，成为世人的一种兴趣，并在很大程度上改变了镰仓以后日本人的嗜好，不过这也正是由于禅趣很适合日本人喜单纯、好淡泊的性情的缘故。

---

[4]《土佐日记》是日本第一部用日语假名写成的日记，一卷，作者纪贯之（Kino Tsurayuki, 868?—945?），记其出任土佐国守期满，返回京城的旅途见闻，假托女性用假名书写。

"禅"这个字,指静虑,意味着精神安静。静心而使心不动于物。如此方能映射出书中的真理,故其以坐禅调御身心为要,以自身大彻大悟为主。因此曰不立文字,教外别传;曰并无所教,亦无所学。即以心传心,无须多言。虽然无语,亦可悟得万般。形若枯木,且不失常识。这份平素养成的不为物心所动的淡定,无须言辞相教而去自我实行的修心练胆,最适合武人的修炼。禅宗兴起之日,即武士道的发达之时,镰仓时代以后,禅宗与武士道相得益彰,兴旺发达起来。质而言之,禅之所以得以推广,即在于它极大地投合了我国的武士道精神。正如前面所说,奈良朝、平安朝时代的宗教,投合了祈祷佛祖、降福万民的时代需要,镰仓时代以后的禅,则因其简易直截,适合日本人的不拘泥于事物的淡定性情而受到欢迎。

禅宗本来以无一物为主义。不讲究富丽堂皇,也并无华美的仪式。平安朝的"法华八讲"和"卅讲",都回避了华美和熙攘而为寺门内的坐禅教义。它是寂寞的。与其饶舌莫如沉默。摒弃色彩而选择淡墨。禅味可在这沉默中悟得潜动之力,可在这淡墨中识得光彩。平安朝时代将寝殿造成书院,日本绘也变成了南宗画,这些变化的确都体现出了极为鲜明的不同,即由华丽而简素,由热闹而沉寂。这些变化看似完全相反,但在我看来,它们有一点或许是一致的,那就是趣味上不取复杂、琐碎、纷繁和杂乱。

我国国民古时建造的庭院、构制的房屋、创作的绘画,其华美自不必言，却也有爽然的单调。拿昔日圆领官服的织锦来说，其图案的唐草、箱形、泽泻、蝶圆等都具有几何意义的对称。紫服的紫和绿服的绿，虽然都是清一色的紫或绿，但其图案提花或平织，并没有后来女孩子着用的长袖和服上那类多色混染的装饰，也不像西洋毛毯织得那般复杂。其多直线而少曲线。不论家居中窗扉的木格还是栏杆，在装饰上都是直线多于曲线。也就是说，即使是在华美当中，也具备了足以接受禅味的性质。这种单纯也体现在各种事物当中。音乐旋律极为简单。而就本来的语言性质而言，五十个音节也都是开放组合音。所谓开放组合音，是指一个声母和一个韵母组合而成的单纯音节。同样是组合音，在西语和支那语当中，多由两个或三个声母与一个韵母组成，日语却永远是一个声母加一个韵母，实在是朴实无华。因此，无论是拉长哪个音，都会终止在韵母上。拗音少，无浊音，声母也原本就少。因此，真渊、宣长、笃胤、守部及国学者们都主张正音，把外音称作浑浊不正之音，认为外音与禽兽之声相似。支那音传入日本之后，也迅速被同化，演变为日本式的单纯音。看相模的"相"（saga）字和信乐的"信"（shiga）字，其从前读音中一定有后缀音 ng，而为 sang、sing 的发音，但后来皆演变成柔软的音节：sang 读作 sa，sing 读 shin 了。拨音"钱"字柔化为 ze 和 ni 两个音节，"文"柔化为 fu 和 mi 两个音节，支那语中的单音节词到了日语就都顺读成双音节词了。由于我国文学正是以这种音韵组织单纯的国语造就的,所以日本文学的韵律也极为单纯,是一种只需照顾音节个数的韵律。只要在五十音中选出二加三音、三加四音排列,使其交错成为五七句,便是和歌。因此之故,便构不成韵础[5]之类。由于韵母多,所以显得无力。虽然长于表现物之哀与柔美,却未免单调。因难免单调,才以短小取胜。从短歌到俳句,句子逐渐变短,意味逐渐深长。单纯被彻底保持下来。正因为有在单纯、朴素这一点上相一致的前提,禅味才能对我国国民的嗜好产生巨大的影响。

禅宗原本言语无多。"以断结正观名禅"。于不言中悟知物味。豆腐之味,无味中之一种味,绝不冗长琐碎,没完没了。某种意义上似与道家之说相通,包含几分虚无恬淡的意味。四叠半[6]的茶室内,挂一横幅,瓶插一枝红花,保持整体的调和,无须再堆放更多的花束来装点。言外有深意,声外有余韵。禅味即俳味。十七字俳句,捕捉瞬间现象和眼前景色,使人联想到久远的变化和深广的境界。其联想多种多样,蕴藏无限趣味。捕捉要处,对准焦点。其短小,其简洁,恰是生命之所在。墨绘之一笔画,其趣味亦然。俳人作画,画与俳句相

---

[5] 韵础,系日本江户时代中期儒学者山本北山(Yamamoto Hokuzan, 1752—1812)谈汉诗技法时自造之词,指换韵之前所使用的韵,语出《作诗志彀》(1783):"近体第一第二句之韵础,有换音之法,倭人知者鲜。"

[6] 和室的面积按"叠"即"榻榻米"来计算,尺寸大小不等,一般来说,叠为2比1的长方形,面积大约在1.5—1.6平方米,故四叠半的茶室面积在7平方米以内。

辅相成，皆具诗外之意、画外之境。材料无多，寓意丰富。没有豪放雄伟的意象，而只有沉着安静的趣味。虽无蓬勃奔放之趣，却有寂静之意味。不是富贵，而是清贫。不是绚丽，而是潇洒。

褴褛的锦绣，不抵一方洁净的手织棉布。毫无装饰的纯白浴衣，以其整洁简素而更显气派。比起镶花边的帷幕窗帘来，倒是青帘一幅更令人觉得清爽。所谓生机，所谓利落，所谓自然，无一不是由此变化发展而来。这是由于在它们干脆利索，不去瞻前顾后的性格特质当中能够找到最合适的契合点。

刘蒙《菊谱》中有"新罗一名玉梅，一名倭菊，或云出海外国中"，[7]松下见林[8]认为此并非"新罗菊"而是白菊。支那自古弄菊，却不尚白菊。许裳《白菊》诗云："所尚雪霜姿，非关落帽期。香飘风外别，影到月中疑。发在林凋后，盛当露冷时。人间稀有此，自古乃无诗。"[9]由此可知支那人不尚白菊。俳句趣味则是"黄菊白菊足矣，其余没有也罢"，[10]唯对那素洁之色情有独钟。

色者，自古以白为贵。用于祭祀的三方桌、四方桌及八脚桌，至今仍都以白木制成而无别于从前。以布合缝的青席、白

---

[7] 语出宋人刘蒙撰《刘氏菊谱》"新罗二"。
[8] 松下见林（Matsushita Kenrin，1637—1704），日本江户时代前期儒医、学者，校订《三代实录》，撰写《异称日本传》。
[9] 语见《御定群芳谱》卷五十。许裳系唐人，今存《奇男子传》一卷。
[10] 语出日本江户时代中期俳人服部岚雪（Hattori Ransetsu，1654—1707）俳句。

纸糊成的格窗、隔扇和墙壁均无任何装饰。倘拿来和西洋客厅相比，该是怎样一种鲜明对照啊！西洋的房间里能摆则摆，到处是古董，大的、小的，漆器、陶器、花瓶、器皿、钟表、石像，纵横左右，应有尽有，桌上亦物满为患。天棚上是镶金的蔓藤花纹，墙壁上贴着漂亮的壁纸，相框里镶嵌着油画、石版画还有照片之类，满墙挂得密密麻麻不留缝隙。厚重窗帘上挂着粗憨的束带，脚下铺着图案复杂的地毯。日式格窗打开就会见亮，阳光会从套廊照射进来，一片爽然。西洋的房间则不同，室内总有昏暗笼罩之感。虽有沉实庄严的厚重，却缺乏利落潇洒之情趣。西洋画油彩厚重，层层涂抹，造就了幻觉效果，将其摆在这样的房间里才会保持和谐，若放在没有装饰的明亮的日式房间，其价值则要减半以上。而如果把单纯的日本画挂在西式宅邸里，则会令人感到寒酸，完全不合适。日本画中多绘有富士山，但与其说日本画里画着的富士山能唤起崇高之念，倒莫如说其唤起的是淡泊洒脱之念。"八面玲珑，白扇倒悬"，这种形态才是日本人潇洒淡泊的理想。

装饰用的花边、西洋妇人扎着假花的帽子，还有复杂的洋式服装，与从领口到裙边都成一条直线的日本女装大相径庭。西洋扇的折叠复杂，和日本白扇恰好形成对照。再以点心盒相比较，日本以白质杉木削制而成，西洋则是带花边图案的纸盒。日本用来装牙粉的桐木小盒与西洋的香皂盒，也构成复杂与单纯的对照。

倘若拿日本的能乐[11]与西洋歌剧相比较，则会看到两者截然不同。能乐的音乐和舞台都很简单，不带装饰，而歌剧则复杂得令人头晕目眩。不过，日本的能乐，恰在这简单之处，具有妙味。这质朴之处、这纯真之处、这粗简之处，即是能乐的生命所在。舞姿的妙处，亦在悠扬而不急迫。潸然流泪直到哭瘫，是戏剧中的表演。能乐则只将手离开能面四五寸做哭状以表示在哭即可。不用道具，不做背景，只让人去想象有那些东西，反倒是很有味道。能乐中有观其有和观其无之说。想象对面有一棵松，全神贯注去盯着，是谓观其有；若真用道具在那儿摆上一棵松去盯着看就没意思了。虚拟那里有并以此为念去表现才会有趣。《能乐蕴奥集》里有这样一段：

> 所谓观其有，指将无有之物视为有。例如，舞台上并没有高砂连根松，行至桥边时，止步做凝视松状，同时鼓声齐止。对话一回合后将视线转向配角，合着鼓声再次前行，其情状犹如春风吹过高砂之松。如此这般，自始至终都以步法和身姿来表现那里有棵松树存在。配角与狂言亦同样，倾心专注于主角视线所及之处，以睹物之心观其有，故将无物表现为有，称之为观其有也。赖政之扇、檐

---

[11] 能乐（能楽，nogaku），日本传统艺能之一，系"能"与"狂言"的总称。由平安时代的"猿乐"演化而来的镰仓时代的歌舞剧，叫"能"。"猿乐"在演技上本以搞笑为主，将其对白进一步作喜剧化加工，就成为"狂言"。"能"与"狂言"都作为猿乐剧目并演，但明治以后"猿乐"之名遭人嫌弃，遂不再使用，改叫"能乐"。参见本书第67页译注39"狂言"。

下之花、书本之类皆同。[12]

正如俳句包含着言外之意，舞台上也于耳目触及之外，将兴趣保持在引发旁观者情感之处。正因如此，能乐的舞台才可以不要背景。

倘无此心得而观能乐，则能乐的确不合情理。嘴上说着"紧急"，行止却丝毫不急，在舞台上转来转去还说"快快到此"。其举止形态以及坐姿，亦有三立四居之说，都各有规矩。正像脸上罩着假面登场一样，身体亦不出佛像之类的外形，在那悠扬和从容不迫当中，有着无限的趣味。而且对那戴着假面的表演者，也须投入充分的想象。而将这淡泊简素的规矩除去，以充分的肢体动作和丰富的表情来表演的，即是狂言。因此之故，也把戏剧表演叫作狂言。然而戏剧中的舞蹈，原本出自能乐，所以还保留着几分能乐的性质，与西洋歌剧的舞蹈大相径庭。人们只有了解了日本绘画和雕刻的趣味，才能懂得能的趣味。因此最近也有西洋人整天看能乐而并不感到枯燥乏味了。日本的能乐原本是戏剧发生时最初形式的残留，唯其如此，虽说简单，却实则是在保存简单形式的过程中逐步发展起来的。就其发展方向而言，则主要是表现在所谓禅俳趣味方面，故今日仍有众多赏玩者，全在于这种趣味之力。

---

[12] 原文见《能乐蕴奥集》第六册，木下敬贤（Kinoshita Keiken，事迹不详）编，明治二十三年（1890）刊，全六册。

日本人从佛教当中学到了很多造型美术。通过三韩[13]和支那，间接习得印度风格。佛堂建筑、佛像雕刻以及绘画，接受的都是印度系统的影响。佛坛的金光灿烂和天盖幢幡的舞动翩翩，每能令人联想到西洋式的客厅。嵌入栏间的雕刻和涂抹的色彩，都大别于日本的固有神社。既然业已神佛混淆，那么神社受到影响也在所难免，其最为显著者，要属日光的东照宫[14]了。然而，正像日本人原封不动、一如既往地保存了伊势大神宫那样，为数众多的神社旧貌依然，仍未放弃往昔单纯的白木建造式样，一如既往地将贡品摆在白木三方供台和八脚桌上。我以为，与这种简单的装饰趣味相适合而直接采用的，正是禅味的寂然之单纯。在 simplicity[15] 这一点上，还有倡导古学、喜爱老子之说的贺茂真渊[16]之例。我想，正如去掉形式原本单纯的和歌之冗漫，出现了以禅味为本的俳句新诗一样，将白木建造的宫殿去繁就简，不就是茶室的禅味吗？这本不是建筑学上的系统之论，而是趣味之论。

---

〔13〕　三韩系对新罗、百济、高句丽的总称。
〔14〕　日光的东照宫，系神社，位于栃木县日光市境内，建于1617年，祭祀初代将军德川家康。日本各地有很多东照宫，在名称前面本不加地名，但因日光的东照宫是全国的总社，故称"日光的东照宫"以示区别。
〔15〕　即简素之意。
〔16〕　古学，系日本江户时代主张不依赖后世注释而直接研究儒教经典的儒学总称。始有山鹿素行的圣学，次有伊藤仁斋的古义学和荻生徂徕的古文辞学，都各创其说，在日本儒学中最富独创性，其实证性研究态度给予后来的日本国学以很大影响。贺茂真渊（Kamo no Mabuchi, 1697—1769），日本江户时代的国学者、歌人。早年从师荷田春满（Kada no Azumamaro, 1669—1736），从事古典研究，志在复兴古道，复活古代歌调，奠定了日本国学的基础，著作有《万叶集考》等多种；其门人有著名的日本国学者本居宣长、荒木田久老、加藤千荫、村田春海等。

七　纤丽纤巧

　　四叠半榻榻米的茶室实在很窄。俳句的十七字和墨绘的一笔画也都去长就短。日本人就对这"小"情有独钟。日本的山低而美。山不在高而以有树为贵。亩傍山、香久山、耳梨山这三座山都因低且美而成为奈良诗人的最爱。[1] 日本的河水浅而清。虽同样是河，却与用来比喻"大"的恒河不可同日而语。与那"百年待河清"的黄河还有扬子江相比也实在是小巫见大巫。日本人即于此间以农业立国，守护着一块块狭小的田畴，在和平安稳的日子里安居乐业。麻雀、鸽子、野鸭，还有猴子、兔子、狸子之类都是平常看惯的动物，而那些毒蛇猛兽却是遇不到的。神话中在天稚子命的葬礼上，以河雁为搬运食物者，以鹭鸶为持帚者，以翠鸟为庖人，以麻雀为舂女，以雉鸡为哭女，[2]

---

[1] 皆位于奈良县橿原市境内，海拔高度分别为199米、152米和140米，有"大和三山"之称，其中的"耳梨山"也写作"耳成山"。奈良时代的诗集《万叶集》中有《三山之歌》。
[2] 故事见《古事记》卷上"天照大神"部分，天稚子命亦写作"天稚彦"或"天若日子"，是天津国玉神之子，在天孙降临地界之前，先遣于出云国，却在那里娶妻过上了日子，并不复命，又杀死来问责的使者，遂被杀掉。上文所述即其葬礼的情形。

简直就像是讲给孩子们的童话。《古事记》和《日本纪》[3]中古歌所使用的比喻法,也是拿鹌鹑、鹦鹉和麻雀之类的成群结队来比喻百官的行列。又把唐军的袭来比作雁来啄稻。在神武天皇的御歌里,把敌军的逼近形容为螺贝似的滴溜溜打转。一切都取材于这种平常而普通的事物,这种情况是普遍的。说高天原[4]粗大的宫柱就屹立在千木高知底津盘根之上,是出于对神和祖先的尊敬而做出的最高级别的形容,实际上宫殿绝非那般宏伟。如果眼前看到的是尼罗河河畔的大沙漠,那么也就非得建巨大的金字塔不可,但在日本秀丽的山水之间,不论做什么都是从小规模开始。有人以奈良大佛[5]之大为例,说由于受印度和支那的影响,日本也建造了高大的殿堂和佛塔。然而,这本是比较之论。我国那座最高的东寺之塔[6]还不及埃菲尔铁塔的十分之一。

"射干籽儿呀黑呀黑,甲斐国有匹黑马驹。"[7]"射干籽儿"是黑色的枕词。"射干籽儿"即射干花脱落后结出的黑色的果实。黑色的东西成千上万,却偏以这小小的植物果实来做"黑"字

---

[3]《日本纪》即《日本书纪》。
[4] 高天原,系在《古事记》神话和祝词中出现的天津神的居所。参见本书第 63 页译注 25。
[5] 指奈良东大寺的卢舍那佛像,始建于 8 世纪中叶。
[6] 东寺又称教王护国寺,位于京都市,始建于 8 世纪末,这里所说的塔是指寺内的"教王护国寺五重塔",至今仍为京都市标志性建筑之一。
[7] 语见《日本书纪》卷十四,其中有"天皇闻是歌反生悔惜,喟然顾叹曰:'几失人哉!'乃以赦使乘于甲斐黑驹,驰诣刑所止而赦之,用解徽缠复作歌曰……"的记载。

的枕词，冠于暗（yami）和夜（yoru）等字之前使用。

尤其是枕词，由于具有在对照上引发兴趣的性质，即当从上向下转换时，在向尽可能具有显著变化的事物过渡的过程中，它会使指向一方的思想突然转到其他方向，因此故意借助小而具体的事物也未可知，不过，这小的东西是一下子就挑选出来的。所谓"蜷肠香乌发"也是一样，虽是在表现黑的抽象语境上使用的，这个"蜷"（nina）却是一种小小的贝。由于蜷肠是黑的，所以就用作黑的枕词。日本是岛国，距海很近，有很多与贝有关的用语，诸如忘却贝[8]啦、空虚贝[9]啦之类。

> 住吉粉滨，蚬贝紧闭，恋心深藏，永不倾吐。[10]

这是寄情于蚬贝的歌。有一种栖息在海藻上的海藻虫叫"割壳"（warekara），是浮游在裙带菜和羊栖菜中间的红色的像小虾一样的虫子。这是用了"瓦莱卡拉"的音，不过有趣的是，这么不起眼的小东西也会有人给起个名。现在的人反倒不知道这名称了。"细石千代八千代"[11]之所歌，也是有感于"细石"

---

[8] 指两枚贝壳分离后的一枚，因这一枚"忘却"了那一枚而得名。还有一种说法是拾一枚忘却贝就会忘掉恋情。《万叶集》里有"湿着袖子拾了忘却贝也忘不了妹妹"的句子。
[9] 指脱了肉的空贝壳，用来比喻空虚。《万叶集》里有"住江之滨拾空虚（贝）"的句子。
[10] 无名氏作，《万叶集》第 997 首。
[11] 意谓碎石经过千万年会凝聚成巨岩。此处当是指《君之代》中所采用的歌词，原句见《古今集》卷七。

这种小石子的美,给人感觉很适合作为祝歌。"三栗之中"这一句,只是为了说"中"这个字,就拿栗子来说事。日本人保持着对自然景物的兴趣,几乎没有观察不到的东西,在很多情况下,像这种很小的东西也常常会被采作诗的材料。

《枕草子》"可爱之物"〔12〕条下记:

> 瓜上画着的稚儿的脸;雏雀叽叽冲你跳来;两三岁的婴儿在急着向前爬,途中停下来盯住一个小东西,然后用可爱的小手指捏起来拿给大人看,是谓可爱。梳着刘海童发的孩子,并不拨开挡住眼睛的头发,而是转着头透过那发丝向外看,是谓可爱。交叉捆绑的白色轿绳,是谓可爱。〔13〕尚未成人而用事于官中的殿童,受命伫立,是谓可爱。怜人的宝宝抱在怀里,一拍即睡,是谓可爱。孩子的玩偶类、从莲池中捞上来的小荷叶、葵之最小的那种,不论何物,小即可爱。(下略)

这段正是很好地道出了这种信息。一切美术都以人力而夺造化之功,造得出小巧来,全是由于美的情感使然,没有哪个国家的国民不喜爱小而美的事物,然而日本人却尤其以这方面

---

〔12〕 原文见三卷本《枕草子》下卷第 146 项,但本书作者或所据版本不同,并非原文引用,而是凭借记忆,故该段大多地方都并非原话而是大意。
〔13〕 《枕草子》原文中无此句。

的技术见长。

制作箱庭是把小小的庭院造在一个浅盒子里，制作盆景是把海光山色收于盆中，即都是把绘画变为有形之物，不过，这在日本却是最为发达。彦根的乐乐园〔14〕把东海道五十三个驿站都做了进来。这在小石川的后乐园〔15〕里也做了。往昔大名〔16〕之乐便只在此事。其趣味不同于全景和透视画。富士山的模型到处都有。在盆栽里种出一棵囫囵个儿的大树也是日本人特有的技艺所在。我在柏林曾看到过一棵小松树的盆栽，摆在店头卖，上面的牌子写着 Japanische Zwergbaume〔17〕。在日本只值二十钱或三十钱的东西却标出三十到五十马克的价来。日本的插花也让西洋人感到稀奇，却并不失把自然形式缩小的趣味。这在前面已经谈过。外国的家具大，日用器具也大。因为要切肉吃，器皿也就当然要做得很大，而且也很厚。日本的碗和碟子都很小。鳗鱼饭、天妇罗盖浇饭和釜捞面皆属例外。牙签也是一样，外国的有四五寸长，日本的才不过一寸左右。一个西洋人走了一

---

〔14〕 乐乐园坐落在彦根城附近，1655 年至 1661 年修建，面积三千多平方米，为借景庭园，从园中可借观旁边的玄宫园，而后者早建于一百五十年前。
〔15〕 今称"小石川后乐园"，是位于东京都文京区内的一所庭院，为水户德川家于 17 世纪中叶所建，有七万多平方米，栽种梅花、樱花、杜鹃等三千多株，取名时接受了明朝遗臣朱舜水的建议，以范仲淹《岳阳楼记》名句命名为"后乐园"。
〔16〕 大名，原指地方上的权势者，在武士社会一般指拥有领土和部下的武士，到了江户时代专指从幕府获得一万石以上俸禄的武家，由于其与中国封建诸侯具有相同性质，也以"大名诸侯"相称。
〔17〕 德语，日本盆景之意。

趟日本后笑言那里什么都小，马小，狗小，连火车也小。

三月三日女儿节上陈列的人偶，小而可爱自不在话下。清少纳言也把人偶类算在"可爱之物"里。作为日本的美术品，西洋的博物馆里收藏有很多刀的护手，他们很欣赏护手上的精湛雕刻。在"三尺秋水夏尚寒"的大刀护手上留下精雕细刻的工艺，不正是一种优美的对照吗？药匣子做得很精致，腰坠子的工艺也很讲究。不论做什么活儿都做得细，这是日本人的长处。只牙雕的精巧一项也足以同出自西洋人之手的巨大雕像相提并论了。西洋人关于日本这些技术的著作非常多。西洋人看到日本人盖的房子，对那做工的细致入微、一丝不苟有着很高的评价。一个能在一颗米粒上雕出十六个罗汉的人，该怎么评价，现在不得而知，在过去却是常有的话题。赖山阳《象坠记》有言：

    雕山生妙于雕刻。象坠雕卢生梦图。方一寸强而为楼阁十有五。为人物八百八十。为马若象十有二。为禽鸟未知几只。骤视之如蚁群集腐果。谛视则历历可辨云。[18]

---

[18] 赖山阳（Rai Sanyo, 1781—1832），日本江户时代后期历史学家、思想家、汉诗人、文人画家，名襄，字子成，号山阳、三十六峰外史，主要著作《日本外史》对日本明治维新之前的幕末"尊王攘夷"运动产生了极大影响。《象坠记》集入《山阳遗稿》（全八卷）之卷七。

说的是卢生在方寸当中精密再现了一代荣华。山阳观而作记,又翔实地记述了其制作功夫。

说到文章,我国文学上的细腻和讲究亦出类拔萃。就像在谣曲的词章里所看到的那样,把各种古人章句拿来使其珠联璧合化作艳词丽句,是镰仓以后文学中常用的手法。人们并不在意文意是否整体贯通,而把功夫全用在词语的排列、双关语和对仗方面,极尽绮丽之能事。从谣曲、净琉璃、俳文到祛邪免灾的祓辞,再到商店广告招牌上的文句,皆托于美文,可以认为是对文章的讲究。我曾经写过一篇文章来谈这个问题,题为《四六文与日本文学》,发表在《东亚之光》杂志上。日本的木版雕刻之精妙,也是令西洋人惊叹者之一。不论做什么都做得好做得巧,这是日本人的长处。有人说这是由于日本人从儿童时代起就使用筷子的缘故。就拿削铅笔来说罢,西洋人也实在是笨得可以。留学生里有不少人都会捻纸绳,他们捻出的"观世捻"[19]之精美,让西洋人大吃一惊。听说在法兰西大博览会上,日本人用纸叠出来的东西博得了喝彩。日本人制造的火柴都侵入了外国,也不是没有个中原因的吧。

日本人喜爱樱花是不必说的,就是秋天开在野地里的各种草花也是自古以来作歌的好题目。试数秋之七草,便有以下之歌:

---

[19] 一种用和纸的纸条捻制出来的短小的纸绳,用于装订不太厚的书或本子。

胡枝子花、芒穗花、葛花、红瞿麦花、黄花龙芽，还有泽兰和牵牛花。[20]

这些花都是小花瓣的花。清少纳言也把红瞿麦花算作可爱的物类里。红瞿麦花在歌中写作"抚子"二字，字面上总与"子"字相通；黄花龙芽汉字写作"女郎花"，是作为女人来读的；牵牛花有各种各样的说法，我以为还是取"桔梗"之说最符合秋野的景色。倘若查一下《万叶集》里出现的草木种类，那么有的长在山上，有的养在街里，有的可以入药，有的可以食用，有的用于祭神，有的用作器皿，总的来说，草比树木受到更多的咏叹，除了前面列举的七草之外，还有葵、鸡冠花、葛、红、紫花地丁、莲、紫丁香、百合、鸭跖草、射干花（乌扇）、旋花（昼颜）、野菰（又叫作"契冲"，即龙胆花）等，皆以花而惹人喜爱。另外，在草中像滑菜叶、石松、南五味子、爬山虎那样的爬蔓草也被吟咏不衰。水草有绳苔、有浮萍，还有各种藻类，此外，胡枝子、芦苇、菅和小竹等也种类繁多。概而言之，草中的那些在水里漂的、随风摆的，柔弱的种类似更受人们的喜爱。我以为，就像那种喜爱小东西的倾向一样，喜爱柔弱之物是否也可视为一种特性。在《日本书纪》的歌谣里就把菅比作美人。

---

[20]《万叶集》第1538首，据说由山上忆良（约660—733）辑入。

《竹取物语》里的月中美人的名字叫"弱竹辉夜姬"。弱竹是那种柔软而细弱的竹子,其非刚健处恰似女性温柔可爱。水草在水中也颇显情趣,一会儿漂浮于那边,一会儿又靡伏于这边。柿本人麻吕等人将其用来形容女人。例如:

> 飞鸟明日香,明日香有河,上游铺石桥,下游搭木桥,石桥附河藻,婀娜水中摇,生生不已娇,木桥依河藻,靡浮水中漂,生生不见老,女皇与大君,相爱如河藻,立卧不相离,缠绵两相栖,奈何女皇去,莫非已忘君?
> (下略)[21]

正如歌中所咏,这段是作为形容女性的序歌而咏的,在对美丽与可爱的表述中渗透着无所执持的哀伤。像在"白菅有根,盘根错节,我心恳切"[22]和"有菅后缝笠"[23]这样的句子里,都是以"菅"这种草来作为枕词的。元音多而柔的语言,最适合作以优美为主调之歌。操持这种优美语言的国民,也最爱这些令人怜爱的植物。在爱它们纤丽的同时,也爱它们的柔弱。

日本国语是元音丰富而柔和的语言。这在上面已经说过。

---

[21]《万叶集》第 196 首。此歌为柿本人麻吕为女皇写的悼歌。
[22] 在《万叶集》很多歌中都有此句,原文为"菅の根のなもごろに",其以"菅の根"的谐音来作"ねもごろ"的枕词,表达恳切、真诚之意。参见本书第 87 页译注 60 "枕词"。
[23] 语出《万叶集》第 3064 首,原文为"ありますげありてのちにも"。

如果连成长句，那么这种语言就会显得冗漫而舒展，就像那些蔓草一样。音低声弱，和风细雨，但却优美，是因感物心动而发之声[24]。因此以纯正的国文所作的文学，作为女子文学也就最适合去描写平安朝宫中的男女情话。即使在军记物语中，在描写情爱时也多采用这种笔法。崇高与雄伟之美距离纯国语的缘分太远。有人说《万叶集》里的和歌比《古今集》里的雄健，实朝之歌[25]因承万叶遗风而雄浑有力，但原本是元音多、格助词多的国语，在其基调上已不允许所谓刚健的存在。例如在国语中是无论如何也写不出席勒[26]在《罕德修》[27]一诗中所模拟的狮吼豹啸来的。而在《塔菲鲁》[28]里出现的那些模仿海浪声音的词，如 sieden、brausen、zischen、spritzen 等，在国语中也是无论如何不会有的。汉语[29]由于有拨音，有促音，也有长音，因此在它们被大量引进之后还多少保留着字音上的强音。此外，汉语也和日语的多音节性不同，其本来是单音节语言，在短促的字音里有着巨大的内容含量，因此具有相当强的紧缩力。在散文类里，或勇烈之战记物语，或小说或议论文皆因汉

---

[24] 原文"あわれ"，汉字作"哀"，语义很多，这里主要指有感于物而发之声，用以表达赞叹、亲近、喜爱、同情、悲哀等各种内心情感。
[25] 参见本书第 52 页译注 62 "实朝"。
[26] 约翰·克里斯托弗·弗里德里希·冯·席勒（Johann Christoph Friedrich von Schiller，1759—1805），通常被称为弗里德里希·席勒，德国 18 世纪著名诗人、哲学家、历史学家和剧作家，德国启蒙文学的代表人物之一。
[27] "罕德修"即德文 Handschuh，手套之意。
[28] "塔菲鲁"即德文 Taucher，潜水员之意。
[29] 这里所说的"汉语"系指进入日语当中的汉语词汇。

语而获得了简洁的表达形式。当今的言文一致也好，学罗马字也好，由汉语而传来之语到底也还是废除不掉的。德国人可以成功地排斥掉源自拉丁语的文字，日本却很难排斥掉汉语。即使只在小学校能够做到，在社会上也不会被允许。离开汉语，日本文学难以成立。

　　国文之长歌在《万叶集》时代达到鼎盛，而到了《古今集》时代业已衰败。我以为这可以归结为三点原因：一是词汇量太少；一是诗的形式单纯，缺乏变化；一是有冗长拖沓之感。在《万叶集》的四千五百首作品里有四千首作品是短歌，长歌只有二百六十几首，短歌的优势显而易见。从日语的性质来说，短歌三十一个音节是最为适当的形式。人与自然的和谐默契，以及由此而产生的"物之哀"皆凭借这一形式而淋漓尽致地展现出来。随机应变的才能亦通过这一形式而淋漓尽致地展现出来。对于长于小巧的国民来说，短歌是再合适不过的诗歌形式。连歌以玩弄应变之智见长，以此为本，又进一步本末两分，加入禅趣之简淡，再辅以汉语之浓缩，遂变成十七音节的俳句，成为更短小的诗歌。就这样，就像绝大多数国民都是能工巧匠一样，全体国民也人人都是小诗人。

八　清净洁白

一身整洁的布衣穿在身上舒服，新铺的草青色榻榻米是一种享受，我国民是爱清洁的民族，与邻国的支那人相比有着很大的不同。恐怕再没有哪一国的国民会像日本人这样大张旗鼓地做全身浴。东京市的公众浴池有八百多家，除此之外，中等以上的家庭也都各有浴室，在一百三十万居民中大约有三分之一的人每天洗澡。拜耳兹[1]认为，依据日本的气候和住房状况来推断，日本得风湿病的人之所以少，完全是因为日本人喜欢泡澡堂的缘故。澡堂的起源虽距今不远，但温水浴和冷水浴的习惯是自古就有的。还有一事为他国所没有，那就是日本全国到处都有温泉。因此，天皇也到伊予道后温泉巡幸，推古四年所立的道后碑文，是我文学史上一块最古老的标本。[2]此外，伊香保、有马、箱根等地的温泉也都在历史上负有盛名。有个

---

[1] 拜耳兹（Erwin von Bälz，1849—1913），德国医生，从1876年到1905年滞留日本，在东京帝国大学（今东京大学）从事医学的教育与研究，同时也从事医疗活动。今存其子特库·拜耳兹所编《拜耳兹日记》。
[2] 伊予道后温泉现在通称道后温泉，位于爱媛县松山市（旧名伊予国），系日本三大古温泉之一。推古四年即596年，是年厩户皇子（圣德太子）在该温泉疗养，据说因有感于那里的景色秀丽、温泉汤佳而留下碑文。但碑石今不存，其去向成为历史之谜。

叫恩格斯马克[3]的德国人写了本题为《日本与日本人》的书，对日本人的洗澡大加称赞，主张在这一点上应该学习日本人。在柏林等城市，出于公共卫生的需要，到处设有公立浴池以动员工人们洗澡。有一年夏天我到乡下的一个冷泉浴池玩，由于正值盛夏，我每天都要进去洗澡，但和我一起去的德国人却无论如何也不肯下水，说拿凉水擦擦身子就行了，没必要一定得下去洗。用他的话说，日本人之所以短寿说不定就是洗热水澡洗的。哥廷根是一座有着八千左右人口的城市，但在那里却没有一家公众浴池。我曾在一本幽默杂志上看到这么一段笑话：一对年轻夫妇找新居，与房主对话，房主说这房子里还带浴室，男的说我们又不得病，要浴室做什么。由此可知，只要不得病，他们是不肯洗澡的。我曾在德国的中学生读物里看到过关于日本人的介绍，其记洗澡一事，说德国人从前也非常喜欢洗澡，直到三十年前的那场战争为止，由于战争留下的疲惫，这个习惯被丢掉了，所以应该恢复起来云云。在日俄战争中，日本军人最感不便的似乎就是洗不上澡。日本人不管怎样总喜欢洗得干干净净让身子爽快。在关于日本的报道中，西洋人有一点必写不漏：清洁是日本人的特性。张伯伦[4]说日本有很多东西都

---

〔3〕 不详。
〔4〕 巴吉尔·赫鲁·张伯伦（Basil Hall Chamberlain，1850—1935），英国著名日本研究者，号玉堂，曾任东京帝国大学（今东京大学）教授，是第一个英译俳句和《古事记》的人，包括《日本百科》和《日语口语手册》在内，留有很多关于日本的著作。

来自支那，只有洗澡才是日本所特有的。如果是从支那到日本来，那么便会明显感受到两国在洗澡这一点上的巨大差异。

日本人的全身浴在伊奘诺尊[5]的神话里就出现了。因伊奘诺尊去黄泉国窥视逝去的伊奘冉尊[6]的遗骸而触了秽，所以要做"御禊"。[7]所谓"御禊"就是用水把身子洗净。看上一眼不洁之物就以为连身子都跟着脏了，不能不说是非常严重的洁癖。而几乎所有上古时代的日本人都认为身体之污即精神之秽，倘若洗净身体，那么精神也便会变得干净。当我们入浴，洗掉身上的污垢后，精神也会自然爽快起来，因此上代日本人有那样的想法也是再自然不过的事。他们认为如果犯了道德上的罪恶，那么只要把身体洗净，罪恶就会消失。正像很多宗教以忏悔来赎罪的想法一样，此处的想法是洁身消罪。诸神怪罪素盏鸣尊时，让他割去胡须，拔掉指甲，这是为了让他赎罪。[8]这种祛秽赎罪的思想在祝词的《大祓词》[9]里有着很好的体现。每年的六月和十二月在皇城的朱雀门所举行的祛秽仪式，便是为了祛

---

[5] 伊奘诺尊是《日本书纪》的称呼，在《古事记》里称作"伊邪那岐命"。
[6] 伊奘冉尊是《日本书纪》的称呼，在《古事记》里称作"伊邪那美命"。
[7] 此事见于《古事记》和《日本书纪》等古籍当中所记神话。伊奘诺尊和伊奘冉尊既是兄妹也是夫妻，后者死于难产，前者因思妻而赴黄泉国相见，结果目触尸秽而逃回，在以清水洁身去秽时生出"月读命""天照大神"和"素盏鸣尊"三个神来。
[8] 素盏鸣尊为伊奘诺尊的第三子，"御沧海之原"，《日本书纪》记曰："诸神归罪于素盏鸣尊，而科之以千座置户，逐促征矣。至使拔须，以赎其罪。亦曰，拔其手足之爪赎之。已而竟逐降焉。"其在《古事记》里被叫作"速须佐之男命"。
[9] 《大祓词》为祝词篇名，每年六月和十二月为祛秽而作之词。

除天下万民在不知不觉当中所接触到的一切污秽，以此来赎却他们的所有罪恶。查阅其文可知，人们的罪过首先是顺着河水流走，由住在早川之滨的叫濑织津姬的女神把它们带向大海。有个叫远开都姬的女神等在那里，把那些罪过一口吞掉，然后再由一个叫气吹户主的神一下子吹放到两个藏污纳垢之国，即根之国和底之国。在根之国和底之国里住着的女神叫速佐须良姬，她在那里把罪过最终处理掉使其不再外泄。就这样，诸神们就像传递一个邮包一样，一个接一个地往下传，直到把罪过送到大海。这段祝词不但言及身体之秽，还历数了种种罪恶。也就是说，一年要做两次除污祛秽的仪式，通过洗掉和忘却不洁而开始新的生活。这是依惯例要举行的祓除，此外还有临时性的祓除仪式，不仅朝廷做，民间也做。在中古的物语日记里，关于祓除的记录随处可见。《百人一首》[10]中有歌曰：

飒飒微风起，黄昏奈良川，禊祓洁身爽，当夏此难忘。

这说的也正是六月的禊祓之事。至今在神社里还以菅、茅等草编制草环，人们从中钻过以祛厄免灾；现在人们仍把自己的地址、姓名和性别写在纸人上来做祓除，这些都是往昔的余波。

---

[10] 通常指从一百个歌人的作品当中每个人选出一首所编和歌集，但此处系指日本第一部《百人一首》，即镰仓时代歌人藤原定家（1162—1241）所编《小仓百人一首》，下引和歌即出自该歌集，藤原家隆作。

伊奘诺尊在做"御禊"时，从污秽当中生出一个神叫祸津日之神。由洗掉的体垢里生出一个祸神来是一种有趣的想法，就是说身体要是脏便会祸延其身。当然即使从现在的卫生学来看，也得承认这种想法有道理，倘浑身是皴，细菌便会大量繁殖，人也会因此而容易得病甚至死亡。这在根本上还是一种重生忌死的思想。男神本代表生活和光明，女神本代表死和黑暗，男神做"御禊"是为了洗掉他因目睹死而沾染的污秽。那想法是看见死，其秽即会附身，所以也就非洗去不可。不洁身消毒心里就不踏实。

这种想法以后由于和支那的五行说、密教等所主张的六根清净相结合，越发强化起来，在平安朝便进入到了一个谈秽色变、神经过敏的时代。人们制定了种种严密的规则以避免触秽。《延喜式》规定：

> 凡甲处有秽，乙入其处（谓着座，下亦同），乙及同处人，皆为秽。丙入乙处，只丙一身为秽，同处人不为秽。乙入丙处，同处人皆为秽。丁入丙处不为秽。其触死葬之人，虽非神事月，不得参着诸司并诸卫阵及侍从所等。[11]

这在今天看来都未免小题大做，凡触秽者皆不得染指神

---

[11]《延喜式》为平安时代中期编纂的律令实施细则，该段引文见《延喜式》卷三《神祇》三"临时祭"。

事，也不得出现于朝廷。甲三十日，乙二十日，丙十日，依仪式不同，多少天不得出都各有相应规定。家有死人者相当于甲秽，出入其家者为乙秽，出入乙秽之家者为丙秽。人们相信，只要与死人多少有关，那么无论怎样便都会蒙受其秽。

据说，天庆三年[12]八月三日，当要将宣命送往伊势神宫时，由于一个公卿去了服丧之家后参与宫事，致使宫中全体蒙秽，经过十三日仍祛除不掉，结果只好决定终止派遣宣命使，而在左卫门阵之外将宣命上奏了事。又，嘉承二年[13]，一个京都人把死人骨头从尾张带回搁置于家中，该家童仆在不知道的情况下出去逛了街，消息传出后，整个京都城大乱，所谓"近人秽遍京都中"是也，就和今天的闹鼠疫惹出的乱子一样。自这场骚动之后，防范措施变得越发严密起来。

现在的《服忌令》[14]是武家时代的产物，似乎原封不动地延续至今。与其说《服忌令》是哀痛亲属之死并处理其后事的产物，倒不如说原本是来自触秽思想，以避免人们服丧期间染指官事。目前政府各部官员们若打报告说自己要按照规定去服丧，其长官会视其情况而下令其可以免除服丧并能来上班，因此《服忌令》几乎已属于一纸空文。在《延喜式》时代不仅忌

---

[12] 天庆系日本年号之一，期间为938—947年，天庆三年为940年。
[13] 嘉承系日本年号之一，期间为1106—1107年，嘉承二年为1107年。
[14] 指明治七年太政官公布的《服忌令》，该令详细规定了在不同亲属死去时"服"（着丧服）与"忌"（忌秽）的天数，诸如"父母，忌五十日，服十三月，计闰月"之类。

死秽，也忌五体不全之秽，此避秽期是二十天。由于担心因触秽而惹麻烦，有死人时将其偷偷地丢在河滩上的事，史上也屡见不鲜。这些都是与人有关的秽。还有家畜之秽。家里养的牛或马死了，规定要受忌五天。公卿家里死了匹马也会引起一阵恐慌，扬言已经秽遍京城之类。而五体不全之秽也会延及家畜。这一切都因为是忌讳死才有的，所以或许会有人以为生而无秽。不过生孩子要出血，是不洁的，所以产秽的说道也非常多。若是怀孕三个月以内流产，那么忌期会短些，但若在四个月以上，就会和死了人同等看待，忌期为三十天。产秽也延及家畜，马生驹为秽，猫狗下崽亦为秽。流产也是一样。《延喜式》有"六畜死五日产三日（鸡非忌限）"〔15〕的说法，其补充条款说得颇为有趣。每逢鸡下蛋，人都要蒙忌而无获赐之物。由于忌秽之风如此，所以也就有因宫中死了马而突然中止释奠仪式、因死了狗而停止前往大极殿的实例。狗也因此显得尊贵，绝无所谓"犬死"之虞，而应该说是虽死犹荣的。

妊娠也同样为秽，不但孕妇受秽，连丈夫也跟着受秽。女官若有了身孕便会立刻被打发回家。月经之秽亦为固有："有月事者祭日之前退下宿庐，不得上殿，其三月九月洁斋沐前退出宫外。"〔16〕八丈岛〔17〕上忌讳产妇至今仍一如既往。就这样，妇

---

〔15〕《延喜式》，出处同本章译注11"《延喜式》"。
〔16〕 同上。
〔17〕 八丈岛位于东京南部海上287公里处，面积约70平方公里，人口近九千人，属东京都管辖。

女因不洁而遭受忌讳，所以通常不与祭祀仪式发生干系，大多数妇女都不参与公开的祭祀活动。因此之故，也就自然会有轻视妇女之风相伴随。我国的男尊女卑早已在蛭子神诞生的传说里表现得清楚明了，在男神与女神唱和时，女神因先唱而得蛭子[18]。佛教历来有轻贱女人之风，因此一般总以为我国是受了佛教影响的缘故，我以为这其实倒是出于触秽的想法。

除此之外还有所谓火秽。视火为神圣，这在波斯最为显著，而在其他国家也多有这方面的例子。日本的祭祀也对火恭谨有加。这里所说的火秽不是指这方面的说道，而是指一种对火的畏惧心理的传染。有人遭了火灾或在失火现场附近，就会身受其秽。人们担心自己也会像近火者那样惹火烧身。而因此也确有稀奇古怪的事发生：大火烧遍京城竟无人去救。由于出了这样的事，火秽的规矩后来就被废止了。

向来不怀揣心事、乐观明朗的日本人何以会变得如此神经过敏呢？这是出于热爱生命、祈愿现世幸福的想法，即与《大祓词》和镇火祭之词完全是出于同样的精神。所谓御门祭也好，御殿祭也好，都是在抵拒祸神。《迁却祟神词》就是驱逐祸神的。祝词之文没有一篇其主要着眼点不是要增进现世的幸福的。我以为，

---

[18] 蛭子神读 hiruko 或 ebisu，据《古事记》是伊邪那岐命和伊邪那美命（即前面的译注里出现的伊奘诺尊和伊奘冉尊）之子，由于听了伊邪那美命的歌声而成为一个残疾儿，被放入苇舟漂放。至今日本各地仍保留很多蛭子神漂来的传说，祭神之处以西宫神社最为有名。

正是由于这种想法过重，到了平安朝那个类似于弱女子的时代，也就变得格外神经过敏起来。而这与敬神祭祀，即所谓的"祭事"相关也是自不待言的。古代的希腊人和罗马人皆以清净为贵。但这个传统他们不久就丢失了。日本则把祭政一致的国体由上古而发展到今日，并且今天也还在继续发展，所以太古时代的思想将被永远保存下去。太古之厌污忌秽、祈吉求祥的思想，使人们对待 kami 即神社和皇室也同样恭谨虔敬，亦使我们在面对 kami 时不能不恪守自身的清净洁白。这纯粹是出于自我强烈的生存欲望而并非出于斋戒沐浴的目的。这在今天可谓"习已成性"。

此种思想至今仍明显存在。日历上标记着大祓的日期，而朝廷也举办仪式。民间的情况前面已经说过了。女人因为有秽而不得登富士山。（编按：在著者出书的 1900 年代，这一禁令早已撤销。）而直到前不久似乎还不能参拜伊势神宫。至今登山向导还会告诉你女人的不洁会怎样使山成为不毛之地。此外，产后三十天之内不得穿越神社前的"鸟居"[19]。如果是参加葬礼归来，需要在门口撒上盐。所谓"打火"等说法完全是避秽习惯的残留。《服忌令》的事也正如前面已经介绍过的那样。神前有"御手洗"[20]，就是《古今集》里说的那种：

---

[19] 鸟居，日语读作 torii，即立于神社前的类似于牌坊的建筑。
[20] "御手洗"，神社门旁所置供参拜者使用的洗手或漱口处，亦作"御手洗川"的略语使用。"御手洗川"指神社附近流过的可供参拜者洗手或漱口的小溪。下文所引《古今和歌集》句子出现的"御手洗川"，具体指流经京都下鸭神社本殿东侧的河，据说下河蹚水到没膝深处就会祛病免灾。

　　　　　清溪洗恋心，神焉知我意。[21]

　　不论走到哪一处神社或佛阁，都会有供洗漱用的水钵。在印度烧牛粪似乎是件神圣的事，然而此事在日本却行不通。氏神之社内乃是洁净之所在。西洋人把鞋和帽子都放入同一个箱子里，解手之后也不洗手。这在日本人是很难做到的。出现于位尊者面前时自不待言，参加仪式等活动时也必须洗手洁身。西洋人只会给自己剃胡子，而每天擦抹清扫，保持家中窗明几净、一尘不染却是日本主妇的责任。保持庭园的整洁，使之不留一根杂草不留一片树叶，亦是责无旁贷的天职。每年年末要做的"大扫除"即家中的除大秽。我想日本全国除了乞丐之外，恐怕所有的人都会在除夕之夜洗澡。年尾岁暮，家家户户都忙着祛秽除厄。

　　正月新年有幸若歌舞[22]，有万岁乐[23]，有能[24]，还有狂言乃至耍猴和驱鸟节[25]，举国庆祝，家家庆祝，人人庆祝，大家

---

〔21〕《古今和歌集》（略称《古今集》）卷十一，恋歌一。
〔22〕幸若歌舞，原文"幸若舞"，为16世纪晚期一个叫幸若丸的艺人所始创的一种伴以舞蹈的鼓歌谣，多取材于武士生活。
〔23〕万岁乐，日本宫廷雅乐之一种，舞者四至六人，分"文舞"和"武舞"两种，主要用于节日或其他庆典活动。
〔24〕能（no），参见本书第137页译注11"能乐"。
〔25〕驱鸟节，原文"鸟追"，指农村每年正月十四日和十五日早晚所举行的驱逐鸟害的仪式，人们敲着棒子或什么器皿，唱着"追鸟"歌，转遍村中的家家户户。

以一种焕然一新的爽快心情祈愿日后更加吉祥如意。

元日出门见，富士迎面来。宗鉴[26]

就是读准了这种洒落的心态。

元日家中明，抚刀思先人。去来[27]
元日思往昔，神代事事荣。守武[28]

这两首俳句对家、对国表达的都是追思往昔的情怀。

在元旦的仪式里还原封不动地保留着过去的祭神仪式。门前神龛上的稻草绳、交趾木叶、马尾藻[29]，其质朴之风、简古之风，不仅使人得一年之新，还会使人重返太古之世。正月新年实乃日本之家庭精神。现在的人喜欢过年时到邻县去旅行是让人难以理解的。

那些供祭神用的新年的摆设，也都使用新物，粗陋与否并不在话下。哪怕是火，只要是献于神前的也非得是新打出的不

---

[26] 宗鉴，即山崎宗鉴（？—1540），日本早期俳人，有俳谐鼻祖之称，编有《新撰犬筑波集》。
[27] 去来，即向井去来（1651—1704），日本江户前期俳人，"蕉门十哲"之一，意谓其俳句风格很接近松尾芭蕉。编著有《旅寝论》和《去来抄》等。
[28] 守武，即荒木田守武（1473—1549），与山崎宗鉴一样，同为日本早期俳人，其《守武千句》亦对后世俳谐起到规范作用。
[29] 此三种皆为新年时门前或神龛前的装饰物。

可。朱红色漆筷不如一次性木筷干净，织锦缎被褥也不如席子干净。《万叶集》里的一首歌也是这一思想的体现：

物皆以新为佳，人则以旧为贵。[30]

粗、麁、荒这三个字都读"阿拉"（ara）。新字也读 ara，词根相同。不论什么东西都非得用 ara 的（供神的生鱼鲜禽）不可。aratashi 的发音经过音韵转化就变成了 atarashi，即现在的"新"字之意，在古语当中是读作 aratashi 的，皆为俗语中的"可惜"之意。在《万叶集》里，"惜"字读 atara。虽然粗简然而新者，即为"可惜"，也就是值得珍惜之物、宝贵之物也。"生"字在古语中也读 ara，"洗"字也与这几个词同根，读 arawu，因此"洗"即具有使某种事物一新的意思。

把身子洗净，心灵的污秽也就会被一同洗去，这是上古时代的思想。喜爱清洁的国民当然会以清廉为贵。东西只要是 ara 就好的思想构成了勤俭质朴的要素。看重名誉胜过看重金钱，这种古来风气与廉洁最为情投意合。在今天的支那，公然行贿受贿乃是无可掩盖的事实，而在日本，自古以来就很少有人因

---

[30] 见《万叶集》第 1885 首，叹旧二首之一。

行贿受贿而获罪。赤穗事件[31]的起因在于贿赂，因此对吉良的憎恶也就尤加一筹。近年出现的教科书事件[32]不过是世风日下的一种征候。在西洋不论做什么都得靠金钱铺路，而在日本用金钱来表达谢意在很多情况下是失礼的。在波茨坦王宫，到处都立着牌子，告知游人不要给做向导的皇宫警卫小费。这其实是此地无银，而正是小费畅通无阻、大行其道的证据。在拿波里离宫，只要把小费塞在那里的保安手里，不允许用手碰的东西也可以拿来给你看看。在魏玛的歌德博物馆，甚至有保安公开抱怨公家给的薪水太低。这些都是我亲眼所见。德国法官普罗斯特在漫游日本后发表感想说，他对列车乘务员和警察拒收小费深感钦佩。日本的这一美风能保持到什么时候呢？

---

[31] 赤穗事件亦称元禄赤穗事件，指江户时代中期的元禄十五年十二月十四日（1703年1月30日）所发生的赤穗四十七武士为自己主君报仇事件。据说，江户城中的赤穗藩藩主浅野长矩因拒绝向上司吉良上野介义央行贿而遭到构陷，遂刺伤后者，致使自己也受到切腹处分。此后浅野家臣大石内藏助良雄率领赤穗四十七武士夜袭吉良府邸，杀死吉良并将其首级献于主君墓前。事件的结果是有四十六名参加复仇行动的武士被幕府命令切腹自杀。这一事件，因后来一系列冠以"忠臣藏"之名的文艺作品而在日本成为家喻户晓的故事。
[32] 即所谓"教科书疑狱事件"，系指日本1902年（明治三十五年）暴露出来的围绕学校教科书采用而发生的教科书出版社与教科书采用担当者之间大规模的行贿受贿事件。该事件波及四十个都道府县、二十余家出版社，牵连人员达两百人以上。日本在此之前施行的是学校教科书审定制，即民间编订，由采用者审定采用哪一种。而以此事件为契机，改为国定教科书制度，并且一直持续到"二战"结束。

九　重礼节，讲礼法

日本人除了爱清洁之外，还有一点也很令西洋人感佩，那就是日本人的讲究礼貌。日本人在过往相遇时，彼此都要谦恭地低头弯腰，三番五次地向对方致意，这是在外国所看不到的风景，因此外国人在将此与本国风俗比较时也就殊感新奇。日本人若是初来乍到，在把那里的礼仪与日本比较时，也会对西洋社会寒暄打招呼的极其简单感到惊奇。我第一次在外国剧场看戏时，也对国王的那些众多家臣们的无礼感到不可思议，他们在国王面前竟没有一人行礼表敬，也不规规矩矩地排好行列。在日本看惯了大名那像戏剧舞台似的讲究的排场，看惯了侍女们的前呼后拥，再来看西洋的礼仪做派，也就尤其感到不可思议。在西洋的历史画里也能看到很多下人在国王和皇后面前横躺竖卧，支腿拉胯，十分随便。因为原本是全凭一把并不去坐的椅子，所以日常礼仪全部都是站立敬礼，一切都来得非常简易。对身份高的人可以握手寒暄"早上好"，对身份低的人也可以同样握手打招呼说"早上好"，而绝无双手伏前，头点榻榻米的礼仪。父母、子女、兄弟之间的礼节似乎也不像日本那般彼此谦恭。在漫长的封建时代，日本人一定还会有比现在更多的繁文缛节。在德川时代写信时，在收信人姓名之下写表示敬称的"样"字或"殿"字，是有很大不同的，而同一个"样"字也更有几种含义不同的写法，有楷书体的"永样"，有行书体的"美样"，还有草书体的"平样"；一个"殿"字也有楷书第一、行书第二的顺序；对待下属，其名字的位置要写在自己名字的下方，几乎不加敬称。除此之外，起首与止笔处从古时起就规定有各种各样的写法。在《贞丈杂记》[1]里就记载着《弘安礼节》[2]对书信"止词"的七个等级的规定：1. 顿首诚恐谨言；2. 诚恐谨言；3. 和 4. 惶恐谨言；5. 恐恐谨言；6. 谨言；7. 之状如件。由于收信人姓名和寄信人的姓名在写法上原本就有很多讲究，致使现在有人在给上司写信时不署上自己的全名而只写自己的姓。不过，即便是现在，这也会被认为是失礼的。上述情形是社会分为上下各种等级的结果，在自己侍奉的主君之上还另有主君，因此在行礼时，对待主君之主君，头就要低得比对自己的主君更低，而对连主君之主君也得低头行礼的主君之主君之主君，那就非得匍匐去行礼不可了。就这样，阶级便从过去为数众多的礼仪上的尊卑等级当中产生了。从上方来看，为保持自己的尊严，就要层层严密地向下方规定礼节。从足利

---

〔1〕 伊势真丈（1717—1784）著，介绍武家礼仪、典故、行为规范的书，十六卷，天保十四年（1843）刊。
〔2〕《弘安礼节》又称《弘安格式》或《弘安书礼》，一卷，记录弘安年间（1278—1288）所制定的贵族间礼仪礼式之书，其中对书信格式和路遇时的寒暄礼式都作出了明确的规定，尤其是书简之礼成为后世书简体例的范本。

时代到德川时代，其程度当会是愈演愈烈的。往昔的身份悬隔并不那么严重，主从关系也不那么复杂，因此在礼仪上也应是简便易行没有什么负担的吧。据加藤先生[3]介绍说，在幕府所用语言当中，敬语非常多，而宫中用语中出现的敬语反倒很简单。就这样，本来七重屈膝经幕府权势就变为八重屈膝，遂造就今天日本人的礼节。不过，话又说回来，日本人从一开始便不存在西洋人的那种平等主义。这与崇尚清洁之风一样，仍出自敬神之风。也正由于这个缘故，在古代语言中就已有很多敬语了。看《古事记》便可以知道，诸神的那些名称，很多都是用尊称敬称来记载的。在神名之上会加上天、神、棱威（严厉）、斋（忌）、汤、御、广、大、盘、真、生、琼、日、弥等词语，它们都是关于事业和品性的尊美的形容词。最长的名称要数"天迩岐志国迩岐志天津日高日子番能迩迩艺命"，hiko 和 hime 即为日子和日女，mikoto 即指"御事"——皇家之事。另外，就像在"子"字前面加"御"字，以"御子"表示"皇子"，在"家"字前面加"御"字，以"御家"表示"皇宫"一样，所有与皇室有关的名词前面都要加上"御"这个敬语接头词以示区

---

[3] 此处似指加藤弘之（Kato Hiroyuki, 1836—1916），日本近代政治学者、教育家、政府官员，历任东京学士院院长、东京大学综理（校长）、东京帝国大学总长、贵族院议员、帝国学士院院长、枢密顾问等职，早年鼓吹过天赋人权，相关著作有《真政大意》和《国体新论》，后来一变而鼓吹社会进化论，相关著作有《人权新说》和《强者之权利之竞争》（即《物竞论》，杨荫杭译，作新社 1902 年出版），也给予清末思想界以很大影响。

别。后来把皇子敬称为"宫",把天皇敬称为"御门"也是出于同样的原因。"御"又读作 o,是 oho 的省略,oho 是"多"和"大"等词的词根,也用来作为表示敬称的接头词。就动词而言,也有为表示尊敬的特殊动词,如把"说"称作"宣",把"在"称作"御座",把"吃"称作"进膳"等。中古时代的那些物语类书籍完全是湮没在这类敬语修辞之中的。多到什么程度呢?用张伯伦先生的话说,如果《源氏物语》去掉了那些敬语,那么其容量将会减少一半。即使不交代是谁在说话,其敬语的语尾也会自然把说话者是谁表达清楚。到了后来,"御"就不仅仅用于 kami——神,以及皇室和皇族,也用于大臣公卿并由此逐渐扩及一般人,遂使日语成为像今天这样的敬语颇多的语言。在东京把酱汤叫作"御御御付",而在恭谨地称呼他人之脚时,则为"御御足",要在"足"字之上加上"御"(mikoto)和"御"(oho)这两个敬称。这是因为如果只用一个"御"字写作"御足"(御足,oashi),那么在发音上就会跟"金钱"(御钱,oashi)一词相混[4]。有些敬称由于完全的混合,已化作词语不可分割的组成部分。如化妆用的"白粉"(oshiroi)和"玩具"(omocha)等均属这方面的例子。如果只说 shiroi 和 mocha,是听不出"白粉"和"玩具"的意思来的。这些都是恭谨而优美之辞所产生的词语。

敬称本来并不一定只表示尊崇,也表示亲爱之意,是为了

---

〔4〕 日语当中的"御足"一词表示铜钱或钱币之意,发音与"脚"的尊称相同,故要多加一个"御"字。

把话说得漂亮才使用的。既然已经有了敬称之言，如果不使用敬称，听上去就会显得没有品位，因此上流社会的人为保持自己的品位，对底下人也会以恭谨之言相待。而底下人对在上者说话时也就益发恭敬。也就是说，人们都彼此在使用自谦的语言。今天的日语中的确留下了许多敬称的说法。英语也好，德语也好，法语也好，我是我，你是你，人称代词中的第一人称代词、第二人称代词、第三人称代词都各自只有一个。而日本却有无数的人称代词。第一人称有 watakushi、watashi、ware、ore[5]以及用汉字写的"此方""拙者""小生""手前""仆"；第二人称有"君"[6]、anata、kisama、unu、ore、onore、ware[7]以及用汉字写的"手前""其方"；第三人称有 anokata、anatagata、anohito、ayitsu、kiyatsu[8]等无数种。若举一个动词的例子，那么仅一个"去"字，就有 yuku、yukimasu、yukaremasu、oyukininarimasu、yirasharu、yirashaimasu、oyideninarimasu 等说法。这还只是指对方的"去"，说自己前往某处的"去"时，还要根据不同的时

---

[5] 在日语第一人称中，这些读音的汉字表记通常为：watakushi、watashi、washi 三种读法用"私"字，ware 用"我"或"吾"字，ore 用"俺"或"己"字表示。
[6] "君"通常作第二人称的汉字标记，读音 kimi。
[7] 在日语中第二人称这些读音的汉字表记通常为：anata 写作"彼方""贵方""贵男""贵女"；kisama 写作"贵様"；unu 写作"汝"或"己"；onore 写作"己"字。
[8] 第三人称这些读音的汉字表记通常为：anokata 写作"彼の方"；anatagata 写作"彼方方"或"贵方方"；anohito 写作"彼の人"；ayitsu 和 kiyatsu 写作"彼奴"。

间、场合使用多种谦逊的说法，如yukimasu、mayirimasu、sangkoshimasu、dekakemasu、makaridemasu等。西洋人学日语最困难之处就是这一点。普通西洋人不论对待朋友还是对待仆人，大抵都使用相同的语言。这样看来，语言上的各种各样的阶级差别今后无疑将会逐渐减少。不过，语言上的那些差别也并不只因为强调敬称和等级才发达起来，而是因为要把话说得谦恭和有品位才发达起来的，正像好多礼节礼法并不仅仅是因为屈从才发达起来的一样。

小笠原流[9]之礼节做派说道实在太多，进退坐立，样样有出典，式式有规则。从宾客的座席，到膳食的端法，再到筷子的拿法，样样都非常麻烦。倘不如此，则不仅是对贵宾失礼，作为绅士不知这些礼节也会被人耻笑。这是一种成果（accomplishment），是今日交际上的礼仪。只凭舞剑和身强力壮还不能叫作真正的武士。现在也把礼法作为一门学科放在女子教育当中，这是因为女子要在家里养育子女、接待客人，尤其应该纯淑老实地注重礼节才行。不应因看到只向女子传授礼法，就认为是男尊女卑的结果。礼仪并非是为他人，而是为自己。《狂言记》有很多是拿某某女婿来说事儿的，拿他们的出丑当笑料，不过，那些令人忍俊不禁的出丑大多数是由于不谙

---

[9] 小笠原流（Ogasawara ryu）一般指自镰仓时代以来的有关武家行为规范的最具影响的一个流派，除了针对武士的弓术、马术和行为礼节的规范外，还涉及一般兵法和茶道等。

礼节、不懂规矩。所谓"细一打听，原来当女婿也有很多规矩"就是就此而言的。在狂言《吟婿》里，那个女婿不论什么事都"好好好"地答应；在《厨婿》里，本来是要把烹饪书传授给女婿，结果却传授了相扑书上的规矩，弄得女婿很滑稽，做什么都按相扑的动作来。

　　婚礼等仪式上的"三三九度杯"即使在今天也是件很麻烦的事。凡是叫作仪式的，没有一样不烦琐。然而，此即仪式，此即规则。道德是靠法则和规矩来支配的。由于这个缘故，连切腹也有仪式。九寸五分长的短刀怎么握，三方桌怎么接，旁边的人如何"介错"——最后下手帮忙，都有各自的规定。剖腹自杀时的饮酒方式叫省身杯，但省身杯也指喝下酒之后置于膝前席上的那只酒杯。也有饮双杯的喝法，就是尽饮两杯然后将两只酒杯置于膝前。因此在通常的情况下人们是忌饮省身杯和饮双杯的，不过在现在的宴会上似乎已经没人再去注意这些事了。虽临死而不示人以苦相，乃武士之礼节。鲤鱼即使被放在俎板上待刃也不会发怵。这是鲤鱼之所以是鲤鱼的道理。关于鲤鱼或其他鱼类以及禽类的做法，自古以来就有律正各种行为规范、讲究其礼法的书。狂言《鲈鱼刀法》[10]中就有这么一段：

---

〔10〕 其情节是舅舅让外甥去弄鲤鱼，外甥没弄到，回来撒谎说鲤鱼挂在桥边让水獭给吃了。舅舅看出外甥在撒谎，就开始讲述如何请他吃鲈鱼、怎么切怎么做等等，但最后却没有这条鲈鱼。外甥理解舅舅是在以其人之道，还治其人之身，只好认错。以下对话便是舅舅讲述鲈鱼做法的情形。

舅白:"把刚才的那条鲈鱼拿来洗净,备好质地坚厚的案板、新木做的鱼筷和备前[11]刀,再配上一张专用于做鱼菜的盐纸,唤上两个懂得菜肴礼法的伙计,将那鲈鱼端上来。本来照常言说一声'动刀切吧'就是,可偏不这么说,而是要说:'可是有些日子没见您的刀工手艺了,能不能露一手给小的们看看?'"

甥白:"对,就这么说。"

舅白:"既然推脱不过,也就索性近身于案板之前,执刀取筷,将那盐纸截为三段,两枚垫在鱼下,一枚规规矩矩地置于案头,再按照礼式以清水过刀,然后'唰唰唰'就是这么三刀,一刀'继头'[12],二刀片下上半片儿,却不能沾水,鱼头在案头也要摆放规矩,接下来才回切第三刀,将下半片儿鱼肉也片下来,中间的一整条鱼骨头拦为三截,加汤汁佐料细火焖上。"

甥白:"这就更棒了!"

舅白:"趁着这炖的工夫,还要把片好的上下两片儿鱼肉精制成细菜。"

甥白:"这就更了不得了!"

舅白:"总而言之,我的心得是鱼身厚的地方看上去

---

〔11〕备前为地名,位于今冈山县东南部,以出产刀剑著称。
〔12〕因忌言"切"或"断",故言"继"。

要切得薄，鱼身薄的地方看上去要切得厚，讲究的全是庖人的手艺。"

甥白："那是，那是。"

舅白："不过，也不妨蹲在案板前三下五除二，几下子就把个生鱼片切出来，拌好生姜醋调料，再把南天竹的绿叶铺在深草[13]粗陶盘子里，摆上生鱼片，也不失为下酒的美味佳肴。"

由此可知，即使是一条鱼，在做法上也大有讲究。除此之外还可知道，武家时代有着怎样的重视礼节礼法的风俗，从应对方式到送礼之法都细致入微到了怎样的程度。

支那人也同样注重礼节。在"礼乐射御书数"的教养当中，孔子也把礼排在第一位。孔子本是见过周末乱世之人，他想以礼来复古，说："能以礼让为国乎，何有？不能以礼让为国，如礼何？"在他看来，礼不正则心不正，因此重视礼节。"博我以文，约我以礼"，并把"克己复礼"摆在头等重要的位置。读《论语·乡党》可知其在礼仪方面是如何谨慎。在《周礼》等典籍当中委实记载着各种繁缛的仪式，所谓"礼仪三百，威仪三千"便是就此而言。此教传入日本也的确是日本人重视礼节的一个原因。即与日本人的崇拜祖先大有关系。支那和日本在崇拜祖

---

〔13〕 深草为地名，位于今京都市伏见区，该地以陶器著称。

先这一点上是一致的。支那人之所谓"笾豆之礼"[14]也还是为了祭祀。在孔子所谓的礼中，祭祀之礼才是根本。"礼"字以"示"为偏旁正是出于这个缘故。社稷具有国家的意义也正因为如此。而与支那人相比，日本人的崇拜祖先又具有更纯正的意义——支那国民的宗庙时常改变，而日本人却是万世不易。日本人自远古时代起就以祭祀建国，其与支那人同样在礼仪礼法方面慎而又慎自不待言。祝词曰：

> 王卿等百官人等乃至倭国六县之刀祢男女，今年四月前往参集，皇神之前，如鹈引颈，躬行大礼。[15]

又曰：

> 兹将造圣玉者以虔敬之心所造晶莹剔透、硕大无比、串联成串之美玉，并之以明丽色艳织锦，再并之以光泽映人织锦，由斋部宿祢某在柔弱的肩膀上斜挎布带敬献于神前，启奏颂词。[16]

"御调之丝帛、御酒和御赘，堆积如山，大中臣隐身陪侍

---

[14]"笾"为竹所制，"豆"为木所制，皆为祭祀时盛肉之器。
[15] 见《延喜式》所载《龙田风神祭祝词》。
[16] 见《延喜式》所载《大殿祭祝词》。

在大玉串之后"[17]之类的语句,描述的都是祭神的阵势,所以也就能通过"柔弱的肩膀上斜挎布带"和"大中臣隐身陪侍在大玉串之后"了解到祭神的主祭者是怎样一副样子。所谓笾簠笾豆[18],相陈相列,恐怕就是下面这种景象吧:

> 奉神之宝,有御镜、御刀、御弓、御桙、御马相列;御衣有明丽色艳织锦,有光泽映人织锦,有绵软织锦,有手感极佳织锦,皆相叠于神前;四方之国所敬献之御货亦整齐摆放,来自苍海之物有大鱼,有小鱼,有深海藻,有浅海藻;来自山野之物有甜菜,有辣菜;神酒盛满大瓶溢出瓶口,瓶瓶皆满,成列成行;万物齐备,堆积如山,神主颂曰……[19]

这是把人间应有之物都祭献出来了。《万叶集》里有歌:

> 猪鹿俯首拜,鹌鹑亦匍匐,百兽伏地迎,鹌鹑亦垂首。[20]

---

[17] 语见《六月月次祭祝词》,其为伊势神宫奉奏祝词。
[18] 除"豆"为木制,其余皆为竹制祭器。
[19] 出处不详,《平野祭》有与之近似的一段话。
[20] 见《万叶集》第239首,柿本人麻吕作。这是其为"大皇子"狩猎所作颂歌,大意是"大皇子"骑马走在狩猎的路上,野猪和鹿乃至鹌鹑都俯身相迎表敬。

结合上文"皇神之前，如鹈引颈，躬行大礼"可知，鹌鹑的垂首也好，猪鹿的卧拜也好，鹈鹕的匍匐也好，其施礼都不是站立，而是低身俯首。日语"拜む（Ogamu）"这个词，汉字写"拜"，是 Orogamu 的省略，表示折身屈体之意。我国国民祭神是坐着礼拜的。祝词之文，其结构恰似这般仪容，词语重复，文段重复，庄重森严。文无省略而冗长。事同而不厌反复，与祭祀完全同质。正由于是这样一种重视祭神仪式、重视供奉祖先礼仪的国民，也就影响到平常的言行举止上。那种对"神"的心得也就作用到日常生活中来。而并非一定要等到孔子之教才方知礼仪。宣命的形式，其旨趣亦与祝词完全相同。主祭领唱，皇子应唱，然后群臣再一同应唱。

祭神而对神心存虔敬之念，此时乃是最为心正之时。礼的古语是"妩雅（uya）"。祭神时的恭敬态度即是"妩雅"。也就是说，必须以恭敬的态度修身才行。以此为准则，规范平生的言行举止，可谓最为出色的行迹。即使独坐一室之时，也要保持这种心境和这种态度。即谨慎其独处。促使国民礼仪发达之重大原因便是源于此种念虑。儒教在这一点上也很合于我国民性。有权有势之人的发号施令不过是利用了这种风俗习惯进而为之而已。

西洋人将喜怒哀乐尽情显露于外，日本人则崇尚忍辱负重,即便伤心亦不表露在外。北清事件[21]发生时,西洋妇女大哭大叫,呼天抢地,日本妇女却从容不迫,泰然自若。由此可知,哪怕是日本女人也会做到这一步。因动情而有损仪容乃男子汉之耻。孩子死了不落泪,心里再怎么悲伤,也不在人前哭泣。日本的旧戏也正表现了这种义理和人情的冲突,令人对殉情产生同情,并为人情而落泪。所谓"哭在心里,不哭在眼上"[22],正是旁观者的同情之处。西洋戏剧以表达情感为主,喜怒哀乐尽表于外。倘若堀川馆的辨庆、手习鉴的松王丸和千代萩的政冈等[23]皆将其悲哀之情无遮无拦地宣泄在外,戏恐怕也就演不成了。能乐距离表情更远,只有一张表情的面罩。这在前面已经谈过了。

因此我国的旧戏便相当多地去表现那些通常人情所难忍之苦:父杀子以换取主人的性命,妻子卖身以拯救丈夫的困苦。在日本,亲子、夫妇之间没有西洋那样的过分亲昵。家族成员之间亦主以礼节,有时还有严格的区别。家长在家中也不会毫不在意地盘腿而坐。家长应首先是礼仪行为的楷模,他们不会像西洋人那样当着其他人面相互拥抱接吻。在西洋人看来,这或许像对外人一样疏远客气也未可知。外国人常说日本的家

---

[21] 日本亦称"北清事变",指1900年爆发的义和团运动。
[22] 语出松田文耕堂、三好松洛合作的净琉璃《御所樱堀河夜讨》,元文二年(1737)在大阪竹本座首演,其中的部分段落,至今仍在上演。
[23] 三者皆为江户时代歌舞伎的剧目和人物,分别出自《义经千本樱》《菅原传授手习鉴》《伽罗先代萩》。

庭父子感情淡薄，妻子遭受虐待，等等，恐怕正是出于这个缘故。

西洋也有种种礼仪礼法。在交际上有很多烦琐的礼节。西洋从前有骑士道，其礼仪由此发展而来，主要是尊重妇女。西洋男人在街头牵女人的手也是扶助之意。开宴会时牵手将妇女引导到席前也是因此之故。其中哪怕是关系再坏的夫妇，人前也总是亲睦有加。我国则相反。既然是文明国，那么重视日常交际礼节也是理所当然的，但原本是平等主义的国家和原本是崇拜神祇的国家，两者自然有别。今天因跟外国人交际，我等亦多少有了解西洋礼俗的必要。看到西洋人和妻子拉手，笑其看似鸳鸯，殆与西洋人看到妻子的车跟在丈夫之后而嘲笑日本人男尊女卑无异。今天的日本，世间一片混乱，一切礼仪礼法都乱了规矩。也难怪，数百年来，三百诸藩，各有各的风俗习惯，如今融作一团，东西风俗也交相混淆，不乱才怪。作为礼节已无定数。如今站在社会上流之人，都是所谓明治维新时代激变之世的过来人，他们不把礼仪当回事，此风气对国民有很大影响。服饰上也没了从前那些繁缛的规矩。过去穿衣适履都有时节上的讲究，季节不同，服饰有别。现在虽通常把大礼服和燕尾服规定为礼服，但普通国民却并不接受。民间的礼服还是带有家徽的和服短外罩与和服裙，却登不了大雅之堂。几乎无人知晓宴会的旧式礼法。说起日本式的宴会来，真是无礼至极。坏毛病多，入席时总是"您先请""您先请"，推来推去，让个没完，很不容易落座。又不给什么吃食，只是一个劲儿地劝酒。菜肴都是为下酒端上来的。近来拿日本料理来招待西洋贵宾的事情多了起来，但看到日本人穿着西服盘腿，一边看舞伎跳舞，一边干起杯来没完，一片狼藉的样子，西洋人又该做何感想呢？我想他们恐怕不会认为是在参加富于礼节的日本人的宴会。他们无非觉得好奇，而只是在应酬，说"谢谢！再见！"而已，暗自说不定还感到很没劲呢。报纸上也有很多其他方面的报道，都是些不讲究礼义廉耻的事。读书阶层的礼节观念更是淡薄。有读书人做了知事的，作为奉币使前往官币社纳币而大为失态，要是放在过去早就让他切腹了，然而如今其失态却只是贻笑大方，而并没谁去指责。古来敬神贵礼的国民，正是大变革到了忘却一切旧礼数的程度才做到了明治维新，但我以为至少在礼仪上应多少确立一些秩序。国民不该忘记与我国体有着很大关系的礼节。

十　温和宽恕

西洋人对日本人的误解无以复加，积重难返。最近又时常听到的是"黄人祸说"。这是他们看到日本人在日清战争、北清事件、日俄战争中表现勇武，看到我军队的强大，便认为日本人是好战的国民而杞人忧天，以为不久的将来日本人也会侵略欧洲，白人将像曾一度苦于成吉思汗那样，被压倒在黄种人的势力之下。人种憎恶潜居其根本当中。正如"细戈千足国"[1]这个名称所表示的那样，日本人自古以来就是勇武的国民这一点毋庸置疑。近古时代曾有过武士道是显见的事实，而今天的日本相距从前的武士时代时隔日尚浅也是事实，然而日本国民自古以来在历史中却绝非具有侵略性的武人。在需要自卫的时候才起而抗争，奋其勇武。日本人不是攻击型的，而是防守型的。人不犯我，我不犯人。随意拔刀是武士最为禁忌之事。刀乃护身之用，而非杀伤工具。过去，武士家入用新刀时，以豆腐渣做的酱汤来祝贺。这是取酱汤的日语读音"kirazu"以表示"不切不斩"之意。倘有无礼之人前来羞辱，到了不得不动

---

[1]　"细戈千足国"（kuwashihoko chidaru kuni），古时日本的称呼，"细戈"指精巧的武器，"千足"是准备充分之意，意谓充分备有精良武器的国家。

刀时才毫不留情。这是武士道精神。哪怕是演戏,那些不分青红皂白拔刀就砍的家伙,没有一个是正经角色。真的武士并不轻易拔刀,只是在万不得已的情况下才拔刀相对。在日本的武术当中有一种叫柔术,嘉纳[2]将其命名为柔道,兼有修身养性之功,其门下弟子据说已多达七千之众。近来也有很多外国人学习柔道,嘉纳门下也有不少人受聘前往美国、英吉利和匈牙利去传授。这种武术以柔能制刚为主义,其性质本来就是自卫的,并不主动出手、欺负对方。当对方扑将过来时,这边平心静气,以对方之力治敌。从前冢原卜传[3]的"不战而胜",我以为其精神亦与此相同。不把力气花在无用之处,是武士道的本义。血气之勇、暴虎冯河之勇,为真勇之人所不取。观往昔之历史,神功皇后的三韩征伐,[4]也是由于新罗之不从命——不从和平之命,不得已而亲往征之。元军袭来时[5]所表现的武勇,明治初年所发生的征韩论,[6]近年日俄战争的肇始,都是面对侮

---

〔2〕 嘉纳治五郎(Kano Shigoro,1860—1938),日本近代柔道的创立者、教育家,其在东京牛込创立的弘文学院为日本近代接收中国留学生的专门教育机构,黄兴、杨度、鲁迅、许寿裳等曾在该学院学习。
〔3〕 冢原卜传(Tuskahara Bokuden,1498—1571),日本室町时代后期的著名剑客,据说其精于实战,斩敌二百多人,创立了"新当流"剑术。
〔4〕 指《古事记》《日本书纪》等记载的仲哀天皇死后,神功皇后出兵朝鲜半岛,征讨新罗、百济、高句丽的故事。
〔5〕 指元朝军队两次攻击日本,一次是文永十一年(1274),一次是弘安四年(1281),日本史亦称"蒙古袭来"或"文永之役""弘安之役"。
〔6〕 明治初期日本政坛出现的侵略朝鲜的主张。有幕府末年胜海舟等人倡导于前,有西乡隆盛、板垣退助在维新以后鼓吹于后,其背景是日本废藩置县、取消士族特权后引起大众的不满,因此具有将社会矛盾对外转移的一面。

辱而产生同仇敌忾之心的结果。幕府的尊王攘夷也是担心西人的侵略和掠夺而生发的反动，其势甚猛，导致了某些过激言论和行为，但并非都来自主张人种差别的反弹。

对于不同人种，日本自古以来就很宽容。不论隼人属还是熊袭族，[7]只要归顺便以宽容待之。神武天皇使弟猾[8]、弟矶城[9]归顺，封弟猾为猛田县主，弟矶城为弟矶县主。这种关系与八幡太郎义家之于宗任的关系[10]相同。朝鲜人和支那人若前来归化，自古就予以接纳。百济灭亡时有男女四百多归化人被安置在近江国，与田耕种，次年又有二千余人移居到东国，皆飨以官食。从灵龟二年[11]的记载可知，有一千七百九十个高句丽人移居武藏之国，并设置了高丽郡。这些事例在历史上不胜枚举，姓氏录里藩别姓氏无以数计。并无随意杀害降服之人或在战场上鏖杀之例。以恩为怀，令其从心底臣服，是日本自古

---

[7] 关于"隼人"和"熊袭"，参见本书第128页译注55。
[8] 弟猾为《日本书纪》中的豪族，在《古事记》里写作"弟宇迦斯"，大和（奈良）宇陀的豪族，因告密揭发其兄"兄猾"（兄宇迦斯）暗杀神武天皇的计划而获封为猛田县主。
[9] 弟矶城为《日本书纪》中的豪族，在《古事记》里写作"弟师木"，大和（奈良）矶城统治者"兄矶城"之弟，因不从其兄而归顺神武天皇，被封为矶城县主。
[10] 八幡太郎义家，即源义家（Minamoto no Yoshiihe，1039—1106），日本平安时代后期武将，因讨伐陆奥（今岩手）地方势力安倍一族而获战功，并将其私财奖励手下武士，深得关东武士信赖，有"天下第一武人"之称。宗任即安倍宗任（Abe no Muneto，1032—1108），陆奥国豪族，曾与其父安倍赖良、其兄安倍贞任共同与源义家作战，在父兄战死后投降，被赦免一死，相继流放四国、九州岛等地。在《平家物语》中有他被源义家感化的描写。
[11] 灵龟为日本年号（715—717），灵龟二年为716年。

以来的做法。像白起那样坑杀四十万赵国降卒的残酷之事，[12]在日本的历史上是找不到的。读支那的历史可以看到把人肉腌制或调羹而食的记载，算是食人时代的遗风吧。

支那人吃人肉之例并不罕见。《资治通鉴》"唐僖宗中和三年"条记："时民间无积聚，贼掠人为粮，生投于碓硙，并骨食之，号给粮之处曰'舂磨寨'。"[13]这是说把人扔到石臼石磨里捣碎碾碎来吃，简直是一幅活灵活现的地狱图。翌年也有"盐尸"的记载："军行未始转粮，车载盐尸以从。"[14]盐尸就是把死人用盐腌起来。又，"光启三年"条记："宣军掠人，诣肆卖之，驱缚屠割如羊豕，讫无一声，积骸流血，满于坊市。"[15]实在难以想象这是人间所为。明代陶宗仪的《辍耕录》记：

> 天下兵甲方殷，而淮右之军嗜食人，以小儿为上，妇女次之，男子又次之。或使坐两缸间，外逼以火。或于铁架上生炙。或缚其手足，先用沸汤浇泼，却以竹帚刷去苦皮。或盛夹袋中入巨锅活煮。或刲作事件而淹之。或男子

---

[12] 此事见《资治通鉴》卷五："赵括自出锐卒搏战，秦人射杀之。赵师大败，卒四十万人皆降，武安君曰：'秦已拔上党，上党民不乐为秦而归赵，赵卒反复，非尽杀之，恐为乱。'乃挟诈而尽坑杀之。"又，《史记》卷七十三《白起王翦列传第十三》也有相同的记载。

[13] 见《资治通鉴》卷二百五十五。

[14] 见《资治通鉴》卷二百五十六。

[15] 见《资治通鉴》卷二百五十七。

则止断其双腿,妇女则特剜其两腕(乳)[16],酷毒万状,不可具言。总名曰想肉。以为食之而使人想之也。此与唐初朱粲以人为粮,置捣磨寨,谓啖醉人如食糟豚者无异,固在所不足论。

这些都是战争时期粮食匮乏苦不堪耐使然,但平时也吃人,则不能不令人大惊而特惊了。同书记载:

唐张鷟《朝野佥载》云:武后时杭州临安尉薛震好食人肉。有债主及奴,诣临安,止于客舍饮之,醉并杀之,水银和饮(煎)[17],并骨销尽。后又欲食其妇,妇知之跃墙而遁,以告县令。

此外,该书还列举了各种古书上记载的吃人的例子。张茂昭、苌从简、高沣、王继勋等虽都身为显官却吃人肉。宋代金狄之乱时,盗贼、官兵、居民交交相食,当时隐语把老瘦男子叫"饶把火",把妇女、孩子叫"不美羹"[18],小儿则称作"和骨烂",一般又叫"两脚羊",实可谓惊人之至。由此书可知,

---

[16] 该段记载见《辍耕录》卷九,此处的"两腕",亦有版本作"两乳"。
[17] 该段记载见《辍耕录》卷九,"饮"字之处,亦有版本作"煎"。
[18] 原文如此,在另一版本中作"下羹羊",在《鸡肋编》中作"不慕羊",在《说郛》卷二十七上亦作"下羹羊"。

直到明代都有吃人的例子。难怪著者评曰"是虽人类而无人性者矣"。

士兵乘战捷而凌辱妇女、肆意掠夺之事，日本绝无仅有。日俄战争前，俄国将军把数千满洲人赶进黑龙江屠杀之事，世人记忆犹新。西班牙人征服南美大陆时，留下最多的就是那些残酷的故事；白人出于种族之辨，几乎不把黑人当人。从前罗马人赶着俘虏去喂野兽，俄国至今仍在屠杀犹太人。[19]白人虽然讲慈爱、论人道，却为自己是最优秀人种的先入思想所驱使，有着不把其他人种当人的谬见。学者著述里也写着"亚利安人及有色人"。日本自古以来，由于国内之争并非人种冲突，自然很少发生残酷之事，但日本人率直、单纯的性质也决定了日本人不会在任何事情上走极端，极度的残酷令其于心有所不堪。

殉葬似乎自远古时代就有，而由"人垣"[20]这个名称可知。然而自野见宿祢以土俑来陪葬，[21]禁止活人陪葬也已是很久以前的事了。到了武家之世，主人死去时，虽流行切腹殉主，但这更是武士道走到极点、君臣之道演化为强烈的主从关系的时

---

[19] 系指1903年至1906年发生在俄国的针对犹太人的残暴迫害事件。沙俄政府为转移国内矛盾，主导了这场排斥犹太人的运动。这场运动的直接后果是"安锡主义"（Zionism），即所谓"犹太复国主义"的产生。
[20] 人垣（hitogaki），字面系"人墙"之意，《古事记》中有把人在陵墓周围排成人墙殉葬的记录。
[21] 野见宿祢（Nomino Sukune）系《日本书纪》中登场的勇士，擅长相扑，侍从垂仁天皇，在垂仁皇后葬礼上提出以陶俑、土俑等代替活人陪葬的方案，被赐"土师臣"这一姓氏，其后裔专司天皇葬礼。

代使然。供奉牺牲的故事在《今昔物语》中只有一件，[22]此外就只有足利时代的筑岛事件，[23]这些故事皆原产于印度。奴隶制度在人类历史中甚至早于农业，曾盛行于世界各国，西洋各国自古就大行其道，到了中世纪初，罗马、里昂都有庞大的奴隶市场。日本过去亦兴人身买卖之风，贱民与良人有别，然而关系到贱人处理，残酷的记载则一个都没有。人身买卖、诱拐之类的故事只保留在《隅田川》《樱川》之类的谣曲当中，也无非是某某很被人轻视，不给他火用，也不收他找回的零钱之类。这主要是由于忌讳杀生，又讨厌触秽之故，并非出于人种上的厌恶。

在日本的神话和童话里，的确很少有那些残酷的故事。在《格林童话》中经常出现的继母故事，虽然在日本也有不少，但却绝对没有像德国人那样残杀继母的例子。在神话世界，外国的盛行残酷杀戮，日本的则除了八十神要杀大国主命之外，几乎找不到这类例子。在"滴沰山"的故事里，有狸子杀了老太婆并把她的肉给她的老头子吃的事，[24]但这恐怕不是日本固有

---

[22] 参见本书第48页译注43《今昔物语》。这里所说供奉牺牲的故事见卷二十六。
[23] 足利时代指14世纪到15世纪的百年间足利将军统治的时代，因将军幕府设在京都的室町，所以通常也把这一时期称为"室町时代"。在这一时代的舞乐"幸若舞"当中有表现平安时代后期的武人平清盛"筑岛"——填海造地的曲目，说平清盛在修建兵库港时，曾埋进去三十人，以作为"人柱"。
[24] 原文为"かちかち山"，此取周作人译名"滴沰山"，参见本书导读第26页。故事讲的是一对在山里种田的老夫妇，总是遭受山中狸子（转下页）

的神话。"滴沰山"的故事起源于神话中的"稻叶白兔"[25]，逐渐转化为今天的样子。在这个神话里，兔子是个狡猾的家伙，欺骗了鳄鱼；但在"滴沰山"里，狸子顶替了神话中的兔子，成了坏蛋，而兔子则成了忠义的化身。狸子不见于上代[26]的故事，而多出于镰仓以后的著文集里，因此我以为都是和支那一带的传说交织转化而来的。还有一个故事讲乌龟为救治龙宫公主的病，骗取了猴子的肝脏。这个故事几乎遍布世界各地。在《本行经》里有鳄王为了自己的妻子让乌龟骗取猴肝的故事。这个故事也在世界各地流传，只是因地方不同，主人公有各种变化，时而鲸鱼，时而鳄鱼而已；传到日本来，就变成了《今昔物语》中的故事，又转而为公主的故事。同书里还有一个平贞盛治疮的故事，他听了医生的劝告，要找小儿的肝来吃，见自己的儿子左卫门慰的妻子正有身孕，于是便打胎儿的主意，去和左卫门慰的妻子商量，遭到拒绝，就取了年轻女佣的肝。但因为是女人的不管用，便又打起了别人的主意。平贞盛除了要残忍地杀害自己的孙子，还白白杀掉了一个女佣。我以为这些

（接上页）的袭扰，有一天他们抓住了狸子，老太婆说要把狸子做成汤给老爷子喝，但狸子不断求饶，老爷子不忍心杀它，就把它放了，结果狸子杀了老太婆，把老太婆做成汤，然后再摇身一变，化作老太婆，把汤端给老爷子喝。老夫妇的朋友兔子知道这件事后决定替他们报仇，它在狸子背柴回家的路上，用打火石点燃了狸子身上的干柴，烧死了狸子。

[25] 亦作"因幡白兔"，见《古事记》卷上"大国主神"。
[26] 上代，参见本书第 41 页译注 29 "上代"。

为讲述残酷而残酷的故事，皆源自公主的故事，并非日本的固有之物。到了后世，以生肝入药的迷信，盖由此而出。巳年巳月巳时出生的人的生肝可作什么药，这种故事在戏剧里也层出不穷。然而看戏剧里出现的例子，倒都是为表现一份淳朴之心所使用的，主人公或为主君，或为双亲而成为迷信的牺牲者。《朝颜日记》[27]里，德右卫门听说眼药掺上人血可治眼病，便自杀以血献主人；《合邦辻》[28]里，玉手御前把寅年寅月寅日的血献给俊德丸，治好了后者的病，两者表现的都是自我牺牲精神，而并非像平贞盛那样为了自己而向他人索取。

日本武士以讲究文武两道为最高理想。上代的"荒魂、和魂"[29]思想也就是这层意思。如上所言，懂得"物之哀"才是真正的武士。所谓义礼，所谓慈悲，都是这种精神。熊谷直实想要放过敦盛，[30]即此种本色：

> 手到擒来，抓住头将个头盔向上掀，露一张刚刚十六七岁的脸来。妆化得很淡，铁黑之色。不禁心想，若

---

[27]《朝颜日记》又称《生写朝颜日记》或《生写朝颜话》，歌舞伎剧目。
[28]《合邦辻》，歌舞伎剧目。
[29] 神道认为神灵具有两个侧面，一面粗野，一面和顺，前者带来自然灾害、疾病和人心荒废，称作"荒魂"；后者带来风调雨顺，平和安详，称作"和魂"。
[30] 熊谷直实（Kumatani Naozane，1141—1208），日本平安末期、镰仓前期武士，以骁勇善战著称，元历元年（1181）在一之谷战役中杀掉十六岁的武将平敦盛（Tairano Atusmori，1169—1184）后出家为僧。这个故事后来被编到净琉璃或歌舞伎中。

论年龄与我儿小次郎相仿,而竟是这般的美少年……

因为做到这一步很难,他才顿悟人生无常,做了法然上人[31]的弟子。此事让人想到武士是如何富有恻隐之心。《吉野拾遗》中的楠正行[32]从暴徒手中救出宫女却拒受救命,以自己"不久于人世"的理由谢绝了天皇赐嫁的宫女,其行为可谓文雅武士的典范。而《吉野拾遗》里的另一个人物阿王丸[33],则是个连仇敌也能宽恕的真正的武士,他本来是要杀正仪替父报仇的,结果却被仇人的厚德所感动而放弃复仇。这个故事和安倍宗任投降义家,遂被感化的故事如出一辙。武人应有能宽恕敌人的情愫。武士既要对主君忠诚,又要对敌人宽恕。楠正行在瓜生野之战中,搭救了五百多落水的敌卒,发放衣药,颇费其劳。此事是日本红十字事业的显著标志。当初日本要加入红十字会时,外国人因照例把日本人看作野蛮人,就来调查日本过去是否也有过红十字会那样的事业。日本就用这个例子来回答并因此得以加入红十字会。在日清、北清、日俄等事件中,日

---

[31] 法然上人,参见第47页译注42。
[32] 《吉野拾遗》是日本南北朝时代(14世纪30年代到14世纪末)的故事集,楠正行亦作楠木正行(Kusunoki Masatusra,?—1348),日本南北朝时代的武将,1348年为南朝出战北朝,战死在四条缀。其拒受后村上天皇赐嫁宫女之言,是日本说唱故事里的名句。
[33] 又称熊王丸(Kumaomaru),日本南北朝时代的武士,为替父报仇而做了仇人楠木正仪的家臣,却为楠木正仪的恩德所累,再下不去手,遂出家当了和尚。

本红十字会都留下了名副其实的业绩。今天就连西洋各国也对日本红十字会的活动表示惊叹。日本人自古便有这种发想。在《今昔物语》的"平维茂讨伐藤原诸任语"里,余五将军下令"放火烧房,凡见女子则救助,见男子则射杀"。[34]从中可见武士之情,那就是不去加害无力抵抗如女子者。《朝颜日记》里的驹泽是武士的模范,而岩代却并非武士的代表。[35]

  日本人自飞鸟和奈良时代起就享受山珍野味,食用野兔、野鹿这些所谓带毛的东西,却不吃家畜的肉。到了后世,因受佛教的影响全面禁肉之后也就更不吃家畜了。杀掉自家饲养的动物吃肉,为日本人所不忍。我想即使现在也很少有人会觉得把自家养的鸡杀了吃心里舒服。说开鳗鱼店的瞎眼,开鸡肉店的儿子生下来会长一身鸡皮,都不是来自佛教的迷信,而是来自日本人的本性。日本的畜牧业也因此发达不起来。这种仁慈之心并无道理可讲,只是人之常情。"君子远庖厨"说的也是同

---

[34] 见《今昔物语》卷二十五第五。"余五将军"原名平维茂(Tairano Koremochi),日本平安时代中期武将,因在家中排行十五,故取名"余五",成为将军后便被叫作"余五将军"。

[35] 《朝颜日记》讲述了一个男女主人公悲欢离合的爱情故事,驹泽为男主人公,本名阿曾次郎,后因成为官员改名叫驹泽次郎左卫门,他一直在苦苦寻找当初一见钟情义因公务在身而不得不分开的恋人深雪。深雪因思念自己的恋人而双目失明,十分珍惜当初分别时恋人在扇面上的题歌《朝颜》,不仅每日念诵,还给自己改名叫"朝颜"。由于男女主人公相互不知对方已改名叫"驹泽"和"朝颜",徒增了寻找和相逢的难度,但他们彼此矢志不渝之情却是故事的主题。"岩代"即剧中的一个坏角色岩代多喜太,企图在驹泽次郎左卫门下榻的旅馆里给驹泽的茶里投毒,但没有得逞。

一回事。孟子亦云"恻隐之心，仁之端也"。穷鸟入怀而猎夫不杀，虽然是支那的故事，却弘扬于日本。

近顷有防止虐待动物协会，主张对动物施以慈悲。这也是来自西洋文明的风潮，那里直到最近才废除了奴隶制度，其德也逐渐荫及禽兽。[36] 西洋怎样不得而知，日本自古以来就找不出任何虐待动物的例证。农夫从不苛待牛马，倒是常常听说当他们的马被征用为军马拉走时他们挥泪而别。盐原多助那样的实例现在仍多不胜数。那是在一之谷会战时的事：

> 田山一身绯红色缀绳的铠甲，背着夜鹭羽翎箭，骑着一匹名叫"月牙儿"的栗色骏马，威风凛凛。鞭策此马，因飞驰起来身呈弓状有如新月，故得月牙儿之名。行至山顶平地，田山翻身下马，向前定眼一看，连说不好，如此险恶之地，当回马轻足。今天儿子靠老子，明天老子靠儿子，谁都有靠得着谁的时候。今天就不叫这马受累了。说着就把缰绳腹带扣在一起，长短七寸有余，将匹大马绑成个十字，一鼓作气扛在铠甲之上，又折下一根直溜溜的米槠树当拐棍，拄着一步步地挪到岩道之下。（中略）田山心想，这块巨岩损马而不便，颇觉与这马一往情深：平日

---

[36] 防止虐待动物协会最早于1824年成立于英国。1902年6月16日在东京神田一桥学士会事务所首次举行日本"防止虐待动物会"（防止虐待动物会）发起人会议，有三十四名有识之士参加，是为该会成立日。

骑着你走，今天就背着你吧。[37]

武士之情荫及战马。神前之马自不待言，八幡之鸠、稻荷之狐、山王之猴、春日之鹿，[38] 天地自然，皆为我国民所亲。我国民对待禽兽爱心有加，并无虐待之理。日本人懂得去爱天地之美，看到天地之伟力却不惧怕。日本人不具备深广的宗教心，因此也就不会出于宗教狂热而陷入随意虐待异教徒的残酷。战国末年耶稣教传入我国，德川幕府因害怕其威胁国家安全而实施禁教。其对异教信徒虽动刑戮，却很少有非常残酷的刑罚。以踏绘来鉴别是否有异教信仰，[39] 我以为是很温和的处理方式。踏绘也成为俳谐的题材：

那脚就要踏上去了，圣母玛利亚的像啊！

外国的宗教冲突会令人马上联想到恐怖而残忍的刑罚。以爱为目的的天主教用火刑杀掉了多少反对者啊！在欧洲，因宗教常与政治纠缠在一起，所以总是留下血腥的历史。法兰西的

---

〔37〕 见《源平盛衰记》卷三十七。日本军记物语之一，主要记录12世纪中叶源氏和平氏两家盛衰兴亡的历史。
〔38〕 八幡、稻荷、山王、春日，皆为日本著名神社的名称。
〔39〕 1629年至1858年间德川幕府所实行的对天主教徒的检举措施之一，以人们是否肯踏耶稣基督或圣母玛利亚的肖像来鉴别其是否有天主教信仰，意在使民"背教"即放弃天主教信仰。

凯瑟琳在巴多罗买的祭日里，在巴黎杀害两千多名新教徒，又在各地杀害七千多名新教徒，实可谓令人悲伤至极。而耶稣自己原本也是个受了犹太从前磔刑的人。在刑罚之法方面，日本人和其他人种相比，并不怎么苛酷。太古有天罪与国罪之别，正像在《大祓词》中所见，可以通过祓除来祛掉惩罚，出救赎之物以免罪。磔刑在日本到了战国时代才有，恐怕是耶稣教传来之后才想到的。雄略天皇时似动过火刑，但后来却几乎闻所未闻，似也是到了近世才开始实行。到了武家时代，拷问的方式似非常严酷，但就全体而言，应该说是相当宽容的。在幕府时代被拉出去示众，是针对名誉所课加的痛苦。具有武士以上身份的人，能够仰承切腹，是对其名誉的尊重，因此应该说是最宽大的刑罚。我想，我国的国民性也正像我国气候的暖热适中，其止于适度、宽和、中庸，而不走向极端。前面已经说过，我国没有庞大的建筑物，即使从建筑学的法则而言，据说日本建筑中也找不到那种离谱的大手笔。

支那人在历史中记录日本的时候虽把日本贬作东夷，但其中必有风俗淳良的记载。"不淫、不妒、不俗、不盗窃争讼"，在《汉书》《魏志》《晋书》《南史》《梁书》等典籍当中都有同样的记载。《北史》中也记载："人颇恬静，罕争讼，少盗贼"，性格"质直有雅风"。不待支那人的记述，而只通观从古而至今日的国史，并不曾有我日本国这般上下和睦、平和而少有惨案的历史。

上代神话，其实也是和平神话，没有任何争夺、屠杀和战争。出云的神祇们乖乖归顺天孙，显示出我国国民的性质。这在第一章里已经谈过。我国国民在神话时代就已经是和平的农民。我国神话实际上是以农业为中心的神话。这从女神驾崩后出现粪尿之神，而得罪了素盏鸣尊致使田埂毁坏、沟渠被埋、皇家营田遭殃的结局中可以获知。此即天之罪之一。丰受大神宫之外宫、保食神、大年神、御年神、《龙田祭祝词》中的风、《广濑祭》中的水（参照本书第三章）等，都是以农业为本的。农业之民，各守其田，安居乐业，喜待丰收，绝不会想着去抢掠他人。西洋人没有必要担心日本的"黄祸"，同时心里亦应有所准备，那就是日本国民即使受到与其他东亚人乃至所谓有色人种所遭受的同样的侮辱，也绝不会是服从的国民。天照大神是温顺柔和的，然而这位女神到时也会武装起来去战斗。

结　语

　　以上所述，系余对我国国民性质之所感，其不过余之一己之见，或许有人与余之所感相反也未可知。我国国民以崇祖敬神立国，其后尽管接受了印度和支那文明，却总是使之相合于自己的国民性而发扬光大。喜爱清净高洁之风，重视礼节礼仪之事，都与祭祀密切相关；而以现世为理想，注重家族名誉，其风俗亦出自古代的敬神习惯。不作天马行空的空想，而着重于务实，不龌龊于命运而甘于乐天的洒脱，也都源于此。淡泊潇洒的气质、对自然的憧憬、纤巧的技术，加上气候风土的影响，都同样不过是本根之民性。武士道在外国人眼中尤其被看作日本的美德，但其实也不外是诸种美德的珠联璧合乃至结晶。儒者之教理、佛陀之教化都被移植到我国，却又被发扬光大，而采其长补其短的结果，就是让今天的日本国成为东洋第一强国。

　　今天，东西文明正相互影响、相互融合，尤其在我国，这种融合正处在再明显不过的进展中。我国国民性将能永远保持下去吗？其会产生怎样的变化呢？又应该如何去变化呢？教育的指针应该指向哪里带领国民前进呢？这些问题不都是我国国民在今天应该予以思考的重大问题吗？有国民拒绝对神灵敬礼，有子女为争夺财产而把父母告上法庭，今天的家庭已经很少看到有人祭祀神龛，而有的地方丈夫对妻子竟然也加上尊称。个人主义、世界主义、社会主义都逐渐在国民之间扩散开来，生存竞争日甚一日地把压力加到个人之上、国家之上。五节供[1]的悠长之雅，已不适合现在课程多的孩子。新文学发自接触了新文明的国民的笔端，正试图去唤醒尚在古老文明中沉睡的国民。在与音乐、绘画相关的一般趣味上，日本的旧式趣味也正遭受打击。砖石结构的房屋一幢幢地盖起来，清淡的日本料理也要让位给味浓色重的西餐，武士气质正变为商人气质。戏剧正被改良，和歌也将被改良。旧有的语言习惯将随着新教育的展开而被扑灭。呜呼，在这个过渡的时代，一切真有如装满人偶的戏法箱，不知会变出佛还是变出鬼。大凡个人，其长处也正是他的短处，而应该知道，在我民族的美德深处，亦并非未隐藏缺点，既然走上了世界舞台，那么也就要有这方面的自知之明，该变则变，该守则守，倘能了解我们的过去，采纳新来之长，充分做好这方面的精神准备，今日之时将正是一个孕育希望前途的时代。我想，今天的日本假如做不到这一点，那么将无颜面对祖先。

---

[1] 五节供，指一年中的五个节日：正月七"七草节"、三月三"雏祭"、五月五"端午节"、七月七"七夕节"、九月九"重阳节"。

附录一 与本书相关的日本史简表

时代		公元纪年	天皇	年号	事项	中国
上代	大和时代	593年	推古	推古元年	604年制定《十七条宪法》	581年隋建立
		645年	德极	大化元年	大化革新	618年唐建立
	奈良时代	710年	元明	和铜三年	[佛教][《论语》] [飞鸟文化] [白凤文化] [712年《古事记》] [720年《日本书纪》] [759年《万叶集》]	
中古	平安时代	794年	桓武	延历三年	迁都平安	907年唐亡
		1086年	后白河 二条	应德三年	白河上皇开始实行院政	960年北宋建立
		1156年		保元元年	保元之乱 [鸟羽天皇]	
		1159年		平治元年	平治之乱 [后白河天皇] [源氏物语] [枕草子] [延喜式]	1127年南宋建立

续表

	时代	公元纪年	天皇	年号	事项	中国
中世	镰仓时代	1192年	后鸟羽	建久三年	赖朝出任征夷大将军，开始武家政治时代。	1271年元建立
	室町时代	1333年	后醍醐	元弘三年	［能乐］［狂言］ ［军记物语］ 镰仓幕府覆灭，后醍醐天皇幸还京都。因足利将军设幕府于京都室町，由是开启室町时代。 ［1336—1392年"南北朝时代"］［神皇正统记］ ［1467—1573年"战国时代"］ ［净琉璃］［歌舞伎］	1368年明建立
近世	安土桃山时代	1576年	正亲町	天正四年	织田信长开始构筑安土城，开启安土桃山时代。 ［织田信长］［丰臣秀吉］	
	江户时代	1603年	后阳成	庆长八年	德川家康出任征夷大将军，在江户设立幕府，开启江户时代。 ［落语］［讲谈］［俳句］ ［芭蕉］［芜村］［一茶］ ［川柳］［赤穗四十七义士］［忠臣藏］	1644年清建立
		1867年	明治	应德三年	德川庆喜将军上表"大政奉还"，幕府政权结束。	

续表

	时代	公元纪年	天皇	年号	事项	中国
近代	明治时代	1868年	明治	明治元年	明治天皇公布《五条御誓文》，开启明治时代。 ［1894—1895年日清战争］ ［1904—1905年日俄战争］ ［尾崎红叶 金色夜叉］	
		1912年	明治	明治四十五年	7月30日明治天皇崩，明治时代结束。	1912年中华民国建立

本表由译者李冬木整理并制作

附录二 明治时代"食人"言说与鲁迅的《狂人日记》

一、前言：明治时代相关语境的导入

鲁迅小说《狂人日记》是中国现代文学的奠基之作，也是作者以"鲁迅"的笔名发表的第一篇作品。该文作于1918年4月，登载在同年5月出刊的《新青年》杂志四卷五号上。由于事关中国现代文学以及作家"鲁迅"之诞生，九十多年来（编按：本文发表于2012年），《狂人日记》及其相关研究在中国现代文学研究史和鲁迅研究史中都占有重要一页。仅中国知网数据库所收论文数就已超过一千四百篇，在史家著述里甚至有"狂人学史"这样的提法。[1]

其中，《狂人日记》是怎样写作的，其创作过程是怎样的，

---

[1] 参阅张梦阳：《中国鲁迅学通史》六卷本，广州：广东教育出版社，2005年。在该通史中，以单篇作品研究而构成"学史"的只有《阿Q正传》和《狂人日记》两篇——参阅下卷一：第十三章"阿Q学史"和第十四章"狂人学史"。

一直是很多论文探讨的重要课题。不过论述的展开还都大抵基于鲁迅自己所作的"说明",[2]即作品"形式"借鉴于果戈理的同名小说,而"礼教吃人"的主题则"乃悟"于《资治通鉴》。这在鲁迅研究当中已经作为一种常识被固定下来。而实证研究亦业已在事实关系上明示出鲁迅对果戈理的借鉴:"狂人日记"这一作品名和"日记"形式直接取自明治四十年(1907)《趣味》杂志第二卷第三、四、五号上连载的"长谷川二叶亭主人"(即二叶亭四迷,Futaba Teishimei,1864—1909)自俄语译成日语的果戈理的《狂人日记》。[3]然而,在与作品主题相关之处却还留有若干疑问,比如鲁迅说他"偶阅《通鉴》,乃悟中国人尚是食人民族,因成此篇"[4],那么他读到的是《资治通鉴》里的哪

---

[2] 参见《且介亭杂文·〈中国新文学大系〉小说二集序》,《鲁迅全集》第六卷;1918 年 8 月 20 日致许寿裳,第十一卷,北京:人民文学出版社,1981 年。本文引文皆出自该版。

[3] 姚锡佩:《鲁迅初读〈狂人日记〉的信物——介绍鲁迅编定的"小说译丛"》,载《鲁迅藏书研究》,北京鲁迅博物馆、鲁迅研究室编,1991 年。在起草本稿之际,笔者重新确认了《趣味》杂志连载的三期,获得了更为详细的版本信息,兹列如下,以作为补充。又,姚文将明治四十年标为 1906 年也是不对的,应为 1907 年。
《狂人日记》(ゴーゴリ原作) 二葉亭主人訳 [目録訳者名:长谷川二葉亭主人]
《趣味》第二卷第三号(一至五页) 明治四十年(1907)三月一日
《狂人日记》(ゴーゴリ原作)(承前) 二葉亭主人訳 [目録訳者名:长谷川二葉亭主人]
《趣味》第二卷第四号 明治四十年四月一日(一至十四页)
《狂人日记》(ゴーゴリ原作)(承前) 二葉亭四迷訳 [目録訳者名:长谷川二葉亭主人]
《趣味》第二卷第五号 明治四十年五月一日(一五一至一六一页)

[4] 1918 年 8 月 20 日致许寿裳,《鲁迅全集》第十一卷,353 页。

些记述？而他又是通过怎样的契机去"偶阅《通鉴》"的呢？这些问题都与作品"吃人"意象的创出密切相关却又悬而未决。

《狂人日记》给读者带来的最具冲击力的阅读体验，便是"吃人"意象的创造。"吃人"这一意象令主人公"狂人"恐惧，也强烈震撼着读者。全篇四千八百七十字，"吃人"一词出现二十八次，平均每一百七十字出现一次，其作为核心语词支撑和统领了全篇，成为表达作品主题的关键。不仅如此，正像在《热风》（第四十二篇、第五十四篇，1919）和《灯下漫笔》（1925）等篇中所看到的那样，"吃人"这一意象还拓及文明史批评领域，并使其成为贯穿"鲁迅"整体的一个关键词。那么，"吃人"这一意象为什么会被创造出来？它又是怎样被创造的呢？本文旨在就此尝试一种思路，那就是把日本明治时代有关"吃人"的言说作为一种语境导入《狂人日记》这篇作品的研究中来。

如果先讲结论的话，那么笔者以为，《狂人日记》中"吃人"这一意象是在日本明治时代相关讨论的知识背景下创造出来的，或者可以说明治时代关于"吃人"的言说为《狂人日记》的创作提供了一个"母题"。

当然这还只是一个假说。为讲清楚这个问题，也就有必要暂时离开《狂人日记》，而先到明治时代的"言说"中去看个究竟，看看那个时代为什么会有"吃人"这一话题以及这一话题是被如何谈论的。

二、明治时代以来有关"食人"或"人肉"言说的基本文献

在日语当中,"吃人"一词的汉字写作"食人"。笔者以"食人"或"人肉"为线索,查阅了相关文献并获得初步认识:日本近代以来关于"食人"或"人肉"的言说,发生并成形于明治,完善于大正,延续到昭和乃至现在。

日本近代以来年号与公历年之对应关系如下(本文以汉字数字表示日本年号,阿拉伯数字表示公元纪年):

明治历时四十五年:1868年9月8日—1912年7月29日

大正历时十五年:1912年7月30日—1926年12月24日

昭和历时六十四年:1926年12月25日—1989年1月7日

平成年号:1989年1月8日至今(2012年),2011年为平成二十三年

就与《狂人日记》相关的意义而言,文献调查的重点当然是放在明治时期,但考虑作为一种"言说"的延续性和鲁迅创作并发表这篇作品的时期在时间上与大正有很大的重合,故文献调查范围也扩大到大正末年。这样,就获得了明治、大正时期有关"食人"或"人肉"言说文献的"总量轮廓"。这里所说的"总量"是指笔者调查范围内所获文献总量,那肯定是不完整的,因此呈现的只能是一个"轮廓"。不过,即便是"轮廓",

相信其中也涵盖了那些主要的和基本的文献。请参见图表1。[5]

图表1：明治、大正时期有关"食人"或"人肉"言说的出版物统计

年代	书籍 1882—1912；1912—1926	杂志 1879—1912；1913—1926	《读卖新闻》1875.6.15—1912.4.9 1913.9.4—1926.5.31	《朝日新闻》1881.3.26—1911.3.24 1913.10.20—1926.10.29	总数
明治时期	34	20	22	49	125
大正时期	28	15	29	64	136
分类合计	62	35	51	113	261

如表所示，查阅的对象是明治、大正两个时期的基本出版物，具体区分为书籍、杂志和报纸；报纸只以日本两大报即《读卖新闻》和《朝日新闻》为代表，其余没纳入统计范围。从调查结果可以知道，在自1875年到1926年的半个世纪里得相关文献261件。这些文献构成本论所述"言说"的基本话语内容及其历程。不过，还有几点需要加以说明：

（1）两份报纸相关文献数总和虽然多于书籍、杂志相关文献数总和，呈一百六十四对九十七之比例，但在体现"言说"的力度方面，在内容的丰富、系统和深度上都无法与书籍、杂

---

[5] 因篇幅所限，各文献信息列表在此从略。

志相比,因此,在本论当中,报纸只作参阅文献来处理。

(2)作为文献主体的书籍和杂志,时间跨度四十七年(1879—1926),数量为九十七件,综合平均,大约每年两件,基本与该"言说"的呈现和传承特征相一致,那就是既不"热",也不"冷",虽几乎看不到集中讨论,其延续性探讨却一直存在,呈涓涓细流源源不断之观。

(3)书籍的数量明显多于杂志里的文章,但两者存在着相互关联,一些书籍是由先前发表在杂志上的文章拓展而成的。同时也存在着同一本书再版发行的情况。

三、有关"食人"或"人肉"言说的时代背景及其成因

那么,为什么明治时代会出现有关"食人"或"人肉"即Cannibalism的言说?或者说为什么会把"食人"或"人肉"作为一个问题对象来考察、来讨论?其时代背景和话题背景又是怎样的呢?当然,若求本溯源去细究,那么便肯定会涉及"前史",这里拟采取近似算数上的"四舍五入"方式,姑且把话题限制在明治时代。从这个意义上讲,"文明开化"便显然是"食人"言说的大背景。这一点毫无疑问。不过除此之外,私以为至少还有三个具体要素值得考虑:(1)"食用牛肉之始";(2)知识的开放、扩充与"时代趣味";(3)摩尔斯关于大森贝冢的发现及其相关报告。

首先是"食用牛肉之始"。让一个从没吃过肉的人讨论"肉"是不现实的,更何况涉及的还是"人肉"。从这个意义上说,明治时代的开始食用牛肉及其相关言论便构成了后来"食人"或"人肉"言说的物质前提和潜在话语前提之一。

那个时代对"肉"的敏感,远远超乎今天的想象。伴随着"文明开化",肉来了,牛肉来了,不仅带来嗅觉和味觉上的冲击,更带来精神意识上的震撼。接受还是不接受?吃还是不吃?对于向来不吃肉并且视肉为"不洁之物"的绝大多数日本人来说,遭遇到的当是一次大烦恼和大抉择。尽管日本举国后来还是选择了"吃",并最终接受了这道餐桌上的"洋俗",但其思想波纹却鲜明地保留在了历史记录当中。明治五年(1872)农历正月二十四日,天皇"敕进肉馔":"时皇帝……欲革除嫌忌食肉之陋俗,始敕令进肉馔,闻者啧啧称赞睿虑之果决,率先唤醒众庶之迷梦。"[6] "吃肉"等于"文明开化",对之加以拒绝,"嫌忌食肉"则是"陋俗""迷梦",要被摆在"革除"和"唤醒"之列,天皇率先垂范,其行为本身便构成了"明治启蒙"的一项重要内容。石井研堂(Ishii Kendo,1865—1943)《明治事物起原》有专章记述"食用牛肉之始",[7] 这里不作展开。总

---

[6] 山田俊造、大角豊次郎,《近世事情》五编卷十一,4页。全五编十三卷,明治六至九年(1873—1876)刊。
[7] 石井研堂《明治事物起原》"牛肉食用之始"有不同版本:桥南堂,明治四十一年(1908)版,403—416页;日本评论社,昭和五十九年(1984)版,《明治文化全集·别卷》,1324—1333页。

之，自那时起，日本上下共谋，官民一体，移风易俗，开启了一个食肉的"文明时代"。

诚如当时的戏作文学家假名垣鲁文（Kanagaki Robun, 1829—1894）所著的滑稽作品《安愚乐锅》（安愚楽鍋）所记："士农工商，男女老幼，贤愚贫富，争先恐后，谁不吃牛锅谁就不开化进步。"[8]鲁迅后来有文章挖苦留学生"关起门来炖牛肉吃"，跟他"在东京实在也看见过"有关，[9]追本溯源，也都是当初"吃牛肉即等于文明开化"之影响的遗风。

明治时代的"文明开化"，不仅引导了日本国民的食肉行为，也在客观上唤起了对"肉"的敏感与关注，而"人肉"和"吃人肉"也当然是这种关注的潜在对象。例如，既然"吃肉"是"开化"，是"文明"的，那么紧接着的问题就是，当得知同一个世界上还存在"食人肉人种"时，该去如何评价他们的"吃肉"？如果按照当时的"文明论"和"进化论"常识，将这类人种规定为"野蛮人种"，从而认定"吃肉的我们"与"吃肉的他们"本质不同，存在文野之别，而当陆续得知包括自己在内的世界"文明人种"也可能"吃人"时，又会产生怎样一种混乱？笔者以为，这些都是"食用牛肉之始"的实践后预设下的关系到"食人"或"人肉"言说的潜在问题，具有向后者发展的很大暗示性。

---

[8] 假名垣鲁文『牛店雑談安愚楽鍋』初编，5頁，早稻田大學圖書館藏。
[9]《华盖集续编·杂论管闲事·做学问·灰色等》，参见《鲁迅全集》第三卷，22—23页。

其次，是知识的开放、扩充与"时代趣味"。对明治时代来说，"文明开化"当然并不仅仅意味着吃肉，这一点毋庸赘言；更重要的还是启蒙，导入新知，放眼看世界。明治元年（1868）四月六日，明治天皇颁布《五条誓文》，也就是明治政府的基本施政方针，其第五条即为"当求智识于世界"〔10〕。借用西周（Nishi Amane，1829—1897）的"文眼"，可以说这是一个"百学连环"而又由philosophy创设出"哲学"这一汉字词语的时代。〔11〕由《明六杂志》和《东京学士会院杂志》所看到的知识精英们对"文明"的广泛关注自不待言，〔12〕其中就有关于"食人肉"的话题。这一点将在后面具体展开。民间社会亦对来自海内外的类似新鲜事充满好奇与热情。因此，所谓"食人"或"人肉"言说，便是在这种大的知识背景下出现的。对于一般"庶民"来说，接触这类"天下奇闻"主要还是通过报纸和文学作品。

---

〔10〕「御誓文之御寫」,『太政官日誌』第一冊，慶応四年，国会図書館近代デジダルライブラリー。

〔11〕西周属于明治时代首批启蒙学者，曾在明治维新以前往荷兰留学，精通汉学并由兰学而西学，在介绍西方近代科学体系和哲学方面做出了开创性贡献。其将encyclopedia（百科全书）按希腊原词字义首次译成"百学连环"，而《百学连环》亦是其重要著作，奠定了日本近代"学科"与"科学"哲学体系的基础。现在日本和中国所通用的"哲学"一词也是西周由philosophy翻译过来的。

〔12〕《明六杂志》为明治初期第一个启蒙社团明六社的机关刊物，明治七年（1874）四月二日创刊，明治八年（1875）十一月十四日停刊，共出四十三号，对"文明开化"期的近代日本产生了极大的启蒙影响。《东京学士会院杂志》为明六社的后继官办团体东京学士会院的机关刊物，对科学启蒙产生了重要影响。两种杂志都表现出对近代自然科学和人文科学的广泛关注。

例如明治八年（1875）六月十五日《读卖新闻》和《朝日新闻》同日报道同一则消息说，播州一士族官员与下女私通，被"细君"即太太察知，趁其外出不在时杀了下女，并割下股肉，待官员归宅端上"刺身"；《读卖新闻》翌年十月十九日援引一则《三重新闻》的报道说，斐济岛上最近有很多食人者聚集，出其不意下山捕人，已有妇女儿童等十八人被吃。在本论所掌握的"言说文献"中，还有明治十五年（1882）出版的清水市次郎《绘本忠义水浒传》，其第五册卷之十四，便是《母夜叉孟州道卖人肉》的标题——当然是用日文。不过，与这类日本庶民早已耳熟能详的东方故事相比，来自西洋的"人肉故事"似乎更能唤起人们的好奇心。莎士比亚（William Shakespeare，1564—1616）的《威尼斯商人》由井上勤（Inoue Tsutomu，1850—1928）译成日文并于明治十六年（1883）十月由东京今古堂出版后，在短短的三年内至少重印六种版本[13]，这还未计杂志上的刊载和后来的原文讲读译本。该本之所以被热读，依日本近代"校勘之神"神代种亮（Kojiro Tanesuke，1883—1935）的见解，该本"看点"有二，一是"题名之奇"，二是"以裁判为题

---

[13] 这六种版本为：(1) 英国西斯比亚著、日本井上勤訳：『西洋珍說人肉質入裁判』，东京古今堂，明治十六年（1883）十月；(2) 东京古今堂，明治十九年（1886）六月；(3) 东京闇花堂，明治十九年八月；(4) 东京鹤鸣堂，明治十九年八月；(5) 东京鹤鸣堂二版，明治十九年十一月；(6) 东京广知社，明治十九年十一月。

材",二者皆投合了当时的"时尚"。[14] 所谓"题名"非同现今日译或汉译译名,而是《西洋珍说人肉质入裁判》。日文"质入"一词的意思是抵押,"裁判"的意思是法院审判,用现在的话直译,就是《人肉抵押官司》。很显然,"人肉"是这个故事的"看点"。威尼斯富商安东尼奥为了成全好友巴萨尼奥的婚事,以身上的一磅肉作抵押,向犹太高利贷者夏洛克借债,从而引出一场惊心动魄的官司,对于当时的读者来说是令人叹为观止的"西洋珍说",用神代种亮的话说,就是体现了"文明开化期日本人所具有的一种兴趣"[15]。

事实上,文学作品始终是这种时代"兴趣"和"食人"言说的重要承载,除了《人肉质入裁判》外,同时代翻译过来的《寿其德奇谈》[16] 和后来羽化仙史的《食人国探险》[17]、涩江不鸣的《裸体游行》[18] 等都是这方面的代表作。

然而"人肉故事"不独囿于猎奇和趣味范围,也扩展为新兴科学领域内的一种言说。尤其是美国动物学者摩尔斯(Edward Sylvester Morse,1838—1925)的到来,既为日本带来

---

[14] 『人肉質入裁判解題』,明治文化研究會編:『明治文化全集』,第十五卷,『翻訳文芸篇』,日本評論社,1992年,30頁。
[15] 同上。
[16] スコット著『寿其德奇谈』,明治十八年(1885)十一月,内田弥八刊刻。
[17] 大學館「冒険奇怪文庫」第十一、十二編,明治三十九年(1906)。2008年冬蒙复旦大学龙向洋先生教示,获知该本有中译本,即羽化仙史著,觉生译:《食人国探险》(『食人國探險』),保定:河北粹文书社,1907年,现藏北京师范大学图书馆。
[18] 出版社不详,明治四十一年(1908)。

了"言传身教"的进化论,也将关于"吃人"的言说带入进化论、人类学、法学、经济学乃至文明论的领域。这就是接下来将要介绍的摩尔斯关于大森贝冢的发现及其相关报告。

摩尔斯出生于美国缅因州波特兰市,自1859年起的两年间在哈佛大学担任著名海洋、地质和古生物学者路易·阿卡西(Jean Louis Rodolphe Agassiz,1807—1873)教授的助手并旁听该教授的课程。在此期间刚好赶上达尔文(Charles Robert Darwin,1809—1882)《物种起源》(1859)出版发行,摩尔斯便逐渐倾向进化论。1877年即明治十年的六月,他为研究腕足动物自费前往日本考察,旋即被日本文部省聘为东京大学动物学和生理学教授。摩尔斯是第一个在日本传授进化论、动物学、生物学和考古学的西方人,其在东京大学任教期间所作的进化论和动物学方面的讲义,由其东大听讲弟子石川千代松(Ishikawa Chiyomatsu,1860—1935)根据课堂笔记相继整理出版,其《动物进化论》(万卷书房,1883)和《进化新论》(东京敬业社,1891),都是公认的进化论在日本的早期重要文献,[19]也是鲁迅到日本留学之后学习进化论的教科书[20]。摩尔斯的最大贡献,也是他到日本的最大收获,即发现大森贝冢。大森贝冢位于现在东京都品川区和大田区的交汇处,是1877年6月19

---

〔19〕 金子之史『モースの「動物進化論」周辺』,『香川大学一般教育研究』第十一号,1977年。

〔20〕 参见中島長文「藍本『人間の歴史』」,『滋賀大国文』,1978、1979年。

日摩尔斯乘火车由横滨往新桥途中经过大森车站时，透过车窗在眼前的一座断崖处偶然发现的。这是一座日本"绳文时代"（一万六千年前到三千年前）的"贝冢"，保留了丰富的原始人生活痕迹。摩尔斯于同年 9 月 16 日带领东大学生开始发掘，出土了大量的贝壳、土器、土偶、石斧、石镞、鹿和鲸鱼乃至人的骨片等，这些后来都成为日本重要的国家级文物。1879 年 7 月摩尔斯关于大森贝冢调查发掘的详细报告由东京大学出版，题目为"Shell Mounds of Omori"。[21] 大森贝冢的发现与摩尔斯的研究报告在当时引起轰动，其中最具冲击力的恐怕是他基于出土人骨所作的一个推论，即日本从前曾居住着"食人人种"。不难想象，当 1878 年 6 月他在东京浅草须贺町井深村楼当着五百多名听众的面，首次披露自己的这一推论时，[22] 对于正在"文明开化"的近代化道路上匆忙赶路的"明治日本"来说，引起的该是怎样一场心灵震撼。

很显然，除了整个时代的文化大背景外，摩尔斯的上述见解，构成了此后关于"吃人（食人）"或"人肉"言说"科学性"展开的主要契机。

---

[21]《东京大学文理学部英文纪要》(*Memoirs of the Science Department, University of Tokyo*) 第一卷第一部。
[22]「大森村発見の前世界古器物について」,『なまいき新聞』第三、四、五號，明治十一年（1878）七月六日、十三日、二十日。『大森貝塚』「関連資料（三）」，近藤義郎、佐原真訳，岩波書店，1983 年。

四、摩尔斯之后关于"食人"言说的展开

最早将摩尔斯的上述见解以日文文本形态传递给公众的，是明治十二年（1879）东京大学出版会出版的《理科会粹》第一帙上册，在《大森介墟古物篇》内的《食人种之证明》这一小标题下，明确记述着摩尔斯的推断，译文如下：

> 在支离散乱的野猪和鹿骨当中，往往会找到人骨……没有一具摆放有序，恰和世界各地介墟所见食人遗迹如出一辙。也就是说，那些人骨骨片也同其他猪骨鹿骨一道在当时或为敲骨吸髓，或为置入锅内而被折断，其留痕明显，人为之斑迹不可掩，尤其在那些人骨的连筋难断之处，可以看到留在上面的最深而且摧残严重的削痕。[23]

这是摩尔斯推断日本远古时代存在食人风俗的关键性的一段话。私以为，这段话在思想史上的意义恐怕比作为考古学的一项推论更加重要，因为自摩尔斯开始，所谓"食人"就不一定只是"他者"的"蛮俗"，而是与日本历史和日本精神史密切相关的自身问题。换句话说，就是一个将"他者"转化为"自己"的问题。日本过去也存在过食人人种吗？也有过食人风俗吗？

---

[23] 矢田部良吉口述，寺内章明笔记。在《大森贝冢》一书中为"食人の风习"部分。

在这些问题的背后,就有着自己可能是食人者的后裔这样一种惶惑。事实上,此后许多具有代表性的重要论文和书籍,都是围绕摩尔斯的这一论断展开的,也可以说"摩尔斯"是后续"食人"言说的所谓"问题意识"。

作为对摩尔斯的"反应",最为引人注目的是"人类学会"的成立和该学会杂志上发表的相关文章。"人类学会"后改称"东京人类学会",正式成立于明治十九年(1886)二月,会刊《人类学会报告》,后来伴随学会名称的变化相继改称《东京人类学会报告》和《东京人类学会杂志》,其当初的关注对象是"动物学以及古生物学上之人类研究、内外诸国人之风俗习惯、口碑方言、史前或史上未能详知之古生物遗迹等"[24]方面的研究,目的"在于展开人类解剖、生理、发育、遗传、变迁、开化等研究,以明人类自然之理"[25]。很显然,最早这是一个"以学为主"的学生同人团体。不过他们在生物学和考古发掘方面的兴趣却是"大学教授摩尔斯君于明治十二年在大森贝冢"的发掘、采集以及各种相关演说引起的——据发起人之一坪井正五郎(Tsuboi Shogoro,1863—1913)介绍,他们此后也开始对日本古人类生活遗迹展开了独立调查与发掘,并有所发现,同时也展开讨论,每月一次例会,到学会成立时已开过十四次例

---

[24]《人类学会报告》第一号首页,明治十九年二月。
[25]《人类学会略则》,出处同上。

会，而第十五次例会报告便是《人类学会报告》"第一号"，[26]成员也由当初的四名"同好"发展到二十八人，[27]而此后人数更多，遂成为日本正规的人类学学术研究机构。

"食人""食人种""食人风俗"等当然也是"人类学"感兴趣的课题之一，见于会刊上的主要文章和记事有（「」内为日文原标题篇名，『』为书名，下同）：

（1）入泽达吉：「人肉を食ふ說」（食人肉说），第二卷第十一号，明治二十年（1887）一月。

（2）寺石正路：「食人風習に就いて述ぶ」（就食人风习而述），第四卷第三十四号，明治二十一年（1888）十二月。

（3）寺石正路：「食人風習論補遺」，第八卷第八十二号，明治二十六年（1893）一月。

（4）鸟居龙藏：「生藩の首狩」（野蛮部落之猎取人头），第十三卷第一百四十七号，明治三十一年（1898）六月。

（5）『食人風習考』（作者不详，介绍寺石正路同名著作），同上。

（6）伊能嘉矩：「台湾にぉける食人の風俗（台湾通信ノ第二十四回）」（台湾的食人风俗，台湾通信之第二十四回），第十三卷第一百四十八号，明治三十一年（1898）七月。

（7）今井聪三节译：「食人風俗」，第十九卷第二百二十号，

---

[26] 参见坪井正五郎《本会略史》，出处同上。
[27] 参见"第一号"所载"会员姓名"。

明治三十七年（1904）七月。

其中（1）和（7）是对西方学者相关"食人"的调查与研究的介绍；（2）（3）（5）都与寺石正路（Teraishi Masamichi, 1868—1949）有关。事实上，在"食人"研究方面，明治时代做得最为理论化和系统化的就是寺石正路。他不仅提供了丰富的"食人"事实，而且也试图运用进化论来加以阐释。他和其他论者一样，不太同意摩尔斯关于日本人过去"食人"的推断，但又是在日本旧文献中找到"食人"例证最多的一个研究者。1898年，他将自己的研究集成专著作为东京堂"土阳丛书"第八编出版，书名为《食人风俗考》。（4）和（6）是关于台湾"生藩""食人"的现地报告，与甲午战后日本占领台湾直接相关。

除了上列《东京人类学会杂志》上发表的文章外，"人类学"方面的书籍和论文至少还有两种值得注意，一种是英国传教士约翰·巴奇拉（John Batchelor, 1854—1944）所著《爱奴人及其说话》（1900），[28]另一种是河上肇的论文《食人论——论作为食料的人肉》（1908）。[29]巴奇拉自明治十六年（1883）起开始在日本北海道传教，对爱奴人有深入的观察和研究，该书是他用日语所作的关于爱奴人的专著，是此前他用英文所写论文的

---

[28] ジェー・バチエラ著『アイヌ人及其說話』上编，明治三十三年（1900）十二月；中编，明治三十四年（1901）九月。
[29] 「雜録：食人論論——食料トシテノ人肉ヲ論ス」，『京都法学会雜誌』第三卷十二號，明治四十一年（1908）。

内容总汇，对日本的爱奴人研究产生了巨大影响。其第二章《爱奴人之本居》开篇就说："爱奴最早居住在日本全国；富士山乃爱奴之称呼；爱奴为虾夷所驱逐；爱奴乃食人肉之人种也。"[30] 由此"食人肉"也成为爱奴人的一种符号。河上肇是经济学家，也是将马克思主义经济学导入东亚的重要学者，在后来中国追求"社会主义"的年轻学子当中也很有魅力，1924年郭沫若在翻译完了他的《社会组织与社会革命》后还要再译《资本论》都与之相关。他于1908年发表的这篇论文当然不乏"作为食料"的经济学意义上的考虑，事实上他后来也将该篇论文纳入"经济学研究"的"史论"当中。[31] 但总体上来说，他实际是通过这篇论文来参与他并不是特别熟悉的"人类学"领域的讨论，而且主要用意在于"论破"摩尔斯的日本古人食人风俗说。[32]

摩尔斯与河上肇前后整整有三十年的间隔，三十年后不同领域的人特意以两万多字的长篇大论来作反驳，亦足见摩尔斯的影响。

此外，"食人"言说也衍及法学领域，引起相关的法律思考。在法学杂志上可以看到同船漂泊因缺少食物而吃掉同伴的"国际案例"；而在探讨老人赡养问题的专著中，亦有很大篇幅

---

[30]『アイヌ人及其說話』上編，5頁。
[31]『経済学研究』下篇，史论：第八章　食人俗略考，博文館，大正元年（1912）；后收入『河上肇全集』第六卷，岩波书店，1982年。
[32]『河上肇全集』第六卷，305—306页。

涉及与"食人"有关的法律问题。前者以原龟太郎、岸清一《漂流迫饿食人件》[33]为代表，后者以穗积陈重（Hozumi Nobushige，1856—1926）《隐居论》[34]为代表，而在上面提到的河上肇的论文亦对这两种资料有广泛的引用。

总之，"食人"言说凭借新闻媒体和文学作品的承载，作为整个明治时代的一种"兴趣"而得以在一般社会延续，同时作为一个学术问题也于考古学、进化论、生物学、人类学、民族学、社会学、法学乃至文明论等领域广泛展开，摩尔斯无疑为这一展开提供了有力的契机。在这个前提下，接下来的内容便可具体化到这样一个问题上来，那就是明治时代"食人"言说中的"支那"。

五、"支那人食人肉之说"

在整个明治时代的"食人"言说中，所谓"支那人食人肉之说"占了相当大的比重。从一个方面而言，也是中国历史上大量相关的史料记载为"食人"这一话题或讨论提供了丰富的素材。事实上，在摩尔斯作出日本过去存在"食人人种"的推断后，对其最早作出回应的论文就是神田孝平（Kanda Takahira，1830—1898）的《支那人食人肉之说》，该文发表在

---

[33] 『法学協会雑誌』第二卷第七十一號，明治二十二年（1889）。
[34] 哲學書院「法理学叢書」，明治二十四年（1891）。

明治十四年（1881）十二月发行的《东京学士会院杂志》第三编第八册上。[35]

神田孝平是明治时代首批知识精英中的一员，亦官亦学，为明治开化期的启蒙作出了重要贡献。他不仅在《明六杂志》上就"财政""国乐""民选议员""货币""铁山"等问题展开广泛论述，[36]也是承继于前者的国家学术机构——日本学士会院的七名筹办者[37]和首批二十一名会员之一，还担任过副会长和干事。[38]当坪井正五郎等青年学生筹办成立"人类学会"之际，他又以"兵库县士族"的身份奖掖后学，出任会刊《人类学会报告》的"编辑并出版人"，而且在该刊上先后发表过三十九篇文章，成为日本近代"人类学"滥觞和发展的有力推动者。[39]

《支那人食人肉之说》是神田孝平的一篇重要论文，虽然未提摩尔斯的报告，却被视为是对摩尔斯的间接回应，[40]其所

---

[35] 神田孝平述「支那人人肉ヲ食フノ說」。
[36] 神田孝平发表过八篇论文，分别见于《明六杂志》第十七、十八、十九、二十二、二十三、二十六、三十三、三十七号。
[37] 参阅《日本学士院八十年史》第一编第一章"东京学士会院的设立"，日本学士院，昭和三十七年（1904），65页。神田孝平是在提交给文部大臣"咨询书"上签名的七位学术官员之一。
[38] 《日本学士院八十年史（资料编一）》，17—18页。
[39] 参见《人类学会报告》第一号版权页，明治十九年（1886）二月；《东京人类学杂志》第十三卷第百四十八号所载「男爵神田孝平氏ノ薨去」「故神田孝平氏ノ論說報告」「記念図版」，明治三十一年（1898）七月二十八日。
[40] 作为官员学者，神田孝平对摩尔斯的考古调查有很深的介入，或提供支持，或参与讨论，或将其考古发现介绍给皇室以供"天览"。参阅《大森贝冢》13、151、195页。

提出的问题是:野蛮人吃人并不奇怪,那么"夙称文明之国,以仁义道德高高自我标榜"的"支那",自古君臣子民食人肉之记载不绝于史,又该作何解释呢?这在当时确是人类学所面临的问题,同时也是历史学、社会学乃至文明论所面临的问题。三十八年后,吴虞在五四新文化运动时期借鲁迅《狂人日记》的话题,将"吃人"与"礼教"作为中国历史上对立而并行的两项提出,其精神正与此相同。[41] 不过,神田孝平似乎无心在这篇论文中回答上面的问题,而是对"食人"方法、原因,尤其是对"食人"的事实本身予以关注,这就构成了该论文的最大特点,那就是高密度的文献引用。全文两千六百多字,援引"食人"例证多达二十三个,平均每百字就有一个例子,它不仅将文献学方法带入人类学研究领域,为这一领域提供了新的参照系统,同时也为此后"支那人食人肉之说"构筑了基本雏形,对"食人"研究产生了举足轻重的影响。兹译引一段,以窥一斑。

> 支那人食人肉者实多,然食之缘由非一,有因饥而食者,有因怒而食者,有因嗜味而食者,有为医病而食者。调理之法亦有种种,细切生食云脔,如我邦之所谓刺身;干而燥之云脯,我邦之所谓干物也;有烹而为羹者,有蒸食者,而最多者醢也。所谓醢者亦注为肉酱,又有注曰,

---

[41] 吴虞:《吃人与礼教》,《新青年》六卷六号,1919 年 11 月 1 日。

先将其肉晾干而后切碎,杂以粱曲及盐,渍以美酒,涂置于瓶中百日则成,大略如我邦小田原制之盐辛者也。今由最为近易之史,抄自变量例,以供参考之资。支那史中所见最古之例当首推殷纣王。据《史记》,殷纣怒九侯而醢之,鄂侯争之并脯之。设若是乃有名暴君乘怒之所为,其非同寻常自不待言,然若非平生嗜人肉味而惯于食之,又安有醢之脯之储而充作食用等事焉?由是可征在当时风习中有以人肉为可食,嗜而食之者也。其后齐桓公亦食人肉……

此后那些在日本、中国乃至世界各国古代文献中发现新的"食人"例证的研究,不论是否明确提到神田孝平,却几乎都始于神田的这篇先行论文。就"支那"关系而言,包括神田孝平在内,重要文献如下:

(1)神田孝平:「支那人人肉ヌ食フノ說」(支那人食人肉之说),《东京学士会院杂志》第三编第八册,明治十四年(1881)十二月;

(2)穗积陈重:『隱居論』,哲学书院,明治二十四年(1891);

(3)寺石正路:『食人風俗考』,东京堂,明治三十一年(1898);

(4)南方熊楠:"The Traces of Cannibalism in Japanese Records"(日本の記録にみえる食人の形跡,即日本文献中所见吃人之痕

迹），[42] 系明治三十七年（1903）三月十七日向英国《自然》杂志的投稿，未发表；

（5）芳贺矢一：『国民性十論』，东京富山房，明治四十年（1907）；

（6）桑原骘藏：「支那人ノ食人肉風習」（支那人之食人肉风习），《太阳》第二十五卷七号，大正八年（1919）；

（7）桑原骘藏：「支那人間に於ける食人肉の風習」（支那人当中的食人肉之风习），《东洋学报27》第十四卷第一号，东洋学术会（东洋学术会），大正十三年（1924）七月。

除了南方熊楠之外，后继研究文本有两个基本共同点，一个是重复或补充神田孝平提出的例证，另一个是持续论证并确认神田孝平所提出的问题，即"吃人肉是支那固有之风习"。图表2是相关文献所见"支那"例证统计对照表。

图表2：各文献所见"支那"例证数量对照表

编号	作者	发表年份	例证数量	备注
（1）	神田孝平	1881	23	首提《史记》《左传》《五杂俎》等史籍中的记载。
（2）	穗积陈重	1891	10	同时提供了日本和世界各地的例证。
（3）	寺石正路	1898	23	同时提供了日本和世界各地的例证。

---

[42] 英文原文现收《南方熊楠全集》别卷二，平凡社，昭和五十年（1975）；日文翻译见《南方熊楠英文论考〈ネイチヤー〉志篇》，饭仓平照监修，松居龙五、田村义也、中西须美译，集英社，2005年。

续表

编号	作者	发表年份	例证数量	备注
(4)	南方熊楠	1903	0	无具体例子，但所列文献有：神田孝平、雷诺的作品及《水浒传》《辍耕录》《五杂俎》。
(5)	芳贺矢一	1907	12	《资治通鉴》四例,《辍耕录》八例。
(6)	桑原骘藏	1919	22	为1924年完成版之提纲。
(7)	桑原骘藏	1924	200以上	与西方文献参照、印证。
合计			288	

关于（1），神田孝平的最大贡献在于他提醒人们对中国古代文献记载的关注，其援引的《史记》《左传》和谢肇淛《五杂俎》等都是后来论者的必引文献，直到四十年后，桑原骘藏（Kuwahara Jitsuzo，1870—1931）仍高度评价他的开创性贡献。关于（2），上面提到，穗积陈重的《隐居论》是从近代法理学角度来探讨日本由过去传承下来的"隐居制"的专著。所谓"隐居"，具体是指老人退出社会生活，涉及赡养老人和家族制度，其第一编"隐居起原"下分四章：第一章"食人俗"、第二章"杀老俗"、第三章"弃老俗"、第四章"隐居俗"。从这些标题可以知道，在老人可以"隐居"的时代到来之前，其多是遭遇被吃、被杀和被弃的命运。第一编援引了十个"支那"例证，并非单列，而是同取自日本和世界各国的例证混编在一起。上面介绍过的河上肇在作《食人论》（1908）时，因"就支那之食

人俗未详"〔43〕而多处援引该文本中的例证。关于（3），《食人风俗考》是寺石正路在此前发表在《东京人类学会杂志》上的两篇论文的基础上，进一步整理、扩充的一部专著，也是整个明治时代关于"食人风俗"研究的最为系统化、理论化的专著，取自"支那"的二十三个例子，混编于取自日本和世界各国的例证当中，而尤其值得一提的是，该书也是取证日本本国文献最多的研究专著。关于（4），南方熊楠（Minakata Kumagusu, 1867—1941）是日本近代著名博物学家和民俗学者，1892年至1900年在伦敦求学，因1897年与孙中山在伦敦结识并被孙中山视为"海外知己"，从而成为与中国革命史相关的日本人。在摩尔斯、穗积陈重和寺石正路等先行研究的引导下，南方熊楠也对"食人研究"表现出浓厚兴趣，1900年3月开始调查"日本人食人肉事"，〔44〕6月完成论文《日本人太古食人肉说》，"引用书数七十一种也（和二二、汉二三、英一六、佛［即法国——笔者注］七、伊［即意大利——笔者注］三）"。〔45〕上面所列论文是他回国后向英国《自然》杂志的投稿，虽然并没发表出来，在日本"食人"研究史上却是占有重要地位的一篇。南方熊楠是为数不多的支持摩尔斯见解的日本学者之一，〔46〕对日本"食

---

〔43〕《河上肇全集》第六卷，288页。
〔44〕「ロンドン日記」，1900年3月7日，『南方熊楠全集』别卷二，平凡社，昭和五十年（1975），204页。
〔45〕同上，6月28日日记，222页。
〔46〕他在1911年10月17日致柳田国男的信中，称自己的关于日本"食人"调查"在学问上解除了摩尔斯的冤屈"。《南方熊楠全集》第八卷，205页。

人"文献调查持客观态度,对中国亦然,并无文化上和人种上的偏见。关于(5),芳贺矢一(Haga Yaichi, 1867—1927)所提供的十二个"支那"例证,顾名思义,用意不在"人类学"或其他学问领域,而在于阐释"国民性",因此是将"食人风俗"导入"国民性"阐释的重要文献,而且也正因为这一点,才与鲁迅发生直接关联(后述)。(6)和(7)是历史学家桑原骘藏的专题研究论文,几乎与鲁迅的《狂人日记》发表在同一时期,但都晚于《狂人日记》,因此不论在主题还是在材料上都不可能影响到前者。列出桑原骘藏是因为他是从明治到大正时期整个"支那人食人肉之说"的集大成者。他自认自己的研究是在同一系列中直承神田孝平:

> 支那人当中存在食人肉之风习,绝非耳新之问题,自南宋赵与时《宾退录》、元末明初出现的陶宗仪《辍耕录》始,在明清时代支那学者之随笔、杂录中对食人之史实的片段介绍或评论都并不少见。在日本学者当中,对这些史实加以注意者亦不止二三。就中《东京学士会院杂志》第三编第八册所载、神田孝平氏之《支那人食人肉之说》之一篇尤为杰出。杰出虽杰出,当然还谈不上充分。[47]

正是在神田孝平"杰出"却"不充分"的研究基础上,才有了他"对前人所论的一个进步",不仅对以往"所传之事实"

---

[47]「支那人間に於ける食人肉の風習」,『桑原騭藏全集』第二卷,岩波書店,昭和四十三年(1968),204頁。

进行了更充分也是更有说服力的阐释，也对"支那人食人肉之风习"作出了"历史的究明",[48] 援引例证多达两百以上，是神田孝平例证的八倍，并且远远超过既往所有例证的总和。尤其值得一提的是，桑原骘藏首次大量引用西方文献中同时代的记载，用以印证"支那"文献里的相应内容。

由以上可知，"支那人食人肉之说"始于神田孝平，完成于桑原骘藏，其主要工作是完成对中国历史上"食人"事实的调查和确认，从而构成了一个关于"支那食人"言说的基本内容框架。可以说，《鲁迅全集》所涉及的作为事实的"吃人"，都并未超出这一话语范围，甚至包括小说《药》里描写的"人血馒头",[49] 而《狂人日记》的"吃人"意象诞生在这一框架之内也就毫不奇怪了。

六、芳贺矢一的《国民性十论》

在上述文献中，只有芳贺矢一的《国民性十论》并不重点讨论"食人风俗"，却或许是提醒或暗示鲁迅去注意中国历史上

---

[48]「支那人間に於ける食人肉の風習」,『桑原骘藏全集』第二卷，岩波書店，昭和四十三年（1968），205 页。
[49]「桑原骘藏 1924」援引 *Peking and the Pekingese* .Vol. II, P.243-244:「劊刀手がその斬り首より噴出する鮮血に饅頭漬け、血饅頭を名づけて市民に販賣した」（刽子手将那由斩首喷出的鲜血浸泡过的馒头叫作"血馒头"，卖给市民）。《桑原骘藏全集》第二卷，201—202 页。

"食人"事实的关键性文献。

顾名思义,这是一本讨论"国民性"问题的专著,出版发行于明治四十年(1907)十二月。如果说世界上"再没有哪国国民像日本这样喜欢讨论自己的国民性",而且讨论国民性问题的文章和著作汗牛充栋、不胜枚举的话,[50]那么《国民性十论》则是在日本近代以来漫长丰富的"国民性"讨论史中占有重要地位的一本,历来受到很高评价,影响至今。[51]近年来的畅销书,藤原正彦(Fujiwara Mashahiko,1943—)的《国家的品格》,[52]在内容上便很显然是依托于前者的。

"国民性"问题在日本一直是一个与近代民族国家相生相伴的问题。作为一个概念,从明治时代一开始就有,只不过不同时期有不同的叫法。例如在《明六杂志》中就被叫作"国民风气"和"人民之性质",在"国粹保存主义"的明治二十年代被叫作"国粹",明治三十年代又是"日本主义"的代名词,"国民性"一词是在从甲午战争到日俄战争的十年当中开始被使用并且"定型"的。日本两战两胜,成为"国际竞争场中的一员",在引起西方"黄祸论"恐慌的同时,也带来民族主义的空前高涨,"国民性"一词便是在这一背景下应运而生的。最早以该词作为文章题目的是文艺评论家纲岛梁川(Tsunashima Ryosen,

---

[50] 南博『日本人論——明治から今日まで』まえがき(前言),岩波書店,1994年10月。
[51] 参见生松敬三『「日本人論」解題』,富山房百科文库,1977年。
[52] 『国家の品格』,新潮社『新潮新书141』,2005年。

1873—1907）的《国民性与文学》，[53]发表在《早稻田文学》明治三十一年（1898）五月号上，该文使用"国民性"一词达四十八次，一举将这一词"定型"。而最早将"国民性"一词用于书名的则正是十年后出版的这本《国民性十论》。此后，自鲁迅留学日本的时代起，"国民性"作为一个词语开始进入汉语语境，从而也一举将这一思想观念在留日学生当中展现开来。其详细情形，请参阅笔者的相关研究。[54]

芳贺矢一是近代日本"国文学"研究的重要开拓者。毕业于东京帝国大学（现东京大学）国文科，1900年作为国文科副教授赴德国留学，1902年回国，担任东京帝国大学国文科教授。他首次把西方文献学导入日本"国文学"研究领域，从而令传统的日本"国文学"成为一门近代学问。主要著作有《考证今昔物语集》《国文学史十讲》《国民性十论》等，还编辑校订了多种日本文学作品集。从其死后由后人和弟子们编辑整理的《芳贺矢一遗著》可窥其所留下的研究方面的业绩：《日本文献学》《文法论》《历史物语》《国语与国民性》《日本汉文学史》。[55]

---

[53]『国民性と文学』，本文参阅底本为『明治文学全集46·新岛襄·植村正久·清沢満之·纲岛梁川集』（武田清子、吉田久一编，筑摩书房，1977年10月）。
[54] 李冬木：《"国民性"一词在中国》，佛教大学《文学部论集》第九十一号，2007年；《"国民性"一词在日本》，佛教大学《文学部论集》第九十二号，2008年。
[55]『芳贺矢一遗著』二卷，富山房，1928年。

《国民性十论》是芳贺矢一的代表作之一,部分内容来自他应邀在东京高等师范学校所作的连续讲演,明治四十年(1907)十二月结为一集由富山房出版。在日本近代思想史当中,这可以说是一部近代日本经过甲午战争(1894—1895)和日俄战争(1904—1905)两场战争胜利后"自我认知"的重要文献,是一部向本国国民讲述自己的"国民性"是怎样的书,旨在于新的历史条件下"发挥国民之相性",[56] 建立"自知之明"[57]。

该书分十章讨论日本国民性:(一)忠君爱国;(二)崇祖先,尊家名;(三)讲现实,重实际;(四)爱草木,喜自然;(五)乐天洒脱;(六)淡泊潇洒;(七)纤丽纤巧;(八)清净洁白;(九)重礼节,讲礼法;(十)温和宽恕。虽并不回避国民"美德"中"隐藏的缺点",但主要是讨论优点,具有明显的从积极肯定的方面对日本国民性加以"塑造性"陈述的倾向。"支那食人时代的遗风"的例证就是在这样的语境下被导入的,出现在"温和宽恕"一章。兹将引述例证以及前后文摘如下,以窥全貌。

> 对于不同人种,日本自古以来就很宽容。不论隼人属还是熊袭族,只要归顺便以宽容待之。神武天皇使弟猾、弟矶城归顺,封弟猾为猛田县主,弟矶城为弟矶县主。这

---

[56] 芳贺矢一:《国民性十论》序言。
[57] 芳贺矢一:《国民性十论》结语。

种关系与八幡太郎义家之于宗任的关系相同。朝鲜人和支那人若前来归化，自古就予以接纳。百济灭亡时有男女四百多归化人被安置在近江国，与田耕种，次年又有二千余人移居到东国，皆飨以官食。从灵龟二年的记载可知，有一千七百九十个高句丽人移居武藏之国，并设置了高丽郡。这些事例在历史上不胜枚举，姓氏录里藩别姓氏无以数计。并无随意杀害降服之人或在战场上鏖杀之例。以恩为怀，令其从心底臣服，是日本自古以来的做法。像白起那样坑杀四十万赵国降卒的残酷之事，在日本的历史上是找不到的。读支那的历史可以看到把人肉腌制或调羹而食的记载，算是食人时代的遗风吧。

支那人吃人肉之例并不罕见。《资治通鉴》"唐僖宗中和三年"条记："时民间无积聚，贼掠人为粮，生投于碓硙，并骨食之，号给粮之处曰'舂磨寨'。"这是说把人扔到石臼石磨里捣碎碾碎来吃，简直是一幅活灵活现的地狱图。翌年也有"盐尸"的记载："军行未始转粮，车载盐尸以从。"盐尸就是把死人用盐腌起来。又，"光启三年"条记："宣军掠人，诣肆卖之，驱缚屠割如羊豕，讫无一声，积骸流血，满于坊市。"实在难以想象这是人间所为。明代陶宗仪的《辍耕录》记：

"天下兵甲方殷，而淮右之军嗜食人，以小儿为上，妇女次之，男子又次之。或使坐两缸间，外逼以火。或于铁架上生炙。或缚其手足，先用沸汤浇泼，却以竹帚刷去苦皮。或盛夹袋中入巨锅活煮。或刲作事件而淹之。或男子则止断其双腿，妇女则特剜其两腕（乳），酷毒万状，不可具言。总名曰想肉。以为食之而使人想之也。此与唐初朱粲以人为粮，置捣磨寨，谓啖醉人如食糟豚者无异，固在所不足论。"

这些都是战争时期粮食匮乏苦不堪耐使然，但平时也吃人，则不能不令人大惊而特惊了。同书记载：

"唐张鷟《朝野佥载》云：武后时杭州临安尉薛震好食人肉。有债主及奴，诣临安，止于客舍饮之，醉并杀之，水银和饮（煎），并骨销尽。后又欲食其妇，妇知之跃墙而遁，以告县令。"

此外，该书还列举了各种古书上记载的吃人的例子。张茂昭、苌从简、高沣、王继勋等虽都身为显官却吃人肉。宋代金狄之乱时，盗贼、官兵、居民交交相食，当时隐语把老瘦男子叫"饶把火"，把妇女、孩子叫"不美羹"，小儿则称作"和骨烂"，一般又叫"两脚羊"，实可谓惊人之至。由此书可知，直到明代都有吃人的例子。难怪著者评曰"是虽人类而无人性者矣"。

士兵乘战捷而凌辱妇女、肆意掠夺之事，日本绝无仅有。日俄战争前，俄国将军把数千满洲人赶进黑龙江屠杀之事，世人记忆犹新。西班牙人征服南美大陆时，留下最多的就是那些残酷的故事；白人出于种族之辨，几乎不把黑人当人。从前罗马人赶着俘虏去喂野兽，俄国至今仍在屠杀犹太人。白人虽然讲慈爱、论人道，却为自己是最优秀人种的先入思想所驱使，有着不把其他人种当人的谬见。学者著述里也写着"亚利安人及有色人"。日本自古以来，由于国内之争并非人种冲突，自然很少发生残酷之事，但日本人率直、单纯的性质也决定了日本人不会在任何事情上走极端，极度的残酷令其于心有所不堪。

很显然，上述"残酷"例证来自世界各国，不独"支那"，还有俄国、西班牙、古罗马等，只不过来自"支那"的例子最多，也最具体。作为日本国文学者，芳贺矢一熟悉汉籍，日本近代第一部《日本汉文学史》便出自他的手笔，不过此处举证"支那食人"却是对明治以来既有言说的承接，只是在"食人"的例证方面，芳贺矢一有更进一步的发挥。其中"白起坑杀四十万赵国降卒"未提出处，疑似同样取自接下来出现的《资治通鉴》，[58]而明示取自《资治通鉴》的有三例，取自《辍耕录》的有八例。《资治通鉴》为既往涉及"食人"文献所不曾提及，故增加了举证的文献来源，而《辍耕录》过去虽有穗积陈重（1891，一例）和寺石正路（1898，三例）援引，例证范围却不及芳贺矢一（1907，八例）广，故虽出自同一文献，却增加了例证数量。因此，与过去的人类学方面提供的例证相比，可以说这些例证都具有芳贺矢一独自择取文献的特征。不过，还有几点需要在这里阐明：

首先，近代所谓"种族""人种""民族"或"人类学"等方面的研究，从一开始就具有与"进化论"和"民族国家"理论暗合的因子，其研究成果或所使用的例证很容易被运用到关于"国民性"的讨论当中，从而带有文化上的偏见。例如明治三十七年（1904）出版的《野蛮俄国》一书，就将日俄战争前夜的俄国描述为"近乎食人人种"。[59]芳贺矢一将"食人时代的遗风"拿来比照日本国民性"温和宽恕"的"美德"，也便是这方面明显的例证。不过也不能反过来走向另一极端，即认为"食人研究"都带有"种族偏见"，从这个意义上讲，南方熊楠

---

[58]《资治通鉴》卷五记载："赵括自出锐卒搏战，秦人射杀之。赵师大败，卒四十万人皆降，武安君曰：'秦已拔上党，上党民不乐为秦而归赵，赵卒反复，非尽杀之，恐为乱。'乃挟诈而尽坑杀之。"又，《史记》卷七十三《白起王翦列传第十三》也有相同的记载。

[59] 足立北鸥（荒人）『野蛮ナル露国』，東京集成堂，明治三十七年（1904）五月。参见268—271页：「一七食人種に近し」。

完成于明治三十六年（1903）的研究就非常难能可贵，只是他的这篇没有偏见的论文被"种族偏见"给扼杀掉了。[60]

其次，在《国民性十论》中，芳贺矢一有意无意回避了那些已知的本国文献中"食人"的事例，即使涉及也是轻描淡写或一语带过，这在今天看来是显而易见的"例证不均衡论证"，不过囿于论旨，也就难以避免。只是他在讲"士兵乘战捷而凌辱妇女，肆意掠夺之事，日本绝无仅有"时，当然不会想到后来日军在侵略战争中的情形。

再次，当"食人风习"成为"支那人国民性"的一部分时，所谓"支那"便自然会被赋予贬义。这一点鲁迅在后来也明确意识到了，例如他在1929年便谈到了中国和日本在被向外介绍时的不对称："在中国的外人，译经书、子书的是有的，但很少有认真地将现在的文化生活——无论高低，总还是文化生活——绍介给世界。有些学者，还要在载籍里竭力寻出食人风俗的证据来。这一层，日本比中国幸福得多了，他们常有外客将日本的好的东西宣扬出去，一面又将外国的好的东西，循循

---

[60] 据松居龙五研究，1900年3月至6月，旅居伦敦的南方熊楠完成《日本人太古食人说》，要发表时遭到伦敦大学事务总长迪金斯（Frederic Victor Dickins，1839—1915）的阻止，理由是内容对日本不利。见《南方熊楠英文论考（ネイチヤー）志篇》280—281页。又，摩尔斯的调查成果虽获得达尔文的肯定，却受到了一些西方学者的反对，而迪金斯正是其中最具代表性的人物。请参阅《大森贝冢》"关连资料"（五）（六）（七）（八）。

善诱地输运进来。"[61]鲁迅虽不赞成"有些学者""要在载籍里竭力寻出食人风俗的证据"的态度,却并不否认和拒绝载籍里存在的"食人"事实,甚至以此为起点致力于中国人人性的重建。

最后,在日本明治话语,尤其是涉及"国民性"的话语中,"支那"是一个很复杂的问题,并不是从一开始就像在后来侵华战争全面爆发后所看到的那样,仅仅是一个贬斥和"惩膺"的对象。事实上,在相当长的时间内,"支那"一直是日本审时度势的重要参照。例如《明六杂志》作为"国名和地名"使用"支那"一词的频度,比其他任何国名和地名都高,即使是当时作为主要学习对象国的英国和作为本国的日本都无法与之相比。[62]这是因为"支那"作为"他者",还并不完全独立于"日本"之外,而是往往包含在"日本"之内,因此拿西洋各国来比照"支那"也就往往意味着比照自身,对"支那"的反省和批判也正意味着在很大程度上是对自身的反省和批判。这一点可以从西周的《百一新论》对儒教思想的批判中看到,也可以在中村正直为"支那"辩护的《支那不可辱论》(1875)[63]中看到,更可以在福泽谕吉的《劝学篇》(1872)和《文明论概略》(1877)中看到,从某种意义上来说,后来的所谓"脱亚"[64],也正是要将"支

---

[61]《集外集·〈奔流〉编校后记》,《鲁迅全集》第七卷。
[62] 参见『明六雑志语汇総索引』,高野繁男、日向敏彦监修、编集,大空社,1998年。
[63]「支那不可辱論」,『明六雑誌』第三十五號,明治八年(1875)四月。
[64] 语见明治十八年(1885)三月十六日《时事新报》社说"脱亚论",一般认为该社论出自福泽谕吉之手。事实上,"脱亚"作为一种(转下页)

那"作为"他者"从自身当中剔除的文化上的结论。在芳贺矢一的《国民性十论》当中,"支那"所扮演的也正是这样一个无法从自身完全剔除的"他者"的角色,其作为日本以外"国民性"的参照意义,要明显大于贬损意义,至少还是在客观阐述日本从前在引进"支那"和印度文化后如何使这两种文化适合自己的需要。正是在这样一种"国民性"语境下,"食人"才作为一种事实进入鲁迅的视野。

七、鲁迅与《国民性十论》

芳贺矢一是知名学者,《朝日新闻》自1892年7月12日至1941年1月10日的相关报道、介绍和广告等有三百三十七条;《读卖新闻》自1898年12月3日至1937年4月22日的相关数量亦达一百八十六条。"文学博士芳贺矢一新著《国民性十论》",作为"青年必读之书、国民必读之书"[65]也是当年名副其实的畅销书,自1907年底初版截止到1911年,在短短四年间就再版过八次。[66]报纸上的广告更是频繁出现,而且一直延续到很

(接上页)思想早就被福泽谕吉表述过,在《劝学篇》和《文明论概略》中都可清楚地看到,主要是指摆脱儒教思想的束缚。
[65]《国民性十论》广告词,《东京朝日新闻》日刊,明治四十年(1907)十二月二十二日。
[66] 本稿所依据底本为明治四十四年(1911)九月十五日发行第八版。

久以后。[67]甚至还有与该书出版相关的"趣闻逸事",比如《读卖新闻》就报道说,由于不修边幅的芳贺矢一先生做新西服"差钱",西服店老板就让他用《国民性十论》的稿费来抵偿。

在这样的情形之下,《国民性十论》引起周氏兄弟的注意便是很正常的事。据《周作人日记》,他购得《国民性十论》是在1912年10月5日。笔者曾在另一篇文章里谈过,截止到1923年他们兄弟失和以前的这一段,周氏兄弟所阅、所购、所藏之书均不妨视为他们相互之间潜在的"目睹书目"。兄弟之间共享一书,或谁看谁的书都很正常。《国民性十论》对周氏兄弟二人的影响都很大。鲁迅曾经说过,"从小说来看民族性,也就是一个好题目"。如果说这里的"小说"可以置换为"一般文学"的话,那么《国民性十论》所提供的便是一个近乎完美的范本。在这部书中,芳贺矢一充分发挥了他作为"国文学"学者的本领,也显示了作为"文献学"学者的功底,用以论证的例证材料多达数百条,主要取自日本神话传说、和歌、俳句、狂言、物语以及日语语言方面,再辅以史记、佛经、禅语、笔记等类,以此展开的是"由文化史的观点而展开来的前所未见的翔实的国民性论"。这一点应该看作是对周氏兄弟的共同影响。

尤其是对周作人。事实上,这本书是他关于日本文学史、文化史和民俗史的重要入门书之一,此后他对日本文学的研

---

[67]《朝日新闻》延续到昭和十年(1935)一月三日;《读卖新闻》延续到昭和十年(1935)一月一日。

究、论述和翻译中也多有该书留下的"指南"的痕迹。周作人在多篇文章中都援引或提到芳贺矢一，如《日本的诗歌》《游日本杂感》《日本管窥》《元元唱和集》《〈日本狂言选〉后记》等。而且他也不断地购入芳贺矢一的书，继1912年《国民性十论》之后，目前已知的还有《新式辞典》(1922年购入)、《国文学史十讲》(1923)、《日本趣味十种》(1925)、《谣曲五十番》(1926)、《狂言五十番》(1926)、《月雪花》(1933)。总体而言，在由"文学"而"国民性"的大前提下，周作人所受影响主要在日本文学和文化的研究方面，相比之下，鲁迅则主要在"国民性"方面。具体而言，鲁迅由芳贺矢一对日本国民性的阐释而关注中国的国民性，尤其注意中国历史上"吃人"的事实。

在鲁迅文本中没有留下有关"芳贺矢一"的记载，这一点与周作人那里的"细账"完全不同。不过，不提不记不等于没读没受影响。事实上，在"鲁迅目睹书"当中，他少提甚至不提却又受到很深影响的例子的确不在少数。芳贺矢一的《国民性十论》也属于这种情况，只不过问题集中在关于"食人"事实的告知上。

《狂人日记》发表后，鲁迅在1918年8月20日致许寿裳的信中说："偶阅《通鉴》，乃悟中国人尚是食人民族，因成此篇。此种发现，关系亦甚大，而知者尚寥寥也。"这就是说，虽然史书上多有"食人"事实的记载，但在《狂人日记》发表的当时，还很少有人意识到那些事实，也更少有人由此而意识到

"中国人尚是食人民族";鲁迅是"知者尚寥寥"当中的"知者",他告诉许寿裳自己是"偶阅《通鉴》""乃悟"的。按照这一说法,《资治通鉴》对于"食人"事实的告知便构成了《狂人日记》"吃人"意象生成的直接契机,对作品的主题萌发有着关键性影响。

鲁迅读的到底是哪一种版本的《资治通鉴》,待考。目前可以确认到在鲁迅同时代或者稍早,在中国和日本刊行的几种不同版本的《资治通鉴》。[68]不过,在鲁迅藏书目录中未见《资治通鉴》。[69]《鲁迅全集》中提到的《资治通鉴》,都是作为书名,而并没涉及其中任何一个具体的"食人"记载,因此,单凭鲁迅文本,目前还并不能了解到究竟是"偶阅"到的哪些"食人"事实令他"乃悟"。顺附一句,鲁迅日记中倒是有借阅(1914年8月29日、9月12日)和购买(1926年11月10日)《资治通鉴考异》的记载,鲁迅也的确收藏有这套三十卷本,[70]从《中国小说史略》和《古籍序跋集》可以知道,该书是被用作了其中的材料,然而却与"食人"的事实本身并无关联。

---

[68] 中国:清光绪十四年(1888)上海蜚英馆石印本;民国元年(1912)商务印书馆涵芬楼铅印本。日本:明治十四年(1881)东京犹兴馆刊刻,秋月韦轩、箕轮醇点校本(十册);明治十七年(1884)东京报告堂刻本(四十三卷);明治十八年(1885)大阪修道馆出版,冈千仞点、重野安绎校本。
[69] 参阅《鲁迅手迹和藏书目录》(内部数据),北京鲁迅博物馆编,1959年;《鲁迅目睹书目——日本书之部》,中岛长文编刊,宇治市木幡御藏山,私版三百部,1986年。
[70] 《鲁迅手迹和藏书目录》:"资治通鉴考异 三十卷 [宋]司马光著 上海商务印书馆影印明嘉靖刊本 六册 四部丛刊初编史部 第一册有'鲁迅'印。"

因此，在不排除鲁迅确实直接"偶阅"《资治通鉴》文本这一可能性的前提下，是否还可以做这样的推断，即鲁迅当时"偶阅"到的更有可能是《国民性十论》所提到的四个例子而并非《资治通鉴》本身，或者还不妨进一步说，由《国民性十论》当中的《资治通鉴》而过渡到阅读《资治通鉴》，原本也并非没有可能。但正如上面所说，在鲁迅文本中还找不到他实际阅读《资治通鉴》的证据。

另外，芳贺矢一援引八个例子的另一文献、陶宗仪的《辍耕录》，在鲁迅文本中也有两次被提到，[71] 只不过都是作为文学史料，而不是作为"食人"史料引用的。除了"从日本堀口大学的《腓立普短篇集》里"翻译过查理—路易·腓立普（Charles-Louis Philippe, 1874—1909）《食人人种的话》[72] 和作为"神魔小说"资料的文学作品的"食人"例子外，鲁迅在文章中只举过一个具体的历史上"吃人"的例子，那就是在《抄靶子》当中所提到的"两脚羊"："黄巢造反，以人为粮，但若说他吃人，是不对的，他所吃的物事，叫作'两脚羊'。"1981年版《鲁迅全集》注释对此作出订正，说这不是黄巢事迹，并指出材源："鲁迅引用此语，当出自南宋庄季裕《鸡肋编》。"[73]

---

[71]《中国小说史略：第十六篇　明之神魔小说（上）》，《鲁迅全集》第九卷，57页。《古籍序跋集：第三分》，第十卷，94页。
[72]　参见《〈食人人种的话〉译者附记》，《译文序跋集》，《鲁迅全集》第十卷。
[73]　收入《准风月谈》，《鲁迅全集》第五卷，205页。

这一订正和指出原始材源都是正确的,但有一点需要补充,那就是元末明初的陶宗仪在《辍耕录》中照抄了《鸡肋编》中的这个例子,这让芳贺矢一也在读《辍耕录》时看到并且引用到书中,就像在上面所看到的那样:"宋代金狄之乱时,盗贼、官兵、居民交交相食,当时隐语把老瘦男子叫'饶把火',把妇女、孩子叫'不美羹',小儿则称作'和骨烂',一般又叫'两脚羊',实可谓惊人之至。"私以为,鲁迅关于"两脚羊"的模糊记忆,不一定直接来自《鸡肋编》或《辍耕录》,而更有可能是芳贺矢一的这一文本给他留下的。

八、"吃人":从事实到作品提炼

《狂人日记》中的"吃人",是个发展变化着的意象,先是由现实世界的"吃人"升华到精神世界的"吃人",再由精神世界的"吃人"反观现实世界的"吃人",然后是现实与精神的相互交汇融合,过去与现在的上下贯通,从而构成了一个横断物思两界、纵贯古今的"吃人"大世界。主人公的"吃人"与"被吃",而自己也跟着"吃"的"大恐惧"就发生在这个世界里。或者说,是主人公的"狂"将这个恐怖的"吃人"世界揭露给读者,振聋发聩。这是作者和作品的成功所在。

文学作品创作是一个非常复杂的过程,也是任何解析都无法圆满回答的课题。研究者所能提供的应首先是切近创作过程的那些基本事实，然后才是在此基础上的推导、分析和判断。就《狂人日记》的生成机制而言，至少有两个基本要素是不可或缺的。一个是实际发生的"吃人"事实本身，另一个是作品所要采用的形式。

正像在本论中所看到的那样，截止到鲁迅发表小说《狂人日记》，中国近代并无关于"吃人"的研究史，吴虞在读了《狂人日记》后才开始做他那著名的"吃人"考证，也只列出八例。如上所述，"食人"这一话题和研究是在明治维新以后的日本展开的。西方传教士在世界各地发回的关于 cannibalism 的报告，进化论、生物学、考古学和人类学以及近代科学哲学的导入，引起了对食人族和食人风俗的关注，在这一阶段，"支那"作为被广泛搜集的世界各国各人种的事例之一而登场，提供的是文明发达人种的"食人"实例。由于文献史籍的丰富，接下来"支那"被逐渐单列，由"食人风习"中的"支那"变为"支那人之食人风习"，而再到后来，"支那人之食人风习"便被解释为"支那人国民性"的一部分了。当然，这是属于日本近代思想史当中的问题。从中国方面看，鲁迅恰与日本思想史当中的这一言说及其过程相承接，并由其中获取两点启示，一是获得对历史上"食人"事实的确认，或者说至少获得了一条可以想到（即所谓"乃悟"）去确认的途径，另外一点就是将"中国人尚是食人民族"的发现纳入"改造国民性"的思考框架当中。

此外，现实中实际发生的"吃人"事实当然也是作品意象生成的不可或缺的要素。徐锡麟和秋瑾都是鲁迅身边的例子，前者被真名实姓写进《狂人日记》，后者改作"夏瑜"入《药》。由"易牙蒸了他儿子，给桀纣吃……一直吃到徐锡林"，再"从徐锡林"到"用馒头蘸血舐"，《狂人日记》的"四千年吃人史"，便是在这样的历史和现实的"吃人"事实的基础上构建的。

另外一个生成机制的要素是作品形式。正如本文开头所说，鲁迅通过果戈理《狂人日记》的日译本获得了一种现成的表达形式。

"今日は余程変な事があった（今天的事儿很奇怪）。""阿母さん、お前の倅は憂き目を見てゐいる、助けて下され、助けて！……（中略）……阿母さん、病身の児を可哀そうだと思ってくだされ！"（娘，你儿子正惨遭不幸，请救救你的儿子吧，救救我！……娘，请可怜可怜你生病的儿子吧！）[74]当鲁迅写下《狂人日记》正文第一行"今天晚上，很好的月光"和最后一句"救救孩子"时，心中浮现的恐怕是二叶亭四迷带给他的果戈理的这些句子吧。

在同时期的留学生当中，注意到明治日本"食人"言说和翻阅过《狂人日记》二叶亭四迷译本的人恐怕不止"周树人"一个，但碰巧的是，它们都被这个留学生注意到并且记住了，正所谓"心有灵犀"，此后经过数年的反刍和酝酿，便有了《狂人日记》，中国也因此诞生了一个叫作"鲁迅"的作家。这里要强调的是，

---

[74] 这两句分别为二叶亭四迷日译本《狂人日记》的首句和尾句。

《狂人日记》之诞生，还不仅仅是"知识"乃至认识层面的问题，在与鲁迅同时代的日本人中，谙熟明治以来"食人"研究史以及"支那食人风习"者不乏其人，如前面介绍过的桑原骘藏，而在此"知识"基础上，获得"在我们这个社会，虽然没有物质上的吃人者，却有很多精神上的吃人者"这一认识的也不乏其人，却并没有相关的作品诞生，只是由于"周树人"对中国历史也发生了同样的"乃悟"，才注定要以高度提炼的作品形态表现出来。说到底这是作家的个性气质使然，多不可解，然而仅仅是在关于《狂人日记》这篇作品的"知识"层面上，已大抵可以领略到"周树人"成长为"鲁迅"的路径，或许可视为"近代"在"鲁迅"这一个体身上发生重构的例证也未可知。

不过论及这一步，有一点似乎可以明确了，即《狂人日记》从主题到形式都诞生于借鉴与模仿——而这也正是中国文学直到现今仍然绕不开的一条路。

【附录二附言】

拙文原载中国社会科学院文学研究所编《文学评论》2012年第一期，这次接受编者的建议，将其附于书后，以呈现译者在阅读和翻译该书过程中的思考路径。又，日文版「明治時代における＜食人＞言説と魯迅の『狂人日記』」载佛教大学『文学部論集』第九十六号，2012年3月1日发行。

拙文发表后，引发不少讨论，这是当初没想到的。看到那些议论，我自己当然会有"当初如果怎样怎样做，或许会好些"之类的反省，但完美的事又总是可望而不可得，尤其在事后。不管怎么说，正是因为文之拙，才会引来这么多的议论，而能以拙文与这么多学者相遇，也是学人之一大幸事。兹列如下，祈参考为幸。

李冬木
2017 年 10 月 31 日于京都紫野

【原载编后记】

鲁迅逝世后，他的作品从未受到冷落，"文革"期间，他的文集和"战斗精神"更受欢迎。现在的鲁迅研究已与当初的鲁迅崇拜大有差别。李冬木的文章指出，《狂人日记》以"吃人"象征中国漫长的历史，却与日本明治时代流行的"食人"话语有关。作为"脱亚入欧"文化改造的一部分，这套话语参与了"他者"的建构与日本新我的界定。纪念鲁迅先生诞生一百三十周年，就是要有这样的研究力作。

——《文学评论·编后记》(2012 年第一期)

【相关评论及论文】

1. 李有智：《日本鲁迅研究的歧路》，载《中华读书报》，

2012 年 6 月 20 日 03 版。

2. 李冬木：《歧路与正途——答〈日本鲁迅研究的歧路〉及其他》，载《中华读书报》，2012 年 9 月 12 日 03 版。

3. 王彬彬：《鲁迅研究中的实证问题——以李冬木论〈狂人日记〉文章为例》，载《中国现代文学研究丛刊》，2013 年第四期。

4. 祁晓明：《〈狂人日记〉"吃人"意象生成的知识背景》，载《文学评论》，2013 年第四期。

5. 崔云伟、刘增人：《2013 年鲁迅思想研究热点透视》，载《山东师范大学学报（人文社会科学版）》，2014 年第三期。

6. 周南：《〈狂人日记〉"吃人"意象生成及相关问题》，载《东岳论丛》，2014 年第八期（第三十五卷 / 第八期）。

7. 朱军：《"吃人"叙事与中国文学现代性的开端：从〈人肉楼〉到〈狂人日记〉》，载《中国现代文学研究丛刊》，2015 年第十期。

8. 崔云伟、刘增人：《2014 年鲁迅研究中的热点和亮点》，载《绍兴鲁迅研究 2015》。

9. 张志彪：《〈狂人日记〉"吃人"意象生成再探》，载《鲁迅研究月刊》，2016 年第三期。

10. 孙海军：《鲁迅早期思想与日本流行语境研究评述》，载《临沂大学学报》，第三十八卷第四期，2016 年。

11. 张明：《〈狂人日记〉"吃人"主题的阐释与还原》，载《中国文化论衡》，2016 年第二期。

参考文献

（按书中出现顺序排列）

一、中文

李冬木：《涩江保译〈支那人气质〉与鲁迅（上）——鲁迅与日本书之一》，《关西外国语大学研究论集》第六十七号，1998年。

李冬木：《"国民性"一词在中国》，佛教大学《文学部论集》第九十一号，2007年。

李冬木：《"国民性"一词在日本》，佛教大学《文学部论集》第九十二号，2008年。

（以上二文同时刊载于《山东师范大学学报》2013年第四期）

本尼迪克特·安德森（Benedict Anderson）著，吴叡人译：《想象的共同体——民族主义的起源与散布》，上海世纪出版集团，2005年。

胡适：《建设的文学革命论》，《新青年》四卷四号，1918年4月。

鲁迅博物馆、鲁迅研究室编:《鲁迅年谱》四卷本,北京:人民文学出版社,1981年。

张菊香、张铁荣编著:《周作人年谱(1885—1967)》,天津人民出版社,2000年。

周作人:《〈过去的工作〉跋》(1945年),载钟叔河编:《知堂序跋》,长沙:岳麓书社,1987年。

李冬木:《鲁迅与日本书》,《读书》2011年第9期,北京:生活·读书·新知三联书店。

鲁迅:《华盖集续编·马上支日记》,《鲁迅全集》第三卷。

周作人:《元元唱和集》,《中国文艺》三卷二期,1940年10月。

周作人:《亲日派》(1920),载钟叔河编:《周作人文类编7·日本管窥》,长沙:湖南文艺出版社,1998年。

周作人:《〈古事记〉中的恋爱故事》,《语丝》第九期,1925年。

周作人:《汉译〈古事记〉神代卷》,《语丝》第六十七期,1926年。

[日]安万侣著,周启明译:《古事记》,北京:人民文学出版社,1963年。

周作人译:《狂言十番》,北京:北新书局,1926年。

周启明译:《日本狂言选》,北京:人民文学出版社,1955年。

周启明：《〈日本狂言选〉后记》，载钟叔河编：《周作人文类编 7·日本管窥》。

周作人著，止庵校订：《八七 学日本语续》，《知堂回想录》（上），石家庄：河北教育出版社，2002 年。

周作人：《游日本杂感》，载钟叔河编：《周作人文类编 7·日本管窥》。

知堂：《日本管窥》，载钟叔河编：《周作人文类编 7·日本管窥》。

鲁迅：《鲁迅全集》十六卷本，北京：人民文学出版社，1981 年。

鲁迅：《鲁迅全集》十八卷本，北京：人民文学出版社，2005 年。

鲁迅：《〈观照享乐的生活〉译者附记》，载《译文序跋集》，《鲁迅全集》第十卷。

［日］厨川白村著，鲁迅译：《出了象牙之塔》，载王世家、止庵编：《鲁迅著译编年全集》第六卷，北京：人民出版社，2009 年。

《资治通鉴》，清光绪十四年（1888）上海蜚英馆石印本。

民国元年（1912）商务印书馆涵芬楼铅印本。

明治十四年（1881）东京犹兴馆刊刻，秋月韦轩、箕轮醇点校本（十册）。

明治十七年（1884）东京报告堂刻本（四十三卷）。

明治十八年（1885）大阪修道馆，冈千仞点、重野安绎校本。

北京鲁迅博物馆编：《鲁迅手迹和藏书目录》（内部资料），1959年。

鲁迅：《中国小说史略》第十六篇"明之神魔小说（上）"，《鲁迅全集》第九卷。

鲁迅：《古籍序跋集：第三分》,《鲁迅全集》第十卷。

鲁迅：《〈食人人种的话〉译者附记》,《译文序跋集》,《鲁迅全集》第十卷。

鲁迅：《准风月谈》,《鲁迅全集》第五卷。

吴虞：《吃人与礼教》,《新青年》六卷六号,1919年11月1日。

罗竹风主编，中国汉语大词典编辑委员会、汉语大词典编纂处编纂：《汉语大词典》，上海：汉语大词典出版社，1986年至1993年。

钱稻孙译：《汉译万叶集选》，日本学术振兴会刊，1959年。

杨烈译：《万叶集》（上、下），长沙：湖南人民出版社，1984年。

李芒译：《万叶选译》，北京：人民文学出版社，1998年。

赵乐甡译：《万叶集》，南京：译林出版社，2009年。

周启明译：《日本狂言选》，北京：人民文学出版社，1955年。

周启明译：《古事记》，北京：人民文学出版社，1963年。

周启明、申非译：《平家物语》，北京：人民文学出版社，

1984 年。

周作人译:《枕草子》,北京:中国对外翻译出版公司,2001 年。

丰子恺译:《源氏物语》三卷,北京:人民文学出版社,1982 年。

二、日文

南博:『日本人論 —— 明治から今日まで』,岩波書店,1994 年。

生松敬三:『「日本人論」解題』,冨山房百科文庫,1977 年。

藤原正彦:『国家の品格』,新潮社「新潮新書 141」,2005 年。

中村正直:「人民ノ性質ヲ改造スル説」,『明六雑誌』第三十號。

ロプシャイト原作,敬宇中村正直校正,津田仙、柳澤信大、大井鎌吉著:『英華和訳辞典』,1879 年。

西周:「国民気風論」,『明六雑誌』第三十二號。

志賀重昂:「『日本人』が懐抱する処の旨義を告白す」,『日本人』第二號,1888 年 4 月 18 日。

高山樗牛:「日本主義を賛す」,『太陽』三巻十三號,1897 年 6 月 20 日。

綱島梁川：「国民性と文学」，武田清子、吉田久一編：『明治文學全集46．新島襄．植村正久．清沢満之．綱島梁川集』，筑摩書房，1977年。

久松潜一：「芳賀矢一年譜」，『明治文學全集44．落合直文．上田萬年．芳賀矢一．藤岡作太郎集』，筑摩書房，1978年。

久松潜一：『解題　芳賀矢一』，『明治文學全集』四十四卷。『芳賀矢一遺著』二卷，冨山房，1928年。

芳賀矢一選集編集委員會編：『芳賀矢一選集』第一至七卷，国学院大学，東京，1982年至1992年。

小野田翠雨：『現代名士の演説振り——速記者の見たる』，『明治文學全集96．明治記録文學集』，筑摩書房，1967年。

船曳建夫：『「日本人論」再考』，講談社，2010年。

內村鑑三著、鈴木俊郎譯：『代表的日本人』，岩波書店，1948年。

新渡戶稻造著、櫻井鷗村譯：『武士道』，丁未出版社，1908年。

岡倉天心著、岡村博譯：『茶の書』，岩波書店，1929年。

高野繁男、日向敏彥：『明六雜誌語彙総索引』，大空社，1998年。

中村正直：「支那不可辱論」，『明六雜誌』第三十五號，1875年4月。

三宅雪嶺:『真善美日本人』,載生松敬三編:『日本人論』,冨山房, 1977 年。

福澤諭吉:「脱亜論」,『時事新報』, 1885 年 3 月 16 日。

趙京華:「周作人と日本文化」,一橋大学大学院社会学研究科博士論文,論文審査委員:木山英雄、落合一泰、菊田正信、田崎宣義, 1997 年。

『東京朝日新聞』日刊,明治四十年(1907)十二月二十二日。

「芳賀矢一博士の洋服代「国民性十論」原稿料から差し引く ユニークな店/東京」,『読売新聞』, 1908 年 6 月 11 日。

北岡正子:『魯迅救亡の夢のゆくえ——悪魔派詩人論から「狂人日記」まで』,関西大学出版部, 2006 年。

中島長文編刊:『魯迅目睹書目——日本書之部』, 1986 年。

三、英文

内村鑑三: *Japan and The Japanese*,民友社, 1894 年。

内村鑑三: *Representative Men of Japan*,覚醒社, 1908 年。

新渡户稲造: *Bushido: The Soul of Japan*, 1900 年。

冈仓天心: *The Book of Tea*, 1906 年。

译后记

之一

本书根据富山房"明治四十四年（1911）九月十五日八版发行"本译出。初版发行于明治四十年（1907）十二月十三日，明治四十一年（1908）八月十日发行"订正三版"，此后到本书所据之第八版，内容没有变更。在翻译过程中，也同时参照了另外两个版本，一是《明治文学全集》四十四卷（筑摩书房，昭和四十三年［1968］）所收久松潜一校订本，一是《日本人论》（富山房百科文库八，富山房，昭和五十二年［1977］）所收生松敬三校本。

2007年春，陈力卫教授（成城大学）自东京来函，告知说他们正为北京商务印书馆做一套"日本学术文库"，拟向我们约稿。记得我当时毫不犹豫就答应了，不仅马上报上书名，还很快提交了本书的内容提要。按照最初计划，有半年或者大半年，再不行就花一年的时间，怎么也会交稿的，哪承想，就是这么一本薄薄的小书，竟一直拖到现在，整整历时五年。作为译者，这是我们尤感惭愧的事。倘若换成我们自己来操办，恐怕也早就会因译者如此延迟而另寻高人。然而，不论是陈力卫先生还是商务印书馆的编辑，在此期间却几乎没有催促过，对这种巨大的宽容和理解，我们在此谨表示由衷的敬意和感谢。

在五年的时间里，除了生活和工作方面的变量、我们自身能力的有限乃至懒惰等因素的干扰外，"磨蹭"这个译本的最大技术性问题，是为解读原文甚至是为已经"变成中国话"的译文寻找相关的参考数据。正文文本的翻译，大约在一年之内基本完成，不过同时也发现，如果只凭一个正文的翻译文本，是不大容易理解作者在说什么的，甚至同时也因此引发了我们对自己译文的怀疑，因为后者将呈现出我们的理解程度和表达程度。作者这句话是指什么？举的这个例子出自哪里？诸如此类，一旦这样较真儿自问起来，便不得不承认自己的"似是而非"。这倒不只是言语层面的问题，更多的是与言语背后的意思、内容相关的知识层面的问题。而作为译者又怎么能把连自己都没弄清楚的意思"翻译"给读者呢？这也许是我们不愿意轻易提交这个译本的最大理由。

毕竟是一百多年前写的书，引用的又都是日本的古典文献，不仅"跨语际"障碍重重，就是放在日本本国亦无法实现自然"穿越"。我们曾就几个具体问题请教过专攻日本文学的日本学者，得到的回答和指点几乎都是"不清楚""得去查原文"。于是伴随着这个译本所经历的是日本文学史及其主要作品的阅读,也再次重复了周作人当年为"学日本语"寻找"教科书"而与芳贺矢一相遇时的那种阅读体验:"可是有了教本,这参考书却是不得了"(《知堂回想录·八七　学日本语续》)。

这里仅举一个例子,第四章"爱草木,喜自然"里关于"黑川翁"及他对日本古典作品一句解释的"译注":"即黑川真赖(Kurokawa Mayori,1829—1906),日本江户时代至明治时代国学家、诗人。芳贺矢一此处所言见《黑川真赖全集》第四卷《历史·风俗篇》(黑川真道编,东京国书刊行会,1910年)。"虽然只有短短两行,却要先确认这个"黑川翁"是谁,然后又查遍六卷本《黑川真赖全集》才得以完成。全书做译注四百五十三个(不包括导读的六十九个和附录的九十三个译注),就注释规模而言,包括截止到目前的日本版在内尚属首次,称作"译、注本"也是不妨的。

我们庆幸因原著的"难啃"而使自己获得这种阅读体验,也庆幸在这一过程中与20世纪以来我国致力于介绍和研究日本文学的先学们相遇,他们所花功夫之大,取得成就之高,令人肃然起敬,其成果值得继承和发扬。在此仅记译注所涉主要参考书目如下:

钱稻孙译《汉译万叶集选》(日本学术振兴会刊,1959年);杨烈译《万叶集》(上、下)(长沙:湖南人民出版社,1984年);李芒译《万叶选译》(北京:人民文学出版社,1998年);赵乐甡译《万叶集》(南京:译林出版社,2009年);周作人译《狂言十番》(北京：北新书局，1926年）;《日本狂言选》(署名周启明，北京：人民文学出版社，1955年)、《古事记》(署名周启明，北京：人民文学出版社，1963年)、《平家物语》(周启明、申非译，北京：人民文学出版社，1984年)、《枕草子》(北京：中国对外翻译出版公司，2001年)、丰子恺译《源氏物语》三卷（北京：人民文学出版社，1982年）。

此外，台湾林文月教授亦为日本文学之翻译大家，译本有《源氏物语》（1978）、《枕草子》（1989）、《和泉式部日记》（1993）、《伊势物语》（1997）等，可惜因手边无书，竟不得参照。译注中尽可能提示现今比较容易查阅的版本。

这是一次合作翻译，李冬木撰写导读，负责翻译一、二、三、七、八、九、十各章以及"序言"和"结语"，房雪霏承担四、五、六章，译文和译注各自独立完成，最后由李冬木审校，房雪霏完成计算机文本输入。这是两个人的首次合作，对彼此来说既是一次各自学习的过程，也是相互之间不断切磋和调整的过程，而学习和讨论的界限又并不囿于各自承担的章节，因此这个译本可谓整体"磨合"的总汇，文责当然共负。我们期待这个译本能够对读者了解"近代"日本有所帮助，也更期待获得读者批评与建议的反馈。

这里还要提到给予我们帮助的师长、同事和朋友们的贡献。在原文解读过程中多蒙日本佛教大学吉田富夫名誉教授、辻田正雄教授、中原健二教授赐教；奈良女子大学退休教授横山弘先生不仅给予解读方面的教示,还把自己珍藏的许多资料提供给我们参阅;生活·读书·新知三联书店的叶彤先生也提出了许多宝贵的建议,附录一《与本书相关的日本史简表》就是根据他的提议制作的;北京大学中文系博士生李亚娟同学的读后感和建议也促成了我们对若干译注的增加和修改。还有很多很多,恕不一一述及,谨以感激之念,在此鸣谢。

李冬木　房雪霏
2012年3月27日于大阪千里

之二

从写完上一篇译后记到现在,又过去了五年半的时间。但这篇《译后记之二》却不是为本书的再版而作,而是为本书的初版而作。也就是说,在2012年3月提交的译稿一直没能出版,尽管译者、编辑、出版社都已经尽力。个中原因非三言两语能够说清,但这本一百多年前的书并未因时间久远而处于中日两国的现实关系之外,仍然受到大环境的制约。前后两篇译后记,虽然时间跨度很大,却记录了我们的工作过程。正如导读所言,翻译本书的初衷,只是想从周氏兄弟这一角度,提供一种与中国近代的思想和文学相关的参考材料,因此在翻译的过程中,保持了原作的内容原貌,甚至书中所使用的"支那"

一词也不按一般惯例改成"中国"（详见导读）。相信读者对此能够理解并作出正确的判读。同时，也接受了编者的建议，把李冬木的《明治时代"食人"言说与鲁迅的〈狂人日记〉》一文附于书后，以作为延伸参考。

在此谨向三联书店（香港）有限公司的侯明女士、顾瑜女士致以衷心的感谢！没有她们慷慨无私的帮助，这个小小的译本是不可能跟读者见面的。

李冬木　房雪霏
2017 年 10 月 20 日于京都紫野

索 引

一、人名索引

A

阿安 44

阿曾次郎 189

阿绀 121

阿宫 120

阿列克谢杉德尔·给奥卢克·库斯塔夫·冯·西博尔德 34

阿王丸 188

爱染明王 83

爱新觉罗氏 41

安倍宗任 181，188

安德天皇 见"阿安"

安田友志 49

安万侣（太安万侣）85

安重根 59

B

八幡太郎义家 181

白河天皇 38

白居易 106，122

拜耳兹 151

阪本嘉治马 4

板垣退助 180

北町亲房 58

北冈正子 18

北条泰时 39

北条义时 39

贝原益轩 107

本居宣长 111，139

本尼迪克特·安德森 8，13

毘沙门天王 128

辨庆 44

辩财天 91

滨松中纳言 88

柄井川柳 117

勃兰登堡—普鲁士 41

C

柴田胜家 126

产土神 63

苌从简 183

常陆宫 106

称德天皇 36

赤鬼 127

赤穗义士（赤穗四十七士；赤穗

四十七义士）49
崇德上皇 64
厨川白村 28
川上音二郎 123
春山霞男 107
村上喜剑（喜剑）125
村田春海 139

D
达摩大师 127
大伴家持 46
大伴旅人 111
大弐三位 38
大谷 90
大黑天神 128
大己贵神（大己贵命）77
大井何右卫门 126
大君 44
大桥佐平 5
大石良雄（大石内藏助），参"赤穗义士" 74
大庭景能 67
大庭景亲 67
大元帅明王 81
德川家康 49，51，61
德川家宣 55
德川庆喜 51
德右卫门 187
荻生徂徕 139
弟猾 181

弟矶城 194
弟师木 见"弟矶城"
弟宇迦斯 见"弟猾"
帝释天 90
东条英机 46
东乡平八郎（东乡大将）58
笃胤 133

E
额田王 107
鳄王 186
恩格斯马克 152
二条皇后 104
二条天皇 110
二壮士 121

F
法皇 见"后白河天皇" 38
法然（法然上人）47
法王 参"弓削道镜" 36
范仲淹 144
梵天 90
芳贺矢一 1，4，8，9，10，17，49，227
芳贺檀 10
放屁男 117
菲利普·弗朗兹·冯·西博尔德 34
风来山人 见"平贺源内"
丰臣秀次 51
丰臣秀吉 51，126

丰臣秀赖 126
丰受大神 58
丰受姬命 90
丰太阁 参"丰臣秀吉"51，61，67
丰宇气毘卖命 参"丰受姬命"90
佛祖 132
弗里德里希·席勒 149
服部岚雪 135
福富 117
福冈贡 121
福泽谕吉 15，16，234

G
冈仓天心 11
冈村博 12
纲岛梁川 7
高仓天皇 38
高沣 183
高望王 66
高尾太夫 121
更衣 106
弓削道镜 36
弓削道人 36
弓削连 见"弓削道镜"
公晓 52
管仲 68
光明天皇 57
光源氏 78
广濑武夫（广濑中佐）74
鬼子母神 90

桂儿 121
贵宫 37
郭太 31

H
海幸 114，130
韩信 125
诃梨帝母 90
和泉式部 122
和田小次郎义茂 67
荷田春满 139
贺茂真渊（真渊）139
黑川翁（黑川真赖）95
黑川真道 95
弘徽殿女御 101
红叶 见"尾崎红叶"
后白河天皇 36，38，47，57，64，65
后村上天皇 188
后鸟羽天皇 39
后醍醐天皇 57，61
后小松天皇 89
后一条天皇 37，64
胡适 8
花开男 117
桓武天皇 79
荒木田守武（守武）161
荒木田久老 139
黄兴 180
辉夜姬 参"竹仙公主"119，148

惠信尼 90
火阑降命（火阑降尊，火照命）130
火远理命（彦火火出见尊）114
祸津日之神 155
霍亨索伦 41

J

吉良义央（吉良；吉良上野介义央）
参"赤穗事件"49
吉田兼好 107，110
纪贯之 131
加藤弘之 166
加藤千荫 139
嘉纳治五郎 180
兼好法师 见"吉田兼好"
兼明亲王 108
菅野真道 79
菅原真道 92
间贯一 120
金刚童子 83
近松德叟 121
近松门左卫门 73，89
进命妇 118
井上圆了 86
井上宗雄 39
井原西鹤（平山藤五）113
景戒 79
厩户皇子 见"圣德太子"
驹泽（驹泽次郎左卫门）189
菊田正信 17

橘氏 64
觉猷 见"鸟羽僧正"
俊乘坊 见"重源"
俊德丸 187

K

凯瑟琳 192
空海 80
孔子 60，72，172—173
葵上 78

L

赖朝 见"源赖朝"
赖山阳 145
赖肖尔 13
濑织津姬 154
老子 60，139
李鸿章 47
丽景殿女御 101
镰仓权五郎（权五郎）67
连歌盗人 108
铃木俊郎 11
刘蒙 135
六条御息所 78
泷泽兴邦 88
卢舍那 141
鲁迅 2，7，16，18—20，27—30，199，235—243
落洼姬君 37

M

马客卿 31
马琴 见"泷泽兴邦"
缦儿 见"桂儿"
毛利元就 51
孟尝君 122
弥次郎兵卫 118
明石姬 100
明治天皇 198,207
莫里 129
木村重成 125
木下敬贤 138

N

楠木正成 61
楠木正行 188
楠木正仪 188
楠正成 见"楠木正成"
楠正行 见"楠木正行"
内村鉴三 11,60
尼采 29
鸟海之三郎 67
鸟瑟沙摩明王 84
鸟羽僧正 116
鸟羽天皇 110

P

平德子 38
平敦盛 187
平贺源内 117

平将门 36,40
平清盛 57,86,185
平氏 38,47,57,65,86,191
平维茂 189
平贞盛 186
平忠度 97,107
平忠盛 38
平重盛 39

Q

七福人 128
七福神 128
奇稻田姬命 90
千手观音 83,127
浅野长矩 参"赤穗义士"49,74,163
钦明天皇 78
秦大津父 78
青鬼 127
清少纳言 82,145
清玄 118
亲房卿 58,60
亲鸾圣人 90
秋好中宫 107
秋山之下冰男 107
萩大名 108
曲亭马琴 见"泷泽兴邦"
塙保己一 83

R

仁德天皇 64
日耳曼尼亚 54
日莲上人（日莲）90
日向敏彦 15，234
日野有范 90

S

三好长庆 51
三好松洛 176
三好之长 51
三浦大助义明 66
三上精一 129
三条实万 61
三宅雪岭 15
山本北山 134
山本大将 见"山本权兵卫"
山本权兵卫 52
山鹿素行 139
山崎宗鉴（宗鉴）161
山上忆良 147
山幸 114
上杉定正 108
上野介 见"吉良义央"
深草上人 见"元政上人"
深雪 见"朝颜"
神功皇后 77，180
神武天皇 130，141，181
生松敬三 6，15
胜道上人 73

圣德太子 56，91，151
圣观音 84
圣武天皇 46，79，81
十一面观世音 84
石田穰二 82
石原和三郎 112
实朝 见"源实朝"
实平 48
柿本人麻吕 148，175
柿本人丸 见"柿本人麻吕"
室鸠巢 107
笹野权三 73
释提桓因 见"帝释天"
手力雄命 57
守部 133
淑景舍女御 101
帅宫太太 101
帅殿 101
水户德川家 144
思兼神 57
四条宫女御 101
四条中纳言 122
寺田寅彦 73
嗣信 48
松田文耕堂 176
松王丸 48
松尾芭蕉 53，72，161
松下见林 135
松永久秀 51
素盏鸣神 见"素盏鸣尊"

素盏鸣尊 57，90，153，193
速须佐之男命 见"素盏鸣尊"
速佐须良姬 154

T
太安万侣 见"安万侣"
太田道灌 108
太田垣莲月 110
陶英 120
藤村操 73
藤代祯辅 49
藤氏 67
藤田东湖 46
藤原道长 37
藤原定家 154
藤原多子 84
藤原家隆 154
藤原赖长 64，84
藤原敏行 104
藤原时平 116
藤原实资 37
藤原氏 37，64
藤原信实 116
藤原正彦 226
藤原忠通 64
鹈羽草葺不合尊 95
天钿女命 128
天津日高日子波限建鹈草不合命 见
"鹈羽草葺不合尊"
天津神 63，141

天孙 42，57，140，193
天宇受卖命 114
天照大神 42，114，153，193
天稚子命（天若日子；天稚彦）140
田村虎藏 112
田山 190
头中将 100
土佐光信 117
兔原处女 121
推古天皇 69
托尔斯泰 29

W
王徽之（王子猷）122
王继勋 183，230
望月秋长 49
维尔登布鲁赫 49
为朝 128
尾崎红叶 120
文德天皇 64，70
芜村 见"与谢芜村"
武安君 182
物臭太郎 70

X
西行（西行法师）109
西乡隆盛 180
喜多八 118
细川氏 51
细川政元 51

狭衣大将 37
夏目漱石 8，49
向井去来（去来）161
项羽 31，68
小次郎直家 97
小林一茶 72
小山田之父 72
小式部内侍 122
小松重盛 见"平重盛"
小泽刑部友房 49
孝廉天皇 36
孝昭天皇 90
新渡户稻造 11，13
新皇 见"平将门"
新井白石 55
新田义贞 61
幸若丸 160
兄猾（兄宇迦斯）181
兄矶城 181
熊谷直实 187
熊王丸 见"阿王丸"
秀武老人 117
许寿裳 180，200，237
宣耀殿女御 101
薛震 183，230

Y
鸭长明 110
雅赖 120
岩代 189

炎魔天（焰魔天）84
阎魔王 127
阎王 128
盐原多助 190
彦火火出见尊 见"火远理命"
彦火火琼琼杵 42
杨度 180
杨氏 41
野见宿祢 184
一寸法师 70
一条天皇 122
一休和尚（一休宗纯）89
伊达纲宗 121
伊达氏族 121
伊势屋五郎兵卫 71
伊势屋之五郎兵卫 71
伊势真丈 165
伊藤博文（伊藤统监）58
伊藤仁斋 139
伊邪那美命 见"伊奘冉尊"
伊邪那岐命 见"伊奘诺尊"
伊奘册 见"伊奘冉尊"
伊奘诺尊 42，85，153，155
伊奘冉尊 153，158
以仁王 36，57
易孛生 29
义家 见"八幡太郎义家"
义净 81
樱儿 121
樱姬 118

樱井鸥村 12
应神天皇 77，107
由良之助 125
有马皇子 95
右大臣殿 101
余五将军 见"平维茂"
与谢芜村 72
宇多天皇 66
羽柴秀吉 见"丰臣秀吉"
玉手御前 187
御匣殿 101
元明天皇 64，79，85
元政（元政上人；深草上人）110
圆仁 80
圆珍 80
猿田彦神 57
源赖朝 44，47，57
源赖国 38
源赖政（赖政）107
源凉 120
源少将 120
源实朝 52
源太佐佐木 68
源为义 65
源义朝 36，38
源义家 见"八幡太郎义家"
源义经 44
源义仲 36
远开都姬 154
月读命 42，57，153

Z

斋宫 102
张伯伦 152，167
张茂昭 183，230
张鷟 230
朝比奈 128
赵括 182
朝颜 189
真间娘子 121
正宗 93
政冈 176
知堂 26
织田信长 51，61，126，197
志贺重昂 6，11
蛭子神 158
中村正直 6，15，234
中宫 122
中务宫太太 102
忠信 48
冢原卜传 180
仲哀天皇 77，180
仲纯 120
仲忠 37，38，88，120
重源 47
周穆王 68
周树人 见"鲁迅"
周 作 人 16—17，19—27，67，72，82，85，88，107，114，122，185，236

后朱雀东宫 37
朱舜水 144
朱熹 31，87
竹林公主 见"竹仙公主"
竹取公主 见"竹仙公主"
竹田氏 64
竹仙公主 119
著作堂主人 88
紫姬 99，100，106，107
紫上 见"紫姬"
紫式部 38，82
宗任 见"安倍宗任"
足利将军 88，117，185，197
足利氏将军 参"足利将军" 50

一、事项索引

A

阿姆斯特朗大炮 93
俺（ore）168
奥州 31

B

八尺琼勾玉 57
八幡 191
八幡之神托 36
八供养 见"八具道供"
八具道供 83
八丈岛 157

八咫镜 57
八字文殊（文殊八字法）84
巴伐利亚王国 54
白营有根 148
百日说法 127
柏饼 95
北斗法 84
北清事变 见"北清事件"
北清事件（北清事变，义和团运动）176，179
贝合 102
本地垂迹 60
彼方（anata）168
彼方方（anatagata）168
彼奴（ayitsu）168
彼奴（kiyatsu）168
笾豆之礼 173
冰川稻荷 90
波旁王朝 41
博文馆 5
不敬事件 60
不慕羊 183
不知者心静如佛 127

C

参宫 58
草折 96
茶丈藤村 98
菖蒲根合（菖蒲合）参"根合" 103
承久之乱（承久之役）39

索 引

承治·寿永之乱 57
吃　人 27, 29, 182—184, 200—201, 210, 219, 225, 230, 237—243
赤穗事件（元禄赤穗事件）125, 163
敕诏 44
雏祭（hinamatsuri）53, 195
川柳（senriu）111, 117
春日 191
春日祭（Kasuga masturi）75

D

大尝祭（Daijyosai）75
大殿祭（Otono-hogai）76
大祓（Oharae）81
大韩帝国 59
大津绘 128
大庙 58
大名 67, 108, 112, 144
大元帅法 81
大正 4, 8, 46, 202, 203, 224
大政奉还 47, 51, 197
道后温泉（伊予道后温泉）151
道飨祭（Michiae no masturi）76
稻荷 191
稻叶白兔（因幡白兔）186
德川幕府 51, 53, 191
棣棠花开 108
町人 50, 53, 70, 113, 126

东寺 141
东照宫 61, 139
独逸语专修学校 18, 29
端午节 103, 195

E

耳梨山 140

F

防止虐待动物会 190
飞鸟明日香 148
分灵（分霊，bunrei）59, 62
风吹勿来关 97
奉公 46, 50
奉公人 50
佛面不过三 127
佛药师法 见"药师法"
敷岛 46, 111

G

高天原 42, 63, 141
根合 103
宫号 41
宫内省 109
宫中行事 75
关白 37, 51, 64, 118
关白争 64
关原之战 52
观世捑 146
观音供 81

广濑祭（Hirose masturi）76
龟卜 85
鬼念佛 128
贵方（anata）168
贵方方（anatagata）168
贵男（anata）168
贵女（anata）168
贵様（kisama）168
国粹 15，226
国粹保存主义 6
国民风气 6，226
国民性（国民気風；ナショナルケレクトル；National Character）6—7，11—12，21—22，25，194，224
国文学 8，227
国学 8—9，139

H

海幸与山幸相争 114
韩国统监府统监 59
罕德修（Handschuh）149
和骨烂 230，240
和魂 76，187
和魂汉才 92—93
和魂洋才 92
和室 134
弘安之役 47，180
后乐园 144
花心 105
华严瀑布 73，110

荒（ara）162
荒魂 76，187
黄海海战 58
黄祸论（德文：Gelbe Gefahr；英文：Yellow Peril）6，226
黄人祸说 6，179
绘马（絵馬；ema）68，91

J

己（ore; unu; onore）168
嘉承 156
肩扛御币 86—87
讲释 见"讲谈"
讲谈（kodan）50
教科书事件 163
教王护国寺 见"东寺"
节折（Yoori）81
金蛋 114
金刚乘 见"真言宗"
金刚童子法 83
金轮法 83
金莳绘 92
金玉 见"金蛋"
净琉璃（jyoruri）49，53，86，105，146
靖国神社（Yasukunijinjya）61—62
酒 111
橘氏（Tachibana shi）64
剧场改良 123
君（kimi）168

军神 74

K

尻暗观音 127
可爱之物 143，145
克房伯大炮（Krupp）93
空无花种 108
空虚贝 142
空烟 105
狂歌 117，123，128
狂绘 见"大津绘"
狂句 117
狂言（kyogen）128，137，138，160，170，236

L

泪瀑 105
连歌 108
恋之山路 105
两脚羊 183，230，239
菱缝板 96
灵龟 181，229
刘氏 41
六字法 84
露袂 105
罗曼诺夫王朝 41
落语（rakugo）50
乐乐园 144

M

茅卷（Chimaki）95
蒙古袭来 参"弘安之役""文永之役" 180
盟神探汤 66
民族主义（nationalism）7，11，226
明治 4—11，123，137，156，177，180，201，204，207，211
明治宪法（大日本帝国宪法；帝国宪法）45
亩傍山 140
目出度（目出度い；medetai）87

N

奈良大佛 141
南北朝（日本）48，57，80，188
南北朝（中国）40
内里雏人形（dairibina ningyou）53
能谣 见"谣曲"
能乐（能；nogaku）67，137—138，160，176
鸟居（torii）91，159
鸟瑟沙摩圣观音法 84
鸟追 160
女儿节 53，145

P

俳句（haiku）21，53，72，105—106，109，117，123，134，150，161，236
蓬莱岛台 98

谱代 52

Q
七宝烧 92
七草节 195
七夕节 195
千木高入云 92
千手供 83
迁却祟神词（Tatarukami wo ustusiyarukotoba）81
勤劳感谢日 75
庆长之役 51
亲藩 52
驱鸟节 160

R
饶把火 183，230
人民之性质（人民ノ性質；ジンミンノセイシツ；jin-min no seishitsu）6，226
人墙 184
人垣（hitogaki）184
人柱 185
仁寿殿 81
日本国大君 55
日本国民性 11，12，13，22，26，228，232，237
日本国王 55
日本盆景（Japanische Zwergbaume）144

日本文献学 8
日本主义 6，226
日莲宗 90
荣（sakae）111
如爱染明王法 见"如法爱染王法"
如法爱染王法 83
如法佛眼法 83
汝（unu）168

S
萨克森王国（Königreich Sachsen）54
三韩 77，139
三种神器 57，58，65
山王 191
山樱 46，97，100，112
擅自参拜 59
上代 23，41，44—45，56，61，75，76，78，85，94—95，130，153，186，193
深草 110，172
神尝祭（Kannamesai）75
神话 21—23，41—43，75—76，84，95，107，112，140，153，185—186，193，236
盛（sakari）118
食人 参"吃人"27—30，182—183，200—235
时雨 98
氏神（Ujigami）63
首引 128

寿永之役 见"承治·寿永之役"
水天宫 90
私（watakushi, watashi, washi）168
隼人（hayato）128，181，228

T
塔菲鲁（德文：Taucher；潜水员）149
榻榻米 134，140
踏绘 191
太神宫 59，63
太占 85
汤殿 83
天长节 34
天庆 156
天丛云剑 57
天竺 48
头雪 105
屠杀犹太人 32，184，231
土佐绘 97

W
外样 52
万岁乐 160
忘却贝 142
苇原 93
苇原之国 见"苇原"
文禄之役 51
文殊八字法 见"八字文殊"
文献学（philologie）8—10，21，219，227，236
文艺运动 18
文永之役 47，180
我（ware）168
吾（ware）168
五节供 195
五坛法（五坛之法）83
五坛之法 见"五坛法"
武家时代 47，156，192
物语 21，37—39，48，64，66，78—79，82—83，86，88，97，99，100，102，104—107，114，116—119，148—149，154，167，181，185，191，236
物之哀 107，134，150，187

X
行暮树下影 97
细戈千足国（细戈千足国，kuwashihoko chidaru kuni）179
下羹羊 183
贤所（kashikodokoro）59，62
香久山 140
消入 105
小石川后乐园 见"后乐园"
小樱缄 96
新尝祭（Niinamesai）75
杏叶 96
幸（saki）111
幸若歌舞 160

幸若舞 见 "幸若歌舞"
熊手 91
熊袭（kumaso）128，181，228
袖雨 105
宣命（senmyo）44，156
穴守稻荷 90

Y
言文一致 5，150
岩洞（天岩洞）43
炎魔天供 84
妖怪学 86
谣曲 参 "能谣" 48，49，60，88，105，106，146，185
药师法（佛药师法）83
耶稣和尚 84
伊势神宫〔伊势大庙；大（太）神宫〕58，59，75，92，156，159，174
伊予道后温泉 见 "道后温泉"
义和团运动 参 "北清事变" 176
因幡白兔 见 "稻叶白兔"
印度 16，25，33，48，56，86，91，118，139，141，160，185，194，235
樱（sakura）111
友引 87
友引日 87
有营后缝笠 148
御（mikoto）166
御（oho）167

御殿祭 81，158
御伽草子 88
御灵分祭 见 "分灵"
御门祭（Mikado masturi）76，81
御手洗 159
御禊 153
元禄赤穗事件 见 "赤穗事件"
猿乐 137
韵础 134

Z
朝日 46，111
枣 99
泽泻緘 96
昭和 5，46，202
真言密教 见 "真言宗"
真言院 81
真言宗 80
枕词 87，141，142，148
朕即国家 54
震旦 48
支那 14—16，26，32，33，35，40，54，56，58，72，85，86，91，92，123，124，131，133，135，139，141，151，153，155，172，173，181，182，186，190，194，217，217，219，220，221，224，225，228，229，231，233，234
直垂 96—97
蛭子神（hiruko, ebisu）158

中古时代 85，103
中国 2，14，32，80，118，180，199，200，207，216，219，220，224，225，237，238，241，243
重阳节 195
竹田神社 64
住吉大社 77
祝词 75—76，85，94，130，141，153，154，158，173，175
着带 82
准胝法十一面护摩 84
尊星王法 83

三、文献索引

1. 中文

A
《阿呆陀螺经》见《阿房陀螺经》
《阿房陀螺经》127
《安宅》48

B
《白起王翦列传第十三》182，232
《百人一首》154
《百一新论》15，234
《保元物语》24，67
《北史》130，192
《本行经》186
《滨松中纳言》88

《滨松中纳言物语》见《滨松中纳言》
《钵之木》48

C
《采览异言》55
《茶之书》(The Book of Tea) 11
《抄靶子》239
《吃人与礼教》30，219
《赤穗宜人录》107
《出了象牙之塔》(『象牙の塔を出て』) 28
《椿说弓张月》88
《辍耕录》29,，182，183，222，224，229，232，239，240
《醋姜》69—70

D
《大宝律令》58
《大殿祭祝词》94，173
《大祓词》92，153，158，192
《大和本草》107
《大镜》9，64，116
《大日本地名辞书》4
《大日本帝国宪法》(《帝国宪法》) 参《宪法》45
《大日本国语辞典》4
《大日经》80
《大言海》4
《大疑录》107
《道中膝栗毛》118

《堤中纳言物语》100—102
《滴沰山》(かちかち山, Kachikachi yama)26
《地理书直译》(《海洋的自然地理和气象学》日译本, The Physical Geography of the Sea and its Meteorology)129
《帝国宪法》参《宪法》45
《第二新岛守·承久之乱起·东国势出阵》39
《东雅》55
《东亚之光》146
《读卖新闻》(『読売新聞』)17—18, 120, 203, 208, 235, 236
《读史余论》55
《读太平记》50

E
《饵差十王》128

F
《藩翰谱》55
《方丈记》110
《芳贺博士与明治大正之国文学》9
《芳贺矢一博士的西服治装费从〈国民性十论〉的稿费里扣除东京特色西服店》18
《芳贺矢一选集》10
《芳贺矢一遗著》10
《放屁合战》116
《放屁论》117
《放屁论后编》117
《腓立普短篇集》239
《风来六六部集》117
《风土记》9
《佛教大词汇》4
《服忌令》156, 159
《福富草纸》117
《富山房大英和辞典》4

G
《改造人民之性质说》(「人民ノ性質ヲ改造スル説」)6
《告白〈日本人〉所怀抱之旨义》(「『日本人』が懐抱する処の旨義を告白す」)6
《格林童话》185
《古籍序跋集》238
《古今和歌集》(略称《古今集》)104, 110, 159, 160
《古今集》见《古今和歌集》
《古事记》9, 22, 23, 58, 63, 77, 79, 85, 93, 95, 99, 107, 114, 130, 140, 141, 152, 153, 180, 181, 184, 186
《古事谈》118
《古通史》55
《关于〈狂言十番〉》21
《国家品格》(『国家の品格』)6, 226

《国民百科大辞典》4
《国民传说史》9
《国民风气论》(「国民気风论」)6
《国民性十论》1,4,6,7,9,10,11,12,16—21,24—30,225—228,235—236,239
《国民性与文学》(「国民性と文学」)7,227
《国文法概说》9
《国文学史(奈良朝平安朝)》9
《国文学史(室町时代)》9
《国文学史十讲》21,227
《国文学思想史》9
《国文周报》26
《国学初步》9
《国学入门》9
《国学史》9
《国学院杂志》9
《国语与国民性》9,10,227
《国语与国文学》9
《国语助动词之研究》9

H
《蛤草纸》88
《海洋的自然地理和气象学》见《地理书直译》
《汉书》192
《汉文大系》4
《汉译〈古事记〉神代卷》22
《汉译万叶集选》46,255

《汉语大词典》7,31
《合邦辻》187
《何谓国学？》9
《和歌史》9
《和文天祥正气歌》46
《贺陆奥国出金诏书歌》46
《黑川真赖全集》95,255
《弘安格式》见《弘安礼节》
《弘安礼节》(《弘安格式》《弘安书礼》)165
《弘安书礼》见《弘安礼节》
《红叶贺》100
《花田之女》(はなだの女御)102
《花爷》(花咲き爺)112
《华严经》73
《换身物语》88
《婚记》84

J
《吉野拾遗》188
《寄国祝》93
《菅家遗诫》92
《菅原传授手习鉴》176
《将赴于海》46
《教育敕语》60
《今物语》116—117
《今昔物语》48,79,118,185,186,189
《今昔物语集》(通称《今昔物语集》)见《今昔物语》《今宵之少将》

（全称《今宵之少将物语》，又名《雨宿（避雨）》）38

《今宵之少将物语》见《今宵之少将》

《金刚顶经》80

《金光明最胜王经》见《最胜王经》

《金槐和歌集》52

《金色夜叉》120

《晋书》192

《京报副刊》28

《菊谱》135

《菊与刀》13

《骏台杂话》107

K

《扣头钵》88

《狂人日记》2，20，27，30，199—243

《狂言记》128，169

《狂言十番》23

《狂言二十番》23—24

《狂言五十番》23—24，237

《葵》78

L

《狸考》26

《立正安国论》90

《历史·风俗篇》95，255

《历史物语》10，227

《历史物语之研究》9

《镰仓室町时代小说史》9

《梁书》192

《刘氏菊谱》135

《六谕衍义大意》107

《六月月次祭祝词》174

《庐山草堂雨夜独宿寄友》122

《鲈鱼刀法》170

《论语·乡党》172

《落漥物语》37，88

《旅寝论》161

M

《马琴日记抄》88

《民众文艺周刊》28

《明六杂志》6，15，207，218，226，234

《明治文学史》9

N

《南史》192

《南总里见八犬传》88

《能乐蕴奥集》137

《鸟兽戏画》116

《鸟追船》48

《牛马》68

O

《欧美的日本文研究》9

《欧配可配（音）》123

P

《平家物语》39，66，86，97，181，256
《平野祭》174
《平治物语》24

Q

《奇男子传》135
《千本樱》(全名《义经千本樱》)44
《枪之权三》(全称《枪之权三重帷子》)73
《枪之权三重帷子》见《枪之权三》
《强者之权利之竞争》(《物竞论》)166
《伽罗先代萩》121，176
《亲日派》22
《去来抄》161
《劝学篇》15，234—235
《群书类从》83

R

《人权新说》166
《日本的讽刺诗》25，85
《日本的人情美》25
《日本的诗歌》21，24，85，237
《日本的小诗》85
《日本风景论》11
《日本古代随笔选》107
《日本国先报善恶灵异记》见《日本灵异记》
《日本国宪法》45
《日本汉文学史》9，10，22，227，231
《日本纪》(《日本书纪》)99，141
《日本家庭大百科事汇》4
《日本近三十年小说之发达》20，22
《日本精神》10
《日本狂言选》23，67
《日本灵异记》(《日本国先报善恶灵异记》)79
《日本趣味十种》21，237
《日本人》10
《日本诗歌学》9
《日本书纪》58，77，79，84，93，95，99，114，130，141，147，153，180，181，184
《日本外史》145
《日本文献学》9，227
《日本文学史》9，19，20
《日韩第二次协约》59
《弱法师》48

S

《三代实录》135
《山家集》110
《山阳遗稿》145
《神皇正统记》58，59
《神月催马乐》9
《慎思录》107
《生写朝颜话》见《朝颜日记》

《生写朝颜日记》见《朝颜日记》
《诗经》87
《史记》182，220，222
《柿种》73
《守武千句》161
《说郛》183
《朔风》100
《四六文与日本文学》146

T
《藤荣》48
《同文通考》55
《徒然草》107，110
《土车》48
《土佐日记》131

W
《万叶集》44，46，49，72，79，85，95，105，107，111，117，119，120，121，140，142，147，148，149，150，162，174，175
《望月》49
"未名丛刊" 28
《魏志》192
《文法论》9，227
《文明论概略》15
《文学概论》9
《芜村全集》72
《武士道》(Bushido: The Soul of Japan) 11，13

《物竞论》见《强者之权利之竞争》

X
《西洋纪闻》55
《狭衣物语》37，88
《先代萩》(《伽罗先代萩》)121
《现代名士演说风范——速记者所见》(『現代名士の演説振り——速記者の見たる』) 10
《香炉峰下新卜山居》122
《象坠记》145
《小落洼》88
《小右记》37
《新井白石日记》55
《新青年》8，20，25，199，219
《新式辞典》21，237
《新撰犬筑波集》118，161
《学徒（学生）出阵壮行会之训示》46

Y
《续日本纪》79
《延喜式》155，156，157，173
《妖怪学讲义》86
《谣曲二十番》24
《谣曲五十番》21，237
《谣曲之研究》9
《谒楠河州坟有作》74
《一茶的诗》24，85
《一寸法师》88

《一心二河白道》118
《伊势音头恋寝刃》121
《以解题为主的国文学史》9
《异称日本传》135
《义经记》48
《义经千本樱》参《千本樱》44，176
《樱川》185
《樱姬东文章》118
《英华和译词典》6
《永徽律令》58
《油糟》117
《幼年唱歌初编》112
《隅田川》185
《宇津保物语》37，38，88，120
《宇治拾遗》参《宇治拾遗物语》114
《宇治拾遗物语》114，118
《雨宿（避雨）》见《今宵之少将》
《语丝》22
《御定群芳谱》135
《御所樱堀河夜讨》176
《元元唱和集》21，237
《源平盛衰记》67，191
《源氏物语》9，37，38，78，79，82，83，88，99，100，104，105，106，107，167，256
《〈源氏物语〉之研究》9
《月雪花》22，237
《岳阳楼记》144

Z

《赞日本主义》6
《朝比奈》128
《朝日新闻》17，203，208，235
《朝颜日记》(《生写朝颜日记》《生写朝颜话》) 187
《增镜》39
《增镜（全译注）》39
《战记物语之研究》9
《战争与国民性》10
《折焚柴记》55
《真善美日本人》15
《枕草子》79，82，107，110，122，143，256
《支那不可辱论》15，234
《支那人气质》29
《中宫御产部类记》83
《忠臣藏》49，125
《周礼》172
《竹取物语》119，148
《准风月谈》239
《资治通鉴》29，182，200，222，229，232，238，239
《资治通鉴考异》238
《紫式部集》83
《紫式部日记》83
《自曙町（十六）》73
《最胜王经》(全称《金光明最胜王经》) 81

《作诗志彀》134

「脱亜論」234
「周作人と日本文化」17

2.日文（只列出无汉译著作名者）

『川柳選』24
「芳賀矢一年譜」8
『国学編』10
『国語 国文典編』10
『国文学史編』10
『国文学篇』10
『国民性 国民文化編』10
『解題　芳賀矢一』9
『魯迅救亡の夢のゆくえ――悪魔派詩人論から「狂人日記」まで』18
『魯迅目睹書目――日本書之部』238
『落語選』23
『明治文學全集』7，8，9，10，227
『明六雑誌語彙総索引』234
『俳風柳樽』23
『日本漢文学史編』10
『日本人』10
『日本人論』15，253
『「日本人論」解題』226
『「日本人論」再考』11
『日本人論――明治から今日まで』5，21，226
『太陽』6